호모 히브리스

인류, 그 거침없고 오만한 존재의 짧은 역사

요하네스 크라우제·토마스 트라페 지음

강영옥 옮김

책과함께

현생인류의 세계 이주

즐라티쿤
4만 5천 년 전

네안데르탈
(네안데르탈인)
4만 2천 년 전

우스트이심
4만 5천 년 전
(현생인류)

마르키나–고라인
(코스텐키 14)
3만 8천 년 전

4만 5천 년 전

바코키로
4만 5천 년 전

시마데로즈우에소스
42만 년 전
(네안데르탈인)

드마니시
180만 년 전
(호모 에렉투스)

베이징원인
70만 년 전
(호모 에렉투스)

데니소바 동굴
13만 년 전부터
(데니소바인,
네안데르탈인,
현생인류)

오아세 동굴
4만 년 전
(현생인류)

5만 년 전

텐위안
4만 년 전
(현생인류)

제벨이르후드
30만 년 전
(초기 현생인류)

6만 년 전

4500

투르카나 소년
190만 년 전
(호모 에렉투스)

호모 플로레시엔시스
6만 년 전

4만 6천 년 전

인 도 양

멍고인
4만 년 전
(현생인류)

대 서 양

| 초기의 대륙 | 빙하 최대 확장 | —— 현재의 해안선 |

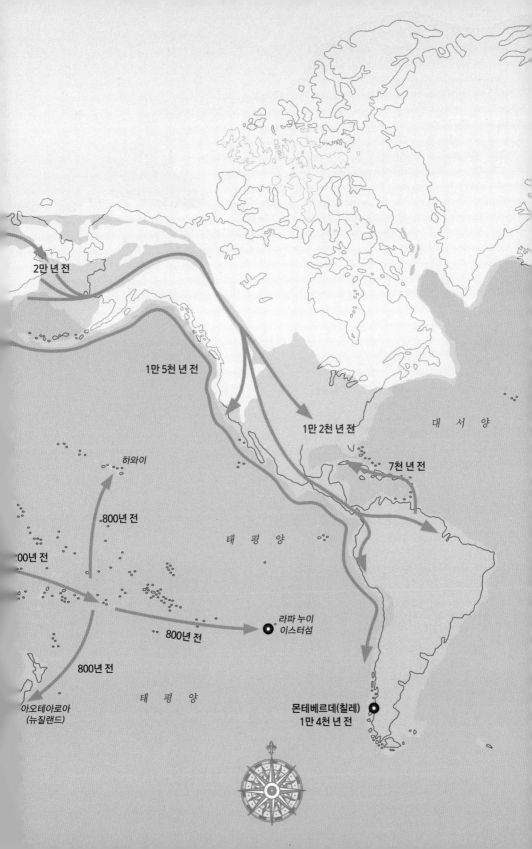

지난 1억 년 동안 지구 평균 기온의 변화

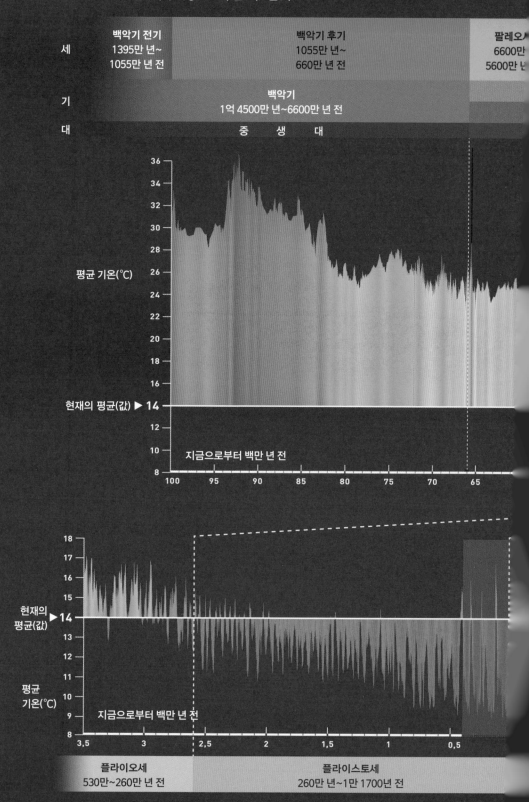

플라이오세
530만 년~260만 년 전

플라이스토세
260만 년~1만 1700년 전

홀로세
1만 1700년
~현재

에오세
5600만 년~3400만 년 전

올리고세
3400만 년~
2300만 년 전

마이오세
2300만 년~
530만 년 전

레오기 6600만 년~2300만 년 전

네오기 2300만 년~260만 년 전

제4기
260만 년 전
~현재

제3기 6600만 년~260만 년

신 생 대

기후 사건 및 빙하화

확장/지속적 빙하화

부분/단기 빙하화

남극 대륙 빙하

북극 대륙 빙하

36
34
32
30
28
26
24
22
20
18
16
14
12
10
8

50   45   40   35   30   25   20   15   10   5   0

홀슈타인 온난기
(간빙기)

뒤니츠 온난기
(간빙기)

엠 온난기
(간빙기)

엘스터 한랭기

잘레 빙하기 혹은 잘레 콤플렉스

바이히셀 한랭기

18
17
16
15
14
13
12
11
10
9
8

350000   300000   250000   200000   150000   100000   50000   0

플라이스토세
260만 년~1만 1700년

홀로세
1만 1700년 전~
현재

일러두기

• 이 책은 2021년에 나온 Johannes Krause, Thomas Trappe의 HYBRIS(Propyläen Verlag)를 우리말로 옮긴 것이다.
• 〔 〕는 옮긴이가 덧붙인 해설이다.

차례

서문

2020년대는 그렇게 출발했다. 우리는 이 시간들이 어떻게 지나갔는지 알고 있다. 이번에는 우리에게 어떤 일이 펼쳐질지 기다려봐야 한다. 20세기의 첫 30년 동안 전쟁, 이데올로기, 혁명, 경제 공황, 팬데믹이 인류를 뒤흔들었다. 100년 후에도 불길한 조짐은 수그러들지 않았다. 21세기 초에 발생했던 9·11 테러는 정치적 갈등이 끝나는 세계가 올 것이라며 곳곳에서 품어왔던 꿈을 무참히 짓밟았고, 극적 긴장감 속에서 더 심각한 위기들이 잇달아 발생했다. 금융 위기와 세계 경제 위기, IS(이슬람국가) 테러가 기승을 부리던 나날들, 전 세계적 난민 쇄도, 자기회의와 붕괴 현상에 빠진 민주주의. 2010년이 끝나갈 무렵에는 전 세대가 '기후 붕괴'에 대한 불안감으로 패닉 상태였다. 하지만 자신의 생존 기반이 사라질지 모른다는 두려움은 이내 뒷전으로 밀려났다. 의지도, 목표도 없는 작은 바이러스 하나가 1년이 넘도록 전 세계를 마비시켰고 기본적 필요를 넘어 사회적 삶을 중단시켰다. 살아남아야 하는 시간, 생존의 기초 자체가 무너질까 두려워하는 시간이었다. 인류는 제대로 몸살을 앓았다. 통증은 아스피린 몇 알로 쉽게 사라지지 않았다.

기후 변화, 팬데믹 시대로의 진입, 인구 과잉, 생태계 전체가 파괴될 위협, 전 세계적 군사 논쟁. '새로운 10년'의 초반에 인류가 맞닥뜨린 문제의 범위는 그야말로 예측 불가하다. 그러나 우리가 아니면 누가 이 문제를 해결할 수 있겠는가? 화성에서 헬리콥터를 타고, 심지어 산소도 생산할 수 있는 특별한 종. 이런 인간은 더 많은 사람에게 식량을 공급하고, 교육의 기회를 보장하고, 깨끗한 식수와 의료 서비스를 제공하는 데 성공했다.

의심할 여지없이 우리 인간은 이 행성이 배출한 가장 지적인 존재다. 이제 우리는 무엇이 세계를 결속시키는지, 세상이 어떻게 탄생했는지, 수십억 년 후 이 세상이 태양과 함께 거대한 화구火球속으로 어떻게 사라지게 될지 그 메커니즘을 안다. 우리는 스스로 전지전능하다고 여기면서도 자기파괴적 충동에 사로잡혀 있다. 우리의 DNA 속에 절망적으로 자리하고 있는 이 충동에서 벗어나지 못한 채 무기력하게 있다. 팽창하고, 소비하고, 우리 주변의 자원이 고갈될 때까지 사용하는 충동 말이다.

이러한 유전적 체계는 우리가 어떤 존재가 될 것인지에 대한 밑그림, 지금의 우리가 존재하기까지의 흔적이었다. 문제는 단 한 가지, 이 환상적인 체계가 설계될 때 지구의 한계는 고려되지 않았다는 것이다. 수백만 년에 걸쳐 진화해온 우리가 처음 이러한 한계에 부딪혔다는 사실은 부인할 수 없다. 우리는 시급히 이에 대한 해법을 찾아야 한다. 설계된 대로 살아가게 되어 있는 우리의 DNA는 확대될 가능성이 없는 것일까? 아니면 우리는 유전적으로 탈진할 때까지 장거리 경주를 해야 되는 운명인 것일까?

이 책은 끝없이 승승장구해온 인간을 이야기하지 않는다. 하지만 우리 인간의 몰락이 피할 수 없는 일이라고 주장하는 것도 아니다. 이 책은 숱한 우연의 상호작용을 통해 파괴적인 속도로 진화의 정점을 향해 내달리고, 궁극적으로는 지구의 오지까지 정복해 자신의 욕구를 채우려는 아주 특별한 동물 종에 관한 이야기다. 인간이 실패에 실패를 거듭한 끝에 단 한 번뿐인 성공 가도에 진입한 것은 그리 오래되지 않았다. 수많은 진화 경로는 인간의 계통이 공통의 조상으로부터 침팬지와 보노보로 분화된 이후 막다른 길에 다다랐다. 그중 하나는 이미 우리 앞에 있다.

이 책은 끊임없이 새로운 것을 찾아 아프리카에서 시작해 전 세계로 퍼져나간 최초의 인간을 다루고 있다. 비록 이 시도는 기후, 무시무시한 자연 재해, 유럽과 아시아를 장악했던 고인류 때문에 실패를 거듭했지만 말이다. 이 시기에는 현생인류, 소위 호모 사피엔스가 아메리카와 오스트레일리아 대륙까지 급속도로 확산되는 동시에, 다른 인류 종뿐만 아니라 거의 모든 거대 동물들이 멸종했다. 우리는 이 모든 현상을 추적했다. 우리는 인간이 어떻게 늑대를 길들이고, 인간이 인간의 최대의 적이 되는지 보게 될 것이다. 오지의 섬 이스터까지 삶에 대한 의욕으로 충만한 우리의 조상들과 동행하게 될 것이다. 그곳에서 우리 조상들이 저질렀던 행위가 현재 모든 것을 위협하고, 고유한 삶의 기반을 파괴하고 있다. 결국 그들은 유라시아 대륙으로 눈을 돌리게 되었다. 이곳에서 오랜 투쟁 끝에 이 세계를 지배할 후기 정복자들이 선출되었다. 이후 이들에게 최대의 적은 가장 위험한 동반자이자 효과적인 무기가 되었다. 그것은 다름 아닌 역사의 흐름에 거듭 영향을 끼쳐왔던 치명적인 병원체였다. 21세기에 인간이 이 재앙을 극복했다는 확신을 얻을 때까지, 더 많은 것들을 깨달을 때까지 말이다.

인간은 모든 것을 할 수 있으며, 어떤 것도 주어진 대로 취하지 않는다. 이것이 바로 고고유전학자이자 라이프치히 막스플랑크 진화인류학 연구소장인 요하네스 크라우제와 저널리스트 토마스 트라페가 공동 집필한 이 책을 통해 전하려는 메시지다. 2010년 네안데르탈인의 게놈 해독 작업에서 결정적인 역할을 했던 크라우제는 몇 년 후 시베리아에서 발굴된 7만 년 전의 손가락뼈에서 지금까지 알려지지 않았던 인류 종, 소위 네안데르탈인의 아시아 사촌뻘인 데니소바인의 DNA를 발견했다. 여기에 그치지 않고 크라우제는 인류 역사에 관한 보다 세부적인 것들을 비롯해, 기존의 틀에서 벗어나 새로운 통찰력을 요구하는 연구 분야인 고고유전학의 선구자가 되었다.[1] 퍼즐 조각이 맞춰질수록 전체 그림이 더 뚜렷해지기 마련이다. 인간의 진화는 멈추지 않고 오르막길을 걸어온 동시에 끊임없이 후퇴의 위기를 맞이해야 했다.

이 책에서 두 저자는 확고하게 이 관점을 취하고 있다. 그러려면 인류라는 종의 과거에 대한 찬란한 이미지에 흠집이 날 수밖에 없지만, 21세기에 실패가 아닌 성공의 새 장을 어떻게 열어갈 것인지를 전면에 내세우고자 한다. 답은 우리도 모르지만 그래야 이 문제에 더 가까이 다가갈 수 있다. 우리의 DNA에 뿌리를 두고 있는 문제의 원인을 파헤쳐야 한다. 여타 종과 달리 우리가 맥없이 굴복하지 않은 DNA. 적어도 그래야 하는 DNA.

인류의 발전에 관한 책이라면 새로운 관점으로 이야기하고 해석해야 한다. 하지만 독창성이 너무 강조되어서는 안 된다. 우리가 풀어가는 역사의 대부분은 세계적인 학자들의 연구를 바탕으로 한다. 이들의 연구에 관한 상세한 내용은 참고문헌에 기술했으며, 본문에는 생략했다. 이는 새로운 지식의 연구 업적을 깎아내리려는 의도가 아니라 가독성을 높이기 위해서다. 요하네스 크라우제는 2020년까지는 예나의 막스플랑크 인류사연구소를, 이후에는 라이프치히 막스플랑크 진화인류학연구소(이하 예나 MPI, 라이프치히 MPI로 각각 표기)를 이끌었다. 하지만 두 연구소에서 진행했던 연구 프로젝트의 진짜 주인공은 수많은 동료들이다. 이들의 노고가 없었다면 이 책은 탄생할 수 없었을 것이다. 지난 수십 년 동안 인류 진화론의 기초를 세운 모든 연구자들의 공도 크다. 그중에는 지금까지 계속되고 있지만 새로운 유전자 데이터 덕분에 이제 겨우 타당성이 입증된 연구도 있다. 우리는 앞선 수많은 연구자들의 어깨 위에 서 있는 셈이다.

우리는 가장 오래된 현생인류의 게놈 해독을 통해 인류사로 전진하려고 한다. 2021년 봄 라이프치히 MPI 연구팀은 이 현생인류의 DNA에 관한 연구 논문을 발표했다. 아프리카에서 출발해 현재에 이르는 경이로운 여행에서 우리는 새로운 통찰을 얻는 데 공헌한 학문에 대해 잠시 살펴보려고 한다. 지금 우리는 정상에 있지만 언제 추락할지 모른다. 무엇이 우리를 정상까지 인도했을까? 문명 창조의 주인공이 다른 유인원이 아니고 우리 인간이었던 이유는 무엇일까? 우리는 시작부터 특별했던 고고유전학 연구에서 이 질문에 대한 답을 찾아보려고 한다. 이 연구는 현생인류의 뇌를 들여다보지 않고, 새로운 작은 뇌를 바탕으로 한다. 수천 년 전 만물의 영장과의 경주에서 2등을 한, 우리에게 잘 알려진 사람속 원숭이 네안데르탈인이 그 뇌의 주인이다.

1장

실험실 인간

고고유전학이라는 환상적인 세계로 떠나는 짧은 여행.

우리의 뇌에 관해 더 많은 것을 알기 위해

네안데르탈인의 뇌를 모형으로 만든다.

왜 애초에 완벽한 존재로 태어나지 않고,

네안데르탈인에서 호모 에렉투스로 진화하는 과정을 거쳤을까?

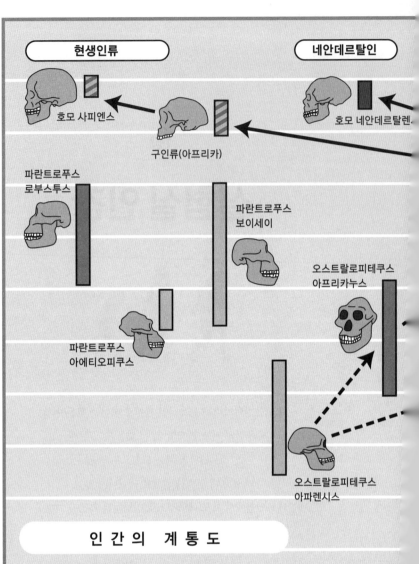

인 간 의 계 통 도

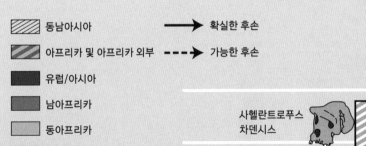

동남아시아

아프리카 및 아프리카 외부

유럽/아시아

남아프리카

동아프리카

열대 아프리카

확실한 후손

----→ 가능한 후손

사헬란트로푸스
차덴시스

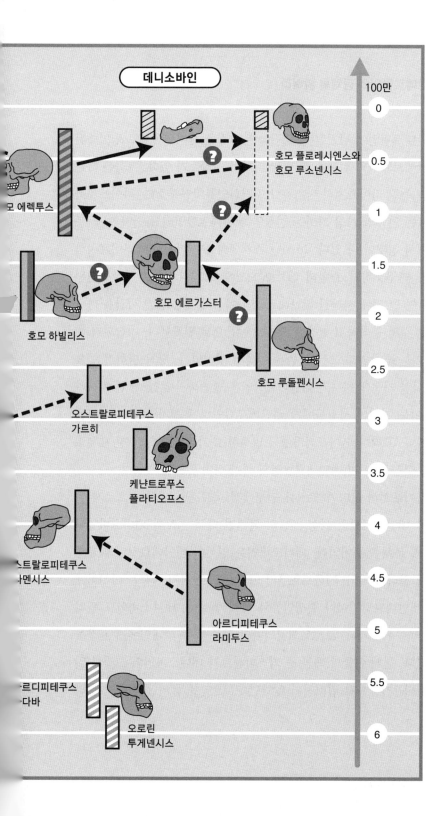

데니소바인

100만

0

0.5

1

1.5

2

2.5

3

3.5

4

4.5

5

5.5

6

호모 플로레시엔스와
호모 루소넨시스

모 에렉투스

호모 에르가스터

호모 하빌리스

호모 루돌펜시스

오스트랄로피테쿠스
가르히

케냔트로푸스
플라티오프스

스트랄로피테쿠스
아멘시스

아르디피테쿠스
라미두스

르디피테쿠스
다바

오로린
투게넨시스

네안데르탈인의 정체를 밝혀라

네안데르탈인이 남긴 작은 조각들에 숨결을 불어넣음으로써 멸종된 네안데르탈인의 실체에 한 발짝 다가가는 장소가 있다. 그곳은 다름 아닌 독일 라이프치히 막스플랑크 진화인류학연구소다. 라이프치히 MPI는 인류의 가장 가까운 친척인 네안데르탈인의 유전자 연구 분야에서 정평이 나 있다. 2010년 스웨덴의 유전학자이자 라이프치히 MPI 연구소장인 스반테 페보〔2022년에 노벨생리의학상을 수상했다〕는 약 4만 년 전에 사라진 네안데르탈인 여성의 게놈 염기 서열을 다년간에 걸쳐 분석하고 연구한 결과를 논문으로 발표했다. 지금까지 해독 가능했던 거의 모든 게놈은 여성의 것이었다. 당시 밝혀진 중요한 사실 가운데 하나가 네안데르탈인은 멸종하지 않았고, 현재 사하라 이북 지역의 사람들에게 네안데르탈인의 유전자가 남아 있다는 것이다. 그러니까 아프리카에서 발생한 초기 현생인류가 전 세계로 흩어졌을 때 이미 네안데르탈인의 피가 섞여 있었던 것이다.

라이프치히 MPI가 고인류 연구에서 독보적인 위치에 오르게 된 것은 네안데르탈인 여성 게놈의 완전한 해독 시도와 데니소바인의 DNA 분석 덕분이었다. 데니소바인은 일찍이 네안데르탈인의 계통에서 갈라져 나와, 지금으로부터 약 5만 년 전까지 일부는 아시아에서 네안데르탈인이나 현생인류와 함께 살았다. 데니소바인도 필리핀, 파푸아뉴기니, 오스트레일리아의 원주민 등 현대인에게 흔적을 남겼다. 현재 이들의 게놈 중 약 5퍼센트가 데니소바인의 그것과 일치한다. 지금까지 알려지지 않았던 이 고인류 종의 존재를 입증하는 결정적인 증거가 러시아 알타이산맥에서 발견된 7만 년 전의 손가락뼈였는데, 2010년 라이프치히 MPI에서 이 손가락뼈의 DNA를 해독하는 데 성공했다. 하지만 여전히 우리는 데니소바인의 골격은 커녕 두개골이 어떻게 생겼는지도 모른다. 그 뒤에도 알타이의 데니소바 동굴에서 꾸준히 발굴되고 있는 아주 작은 뼛조각에서 추출된 DNA만 알 뿐이다.

반면 네안데르탈인의 뼈는 훨씬 더 많이 발굴되어 있다. 개중에는 보존 상태가 아주 양호한 두개골도 있고 간혹 골격의 큰 조각들이 발견되기도 한다. 고인류 종 가운데서도 네안데르탈인의 게놈은 인간의 게놈에 버금갈 만큼 많은 연구가 이루어져 있다. 현재 라이프치히 MPI에서는 고인류 상태의 뇌세포, 심지어 장기도 배양할 수 있다. 이것은 방대한 규모의 염기 서열 분석 작업과 현생인류의 설계도를 바탕으로 한다. 실제로 현생인류와 고인류의 게놈은 거의 동일하고 차이는 동일한 게놈의 1000분의 1도 채 안 된다. 우리와 가장 가깝지만 인간은 아닌 우리의 친척 침팬지, 보노보와 인간의 유전체 차이는 1퍼센트가 조금 넘는 정도다. 지금으로부터 약 700만 년 전에 이 세 고인류 종에게는 마지막 공통 조상이 있었다.

한편으로는 네안데르탈인과 데니소바인이면서 다른 한편으로는 현생인류인 계통이 분화된 것은 지금으로부터 60만 년 전의 일이다. 유전적 차이는 미미하지만 우리는 골상과 골격으로 네안데르탈인과 현생인류를 확실하게 구분할 수 있다. 현생인류와 침팬지처럼 보이는 네안데르탈인 여성의 DNA는 3만 개의 위치에서 차이가 난다. 하지만 이러한 차이의 대부분은 유전자와 관련이 없다. 그 비중이 인간의 DNA 중 2퍼센트밖에 되지 않기 때문이다. 결론적으로 유전적 차이는 겨우 90가지에 불과하다. 네안데르탈인과 현생인류의 게놈에는 다양한 단백질이 암호화되어 있는데, 바로 여기에서 잠재적인 차이가 발생한다.

수년 전부터 유전공학적 방법으로 인간의 세포에서 게놈의 몇몇 위치를 조작해 현생인류와 네안데르탈인이 분화되기 이전의 '원시상태'로 돌려놓을 수 있게 되었다. 달리 말해 현생인류의 게놈을 네안데르탈인에서 분화되기 이전의 진화 단계로 되돌려놓는 것이다. 이렇게 되려면 이 위치들이 '네안데르탈인화'되어야 하는데 이 과정은 매우 까다롭고 세분화되어 있다. 먼저 인간의 세포가 필요하다. 이 세포의 유전 정보에 유전적 차이의 일부가 삽입되면 네안데르탈인이 되는 것이다. 이 작업에 성공하면 배양 중인 세포가 작은 덩어리로 뭉쳐져 뇌세포 등으로 성장한다. 현재 라이프치히 실험실에서는 이러한 잡종 세포와 세포 덩어리를 관찰할 수 있다. 진화유전학의 다음 목표는 고인류와 현재 살고 있는 인간의 DNA 차이를 오래된 뼈에서 읽어내는 것에 그치지 않고, 복제된 세포를 직접 관찰하는 것이다. 가령 어떤 유전자 변형이 우리를 현생인류로 만들었고, 네안데르탈인에게는 나타나지 않았는지와 같은 것들 말이다. 하지만 모든 체세포가 네안데르탈인화되는 인간 세포의 바탕으로 적합한 것은 아니다. 이 과정에는 오늘날 실험실에서 쉽게 배양할 수 있는 줄기세포가 필요하다.[2] 현재 라이프치히 MPI에서는 '유전자 가위 프로세스', 즉 크리스퍼 캐스9CRISPR/Cas9로 유전자를 변형시킨 인간의 혈액 세포를 사용한다.[3]

실현 가능한 것과 불가능한 것

인간의 DNA 조작과 잡종 세포 조직 생산에 윤리적 문제가 내포되어 있다는 사실은 확실하지만 어느 정도까지 관련이 있는지는 예상할 수 없다. 학문적 측면도 마찬가지다. 중국의 과학자 허젠쿠이賀建奎〔중국 남방과기대 교수로 2018년 크리스퍼 캐스 기술을 이용해 유전자 편집 아기를 탄생시켰으나, 2019년 연구 윤리 위반으로 징역형을 선고받았다〕는 그 증거를 보여주려는 듯 2018년 수정란에 유전자 가위를 사용했다고 발표했지만 이후 그는 학계에서 사라졌다. 그는 이러한 분자생물학적 개입의 목표에 대해 유전자 변형으로 태어난 아기가 HIV 감염에 저항력을 갖게 만드는 것이라고 발표했다. 그때까지 그는 이 개입에 관한 논문을 단 한 번도 발표한 적이 없었다. 학계를 충격에 빠뜨렸던 이 모든 일은 국제학술회의에서 발표되면서 반향을 일으켰다. 1년 후 러시아의 생물학자 데니스 레브리코프Denis Rebrikov가 《네이처》에 앞으로 태어나는 아기들의 선천성 난청을 막기 위해 수정란의 유전자를 편집할 계획이라고 발표했다. 하지만 레브리코프는 이것은 어디까지나 당국의 허가가 있어야 가능하다는 점을 강조했다. 이후 실험 계획에 관한 소식은 더 이상 들리지 않았다.

위의 사례가 보여주듯이 현재 유전자 연구는 살얼음판을 걷고 있다. 유전자 가위로 인간의 수정란을 '네안데르탈인화'하는 것도 당연히 가능하기 때문이다. 적어도 10년 후에는 고성능 장비를 갖추지 않은 실험실에서도 게놈에서 동시에 수많은 위치를 바꿀 수 있을 정도로 연구 범위가 확장될 것이다. 연구자들은 아무런 양심의 가책

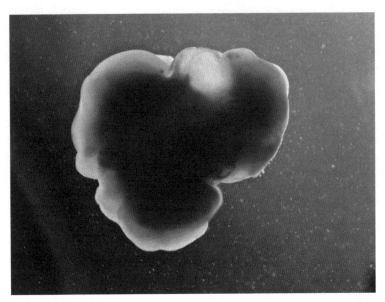

뇌세포에서 '배양된' 세포 배양체. 실험실에서 관찰할 수 있는 생화학적 과정이 이미 이 배양체에서 일어나고 있다. 이러한 세포 덩어리가 실제 기관이 될 날은 아직 멀었다.(Damian Wolny)

없이 그다지 많은 상상력을 발휘하지 않고도 연구 성과를 얻을 수 있지만 윤리적으로 개운치 않은 부분이 남아 있을 것이다.

라이프치히 MPI에서는 세포를 '네안데르탈인화'하기 위해 유전자 가위 프로세스를 사용하지만 이것은 수정란 조작과는 다르다. 이 작업은 네안데르탈인이나 고인류도, 완벽한 기관도 아닌, 단지 세포 덩어리를 배양하는 수준에 불과하다. 하지만 여기에서도 심장 근육의 수축이나 뇌세포의 성장을 비롯한 상호작용 등의 생물학적 과정을 관찰할 수 있다.

그사이 라이프치히 MPI에서는 인간과 네안데르탈인 유전자의 8가지 차이를 배양된 세포에 삽입할 수 있게 되었다. 하지만 네안데르탈인의 90가지 유전자 변형을 갖춘 배양 세포를 만들려면 몇 년이 더 걸릴 것이다. 마찬가지로 여기에서도 2000년 전후로 유전학과 고고유전학에서 경험했던 것과 같은 기하급수적인 속도 변화를 체험하게 될 것이다. 2020년대 말까지 90가지 유전적 차이를 인간 세포는 물론이고 네안데르탈인과 인간 사이에 차이가 나는 3만 개의 위치에 삽입하는 기술이 순조롭게 발전할 것이다. 단백질을 암호화하지 않지만 기능을 충족시킬 수 있는 게놈의 염기도 마찬가지다.[4]

프랑켄슈타인 게놈

게다가 90가지 유전적 차이는 모든 인간과 모든 네안데르탈인 사이에서 두드러지게 나타나는 것들이다. 해독이 된 수백만 개의 현대인 게놈 중 90개의 위치에서 어떤 것도 네안데르탈인 여성의 게놈처럼 보이지 않는다. 이 차이는 아마 현생인류에 이르러 발달했고, 한참 후 우리의 조상들과 네안데르탈인 사이의 혼혈이 태어났을 때 뚜렷해졌을 것이다. 우리가 현재의 인간이 되기 위해서는 이러한 변형, 적어도 그중 일부가 필요했던 듯하다. 그런데 이 네안데르탈인 여성의 게놈 단편들 중 지금도 인간이 가지고 있는 것이 있다. 아프리카 이외 지역의 모든 사람은 평균 2퍼센트의 네안데르탈인 DNA를 가지고 있다.[5] 첫 번째 채취된 단편에서 네안데르탈인 유전자는 피부의 특수한 조직을, 두 번째 채취된 단편에서는 다른 면역 유전자를, 세 번째 채취된 단편에서는 아무것도 담당하지 않아서 우리가 식별

할 수 있는 것은 없다.

2010년 라이프치히에서 네안데르탈인 여성의 게놈 해독 결과를 발표했을 때 사실 이것은 일종의 프랑켄슈타인 게놈이었다. 우리가 고생해서 해독해야 했던 대상은 크로아티아의 동굴에서 발견된 네안데르탈인 여성의 게놈이 아닌 혼합체였다. 당시 이것은 학문적 쾌거였고 당연히 축하할 일이었지만, 연구의 바탕이 되었던 데이터를 살펴보면 지금은 저명한 저널에 발표할 수 없는 수준이다. 세 네안데르탈인 여성의 유전자 위치를 마구잡이로 혼합해, 당시로부터 약 10년 전에는 거의 해독되지 않았던 현대인의 게놈과 얼마만큼 차이가 있는지 살펴본 것이었다.[6]

아무튼 아프리카 이외 지역의 모든 현대인이 네안데르탈인 유전자를 갖고 있고 우리 조상들이 네안데르탈인과 성관계를 상당히 많이 가졌다는 것은 인류학적으로 획기적인 발견이었다. 하지만 라이프치히 연구자들은 이제 겨우 첫 걸음마를 떼고 인간을 더 깊이 이해하는 계기가 될 한 시대의 특성을 파악한 정도였다. 현생인류는 시간이 지나 전 세계에 퍼져 살면서 다른 생명체를 정복하거나 멸종시켰다. 그 주인공이 왜 네안데르탈인이나 데니소바인이 아닌, 현생인류였는지를 밝혀낸 것은 라이프치히 MPI 연구진의 성과였다.

그러는 사이에 수십 개의 네안데르탈인 여성 게놈들이 해독되었다. 모두 라이프치히 MPI에서 해낸 것이었다. 이후 네안데르탈인과 현생인류뿐만 아니라, 현생인류와 데니소바인, 데니소바인과 네안데르탈인도 서로 성관계를 가졌다는 증거를 제시한 논문들이 꾸준히 발표되고 있다. 지난 몇 년간 데니소바인과 네안데르탈인에 관해 밝혀진 사실들은 인상적이다. 하지만 이것은 유전체에 깊이 자리한 비밀을 직감적으로 파악하는 수준이었다. 우리는 네안데르탈인의 설계도와 염기를 알아냈다. 하지만 이것은 말 그대로 설계도다. 설계도만으로는 네안데르탈인을 완전히 파악할 수 없다. 네안데르탈인을 더 많이 알기 위해서는 살아 있는 네안데르탈인이 필요하다.

1에서 10을 만들다

고고유전학 초창기처럼 수십 년 동안 고인류의 DNA와 과거를 깊이 파헤칠 수 있는 작은 기술적 혁신이 있었다. 대부분은 상당히 단순한 느낌을 주는 방법이지만 그 덕분에 고고유전학이 발전할 수 있었다. 라이프치히 MPI는 DNA의 겹가닥(이중가닥) 구조뿐만 아니라 수천 년이 지난 지금도 남아 있는 외가닥(단일가닥) 구조의 정보를 읽어낼 수 있는 방법을 개발했다. 획득된 DNA 양을 부분적으로는 열 배까지 끌어올릴 수 있는 이 방법을 이용하면 대부분의 유전 정보가 사라진 오래된 뼈의 DNA를 해독할 수 있다. 이 방법으로 지금으로부터 약 42만 년 전 스페인의 시마데로스우에소스('뼈들의 구멍'이라는 뜻)에 살았던, 현재로선 가장 오래된 네안데르탈인의 DNA를 해독하는 데 성공했다. 데니소바인과 함께 발견된 발굴물에도 이 방법이 적용되었다. 그 덕분에 7만 년 된 손가락뼈의 아주 작은 조각에서 12세 데니소바인 소녀의 고품질 게놈을 복원할 수 있었다.

지난 수십 년간 고고유전학이 이룬 또 하나의 성과는 계통을 정리한 것이었다. 고인류의 DNA와 현대인의 유전체를 비교하면 언제 인류의 계통이 분화되었는지 더 쉽게 알 수 있다. 이를 확인하려면 '유전자시계', 즉 '분자시계'를 이용하여, 해독된 게놈의 유전자 돌연변이 수를 살펴보면 된다. 유전적 차이가 많을수록 더 오래전에 분화된 것이다.[7] 700만 년 전으로 거슬러 올라가면 침팬지와 모든 인류 종의 유전적 차이는 사라지고 마지막 공통 조상만 남는다. 현생인류, 네안데르탈인, 데니소바인의 공통 조상은 지금으로부터 60만 년 전에 살았고 약 50만 년 전에 갈라졌다. 고인류들 간의 혼혈은 고전적인 고고인류학적 방법만으로는 밝혀낼 수 없다. 고고유전학 덕분에 지금은 모든 인간의 게놈에서 혼혈 관계를 밝혀낼 수 있다.

인간은 계산 가능한 존재

멸종된 우리의 친척에게 생명력을 불어넣는 일은 아직까지 사고실험에 불과하다. 하지만 이런 실험이 가능할 날이 오지 않는다는 의미는 아니다. 아마 이 실험은 장기 세포 연구를 발전시키는 것이 아니라 기술을 변질시키는 방법으로 진행될 것이다. 라이프치히 MPI에서 배양되는 세포 덩어리는 네안데르탈인의 DNA를 간직한 미생물 상태로 아직 완벽한 장기는 아니다. 이것은 결코 장기를 이식할 수 있는 생명체의 일부나 완벽한 장기로 발전할 수는 없을 것이다.[8]

그럼에도 고고유전학 연구에서 세포 배양은 매우 중요하고 네안데르탈인 연구에서 또 한 번 돌파구를 마련할 것이다. 이러한 고인류의 세포 배양 과정을 이론으로 설명하는 것에 그치지 않고 직접 관찰할 수 있는 단계가 된다면 말이다.

인간과 비교할 때 네안데르탈인의 심장 기능은 어느 정도로 발달해 있었을까? 네안데르탈인에게는 없지만 인간에게는 있는 간에서는 어떠한 신진대사 작용이 일어날까? 네안데르탈인 여성의 몸은 알코올을 받아들일 수 있었을까? 그리고 정말 중요한 질문이 하나 더 있다. 이미 멸종된 인류 종의 뇌와 현생인류의 뇌의 구조는 다를까? 예를 들어 우리의 뇌에서는 신경망의 형성이 더 빠르게 일어날까? 인간과 네안데르탈인으로 분화된 이후 우리 조상들의 뇌에 변화가 일어났고 그 덕분에 현재의 세계가 탄생했다. 이 가정은 별로 놀랍지 않다. 아무튼 인간의 컨트롤센터인 뇌의 순 질량이 그렇게 많이 나갈 수 없다는 것만은 확실하다. 네안데르탈인의 뇌는 현생인류의 뇌보다 평균 250그램 정도 더 무겁기 때문이다.

연구 목적으로 네안데르탈인을 '부활'시키겠다는 아이디어는 이론에 불과한 것이 아니다. 커피보다는 와인을 마시며 편하게 논의할 주제이기는 하다. 하지만 실제로 많은 실험실에서 이 아이디어에 관한 논의가 진행 중이고, 몇 년 전에 조지 처치가 이를 입증했다. 하버드의 연구자이자 DNA 염기 서열 분석의 선구자인 그는 수년 전 인간 게놈 프로젝트Human Genome Project(HGP)에서 중요한 역할을 했던 인물이다. 2006년에 그는 개인 게놈 프로젝트Personal Genome Project(PGP)를 발족해, 의학 연구 목적으로 최대한 많은 사람들의 염기 서열을 분석했다. 유전학자들 사이에서 처치의 연구는 표준이 되었다.

이런 이유만으로도 처치가 자신의 책 《부활Regenesis》(2012)에서 간략하게 제시했던 또 다른 기발한 아이디어들을 살펴볼 가치가 있다. 이 책에서 그는 네안데르탈인 배양을 제안했다. 당시 처치는 먼저 네안데르탈인 여성 게놈의 염기 서열을 해독해야 한다고 했다. 다음 단계에서는 게놈을 수천 개의 조각으로 분해한 뒤 인간의 줄기세포주(세포주cell line: 세포 배양을 통해 계속 분열, 증식하여 대를 이을 수 있는 배양 세포의 클론)에 네안데르탈인의 유전자를 서서히 옮긴다. 그리고 마지막 단계에서 '네안데르탈인 클론(clone: 단일 세포 또는 개체로부터 무성 증식으로 생긴, 유전적으로 동일한 세포군. 또는 그러한 개체군)'이 탄생하는 것이다. 처치는 이 방법을 실행에 옮기려면 사회적 논의가 필요하다는 점을 강조했다. 어쨌든 처치는 인간 공동체의 다양성이 높을수록 모든 종의 생물과 인간의 생존에 유리하기 때문에 자신의 아이디어가 확실히 이점이 될 것이라고 주장했다.

처치는 현생인류가 네안데르탈인보다 반드시 지적 능력이 뛰어날 것이라고 가정하지 않았다. 네안데르탈인의 뇌가 더 큰 것은 정반대를 의미할 수 있다는 것이다. 독일의 시사주간지 《슈피겔》과의 인터뷰에서 처치는 언젠가 인류가 '전염병에 대응하기 위해 지구를 떠나야 하는 상황'이 닥칠 때 네안데르탈인의 '사고방식'이 유리할 수 있다고 설명했다. 네안데르탈인이 '진화의 경주'에서 불리한 상황이 아니었다면 더 훌륭한 학자가 될 수 있지 않았을까? 네안데르탈인은 멸종한 고인류의 세포를 복원하는 것에 만족하지 않고 세계를 전염병, 항생제 내성, 기후 변화로부터 구할 수 있지 않았을까? 이 모든 문제를 일으킨 진화의 길에 네안데르탈인은 한 발도 내딛을 수 없었던 것일까? 이것은 처치의 비전을 바탕으로 네안데르탈인에 관해 충분히 제기할 수 있는 질문들이다.

네안데르탈인 복제는 여전히 공상과학물에나 나오는 이야기이고 이런 상황이 현실이 될 가능성은 낮다. 처치는 플랜B로 하이브리드 생산을 제안했다. 네안데르탈인과 현생인류를 구분 짓는 특수한 돌연변이를 인간의 게놈에 삽입시키자는 것이다. 이 방식의 장점은 특정 유전자만 삽입할 수 있다는 것이다. 쉽게 말해 우리는 네안데르탈인의 장점 중 유용한 것만 골라낼 수 있다. 게다가 네안데르탈인뿐만 아니라, 고인류에게도 동일한 과정이 적용될 수 있다고 한다. 이를 통해 우리는 최대 100만 년 전의 과거로 여행을 떠날 수 있고, 이론적으로는 그 당시의 사람들, 혹은 적어도 DNA 조각에 생명력을 불어넣을 수 있다. 그다음 단계는 인간의 진화라는 백화점에서 쇼핑을 하는 것이다.

고고유전학적 관점에서 이것은 대담한 예측 이상의 의미를 지닌다. 그사이 보존 상태가 좋아서 DNA를 추출할 수 있는 뼈가 많이 발굴되었고 네안데르탈인 게놈의 염기 서열이 완전히 분석되었다. 가장 오래된 표본의 연대는 40만 년이 넘었다. 전 세계에 호모 에렉투스 발굴물이 아무리 많을지라도 우리 인간과 네안데르탈인과 데니소바인의 공통 조상은 지금까지 인류학적으로만 가능할 뿐 고고학적으로는 확인이 불가하다. 네안데르탈인과 유사한 방식으로 게놈을 복원하려면 보통의 뼈가 아니라 DNA를 추출할 수 있는 뼈가 필요하지만, 아직까지 그런 뼈가 없다.

고고유전학 덕분에 우리는 네안데르탈인이 어떻게 생겼는지 구체적으로 상상할 수 있다. 하지만 이들의 사회적 행동에 대해서는 많이 알려지지 않았다. 네안데르탈인은 가족 간 관계가 끈끈했을 것으로 추측된다.(Tom Björklund)

  가장 가능성이 있는 이 방법을 이용하면 2012년에 발표한 처치의 아이디어를 한 단계 더 발전시킬 수 있다. 호모 에렉투스의 게놈을 컴퓨터로 분석하는 것이다. 이를 위한 기본 조건으로 3개의 게놈이 필요하다. 우리의 공통 조상으로 알려진 침팬지, 현생인류, 네안데르탈인의 게놈이다. 이렇게 하면 한편으로는 유인원과의 차이를, 다른 한편으로는 나머지 두 인류 종의 차이를 확인할 수 있다. 쉽게 말해 현생인류와 네안데르탈인의 공통 계통에서 분화된 후 어떠한 돌연변이가 일어났는지 확인하는 것이다. 인간과 침팬지에게 유사한 부분이 있지만 네안데르탈인에게는 없다면 네안데르탈인의 DNA에 변화가 일어났을 것이다. 반대 방향으로도 같은 원리가 적용된다.

이를테면 침팬지와 현생인류에게서만 차이가 나타나는 유전자 위치를 확인하는 것이다.

유전자 가위를 사용하면 현생인류 게놈의 모든 위치를 '원시 상태'로 돌려놓을 수 있다. 하지만 이렇게 탄생한 것은 지금으로부터 100만 년 전 아프리카에 살았던 순종 호모 에렉투스가 아니라 호모 사피엔스 에렉투스 하이브리드다. 이러한 호모 사피엔스 에렉투스 하이브리드에서 현대인의 유전자는 초기 상태로 복구되어 있다. 학문적으로 이런 생각은 망상에 가깝지만 무조건 무시할 수는 없다. 시중에서 판매되는 노트북으로도 현재 이러한 하이브리드 게놈을 충분히 분석할 수 있기 때문이다.

현재 일어나고 있는 일

라이프치히 MPI에서도 그럴 가능성이 낮아 보이지만, 처치의 실험실에서도 네안데르탈인이 배양되지는 않을 것이다. 모든 유전적 질문을 차치하더라도 이런 실험을 선뜻 실행에 옮기지 못하는 이유가 있다. 하나의 개체군으로서 오래전에 존재했던 인류 종에게 생명을 불어넣는 일은 한 명이 아닌 수백 명의 네안데르탈인을 탄생시키는 것이다. 현생인류의 사회에서 이들을 완전히 격리하거나 감금하는 것은 정당화될 수 없는 일이다. 게다가 5만 년 전에도 그랬듯이 어쨌든 이들은 우리와 성적 접촉을 (또는 우리가 이들과 성적 접촉을) 하게 될 것이고, 그 사이에서 아이가 태어날 것이다. 불과 몇 세대에서

현생인류가 아프리카에서 대이동을 시작했을 때 이들이 첫발을 디딘 곳은 대부분의 지역이 혹독하게 추운 북부의 매머드 스텝이었다. 나중에 이곳에서 우리 조상들이 널리 확산되는 토대였던 대규모 수렵이 이뤄졌다. (Landesamt für Denkmalpflege und Archäologie Sachsen-Anhalt / Karol Schauer)

100년도 채 지나지 않아 극소수의 네안데르탈인이 포함된 유전자풀은 수십억 현생인류의 유전자 속에서 붕괴되어 영영 사라지게 될 것이다. 아프리카 이외 지역의 사람들이 지니고 있는 네안데르탈인 유전자의 2퍼센트까지도 말이다.

수십 년에 걸쳐 윤리적 논의와 막대한 비용을 투입해도 획기적인 새로운 지식을 얻기는 어려울 것이다. 현생인류가 자신의 능력으로 가능한 것을 중단할 수 없는 단계에 이른 경우를 제외하면 말이다. 이러한 증거는 필요 없어진 지 오래일 것이다.

우리 실험실의 네안데르탈인화한 세포 배양물은 호모 사피엔스의 위대한 비밀에 접근하기 위한 보조 수단에 불과할 수 있다. 운이 좋으면 현대인에게 결정적인 이점을 제공한 유전적 변화를 읽어 낼 보조 수단 말이다. 그 보조 수단이 우리를 복잡한 분업 사회로 이 끌고 전체의 행복을 위해 개인이 계속 전문화한 문화적 능력이었을 까? 아니면 동족에 대한 잔인함, 동족이 아닌 사람들에게는 더 서슴 지 않았던 잔인함이었을까? 자신의 삶을 미지의 영역으로 끌어올리 기 위해서라면 목숨까지 내놓았던 대담함이었을까? 현생인류는 인 류사에 진화의 흔적을 남겼지만 네안데르탈인과 데니소바인은 그렇 지 못했다. 이 모든 것이 사소한 우연이었을까? 아니면 이 모든 것 은 결국 오류의 흔적, 우리가 그저 전속력으로 내달리고 있는 막다 른 골목이었을까? 우리 안의 무엇이 결정적인 순간에 네안데르탈인 클론을 조수석에 앉혀놓게 충동질한 것일까?

우리가 라이프치히의 네안데르탈인화한 세포에 적용했던 유전자 복원 작업을, 언젠가 이 질문에 대한 답을 풀어줄 소중한 기술적 보 조 수단을 살펴보자. 철저히 '전형적인' 고고유전학적 관점에서 우 리 자신을 과거로 되돌려보자. 북반구 대부분이 얼음으로 뒤덮여 있 고 네안데르탈인과 데니소바인이 이 지역을 정복했던 시대로 가보 자. 보헤미아 숲 어딘가, 지금의 프라하에서 멀리 떨어진 곳, 영원 한 안식에 들어간 한 여인이 있는 곳으로 말이다. 현재 통용되는 고 고학 지식에 따르면 이곳에 절대 있어서는 안 되는, 네안데르탈인과 데니소바인의 몰락을 처음 예고한 그 여인이 있었다. 이 옛 체코 여 인은 현재 분석된 게놈 중 가장 오래된 것을 가지고 있었다.

2장

굶주림

혹한의 빙하기가 찾아왔다.

북쪽에서는 우리 조상들에게 더 이상 기회가 없었다.

그들의 사촌뻘인 유인원들이 이 지역을 차지하고 있었고 식사 예절은 야만적이었다.

이곳에서 우리는 옛 체코 여인을 만날 것이다.

우리 조상들은 낙담하여 자신의 유한성을 다루는 방법을 찾는다.

뒤에서는 하이에나들이 어슬렁거리고 있다.

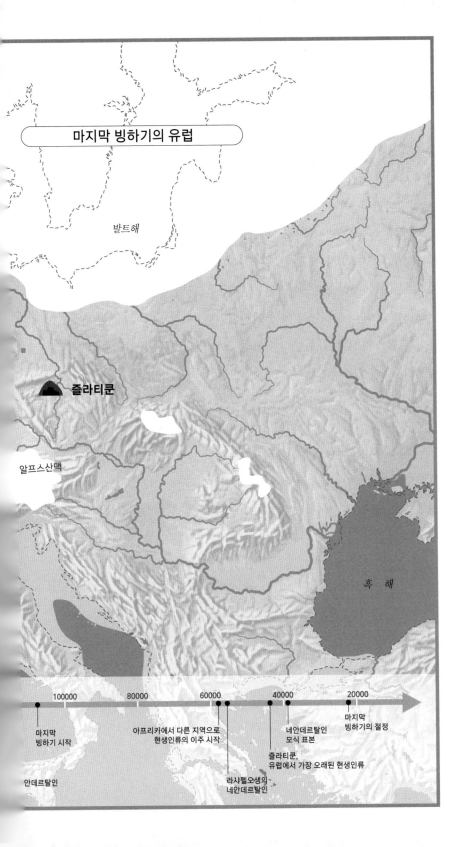

마지막 빙하기의 유럽

발트해

즐라티쿤

알프스산맥

흑 해

100000   80000   60000   40000   20000

마지막
빙하기 시작

아프리카에서 다른 지역으로   네안데르탈인
현생인류의 이주 시작   모식 표본

즐라티쿤,
유럽에서 가장 오래된 현생인류

마지막
빙하기의 절정

안데르탈인   라샤펠오생의
네안데르탈인

동족을 먹는 식사

유럽의 빙하기는 지금으로부터 약 1만 1500년 전에 비로소 끝났다. 당시 유럽은 동굴을 제외하면 불을 피우기가 쉽지 않아 견디기가 힘든 환경이었다. 이것은 이 지역에 사는 모든 인류 종에게 동일한 조건이었다. 동굴은 당시 사람들에게는 식량을 얻을 수 있는 중요한 장소였고, 고고학자들에게는 무덤과 함께 가장 수확이 많은 발굴 장소다. 우리가 데니소바인이라는 인류 종을 밝힐 수 있었던 단서인 손가락뼈도 데니소바 동굴에서 발견되었다. 프랑스의 쇼베 동굴에는 오로크스와 말을 표현한 인상적인 그림이 있는데, 우리 조상들이 약 3만 2000년 전에 그린 것으로 추정된다. 독일 슈바벤 지방의 카르스트 동굴 가이센클뢰스테를레에는 새와 매머드의 뼈로 만들어진, 세계에서 가장 오래된 피리가 보존되어 있었다.

그사이 우리는 스페인 북부의 엘시드론 동굴에서 네안데르탈인 무리의 식문화를 엿볼 수 있는 인상적인 증거를 찾았다. 지금으로부터 약 4만 9000년 전에 그들은 아주 특별한 종류의 고기를 대량으로 먹어치웠다. 그것은 다름 아닌 네안데르탈인이었다. 고고학자들은 기껏해야 5제곱미터에 이르는 약 2000개의 뼛조각 더미에서 남녀노소 관계없이 신선한 고기를 깨끗하게 물어뜯은 흔적을 발견했다. 동굴에서의 발견은 이유는 알 수 없지만 네안데르탈인들이 동족을 먹었다는 수많은 증거 중 하나에 불과하다. 고고학자들은 완전히 혹은 부분적으로 먹힌 흔적이 있는 네안데르탈인의 뼈를 일반적인 것이 아닌 예외적인 현상이라고 여기게 되었다. 이 현상은 빙하기 유럽에 살았던 초기 현생인류의 출현을 처음 알린 옛 체코 여인을 통해서는 알 수 없는 것이었다. 우리 조상들은 사람이 죽으면 매장하는 것을 선호했던 듯하다. 따라서 네안데르탈인과 현생인류의 식문화 및 매장 풍습은 근본적으로 달랐다.

엘시드론 동굴의 네안데르탈인 뼈는 법의학의 도움을 받지 않아도 과거에 누군가 먹어치운 흔적이라는 것을 쉽게 파악할 수 있다. 최소 13인으로 추정되며 갓난아이를 포함한 다양한 연령대의 사람들이 무더기로 발견되었는데, 잘린 흔적이 뚜렷하게 남아 있었다. 이 흔적은 희생자들의 혀가 뽑혀 있는 것으로 추정되는 두개골의 위치에 있었다. 사지에서 분리된 손과 발은 현재 우리가 그릴에 구운 치킨을 먹듯이 뼈 사이의 살점을 뜯어 먹은 흔적임에 틀림없었다. 반면 팔뼈는 물론이고 긴뼈, 즉 넓적다리와 종아리는 부서져 있었다. 뼛속의 골수를 흡입하기 위해서였을 것이다. 엘시드론 동굴의 모든 증거는 현재의 관점에서 보면 소름 끼치는 시나리오를 떠올리게 한다. 희생자 수가 많고 영적 분위기와는 거리가 먼 마구 찢기고 잘린 사체라는 점에서 의식의 일환으로 저지른 살인이라고 보기는 어렵다. 즉 이 사람들은 신이나 더 높은 존재에게 제물로 바쳐진 것은 아닌 듯했다. 이들은 짐승처럼 도살되고 그러한 취급을 받았던 것이다.

네안데르탈인은 원래 열정적인 맹수 사냥꾼이었다. 한 집단이 다른 집단을 공격하는 수단으로서의 카니발리즘은 당시에 당연히 있을 법한 일이었다. 이를 입증하는 다른 증거들이 있고 스페인과 매우 유사한 유형의 발굴지가 프랑스와 크로아티아에도 있다. 그런데

이러한 집단적 카니발리즘은 식인 풍습이 아닌 식량난 때문이었던 것으로 보인다. 희생자의 신체적 특징이 그 증거다. 엘시드론 동굴 등 유적지의 뼈 더미에서 발견된 치아와 뼈에는 중세에 오랜 기아로 발생했던 것과 똑같은 성장 장애를 암시하는 특징이 있었다.

네안데르탈인은 극한 상황에 몰려서 그런 행동을 했을 것이다. 1972년 우루과이 올드크리스천클럽의 럭비 선수들이 비행기 추락 사고로 안데스산맥의 빙하에 고립되었을 때 죽은 팀원들의 인육을 먹었던 것처럼 말이다. 구조된 후 감정적 공포가 평생 따라다닐 것이라고 했던 럭비 선수들처럼 엘시드론 동굴의 고인류는 자신들이 저지른 행위에 괴로워했을 것이다. 이 네안데르탈인들은 같은 집단 구성원의 사체를 먹은 것이 아니라, 규모는 크지만 세력이 약해진 다른 집단을 사냥했을 것이다. 네안데르탈인들이 서로 쫓고 쫓기는 관계였다는 것은 싸움의 흔적이 뚜렷하게 남아 있는 뼛조각을 통해 알 수 있다. 물론 그중 많은 흔적은 이들이 주식으로 삼았던 커다란 맹수와의 싸움으로 생긴 것이지만 말이다. 우리가 고인류의 골격 잔해에서 발견한 구조는 오늘날에 자주 골절상을 입는 로데오 경기 선수와 같은 직업군에서 주로 확인된다.

엘시드론 동굴에서 발견한 고고학 유물은 현재 많은 사람들이 네안데르탈인에 대해 가지고 있는 이미지와 일치한다. 100년 전까지만 하더라도 세계의 일부 지역에서 힘과 영혼을 받기 위해 적의 뇌나 심장을 먹었다. 우리 현대인은 현생인류의 친척뻘인 네안데르탈인이 이들처럼 어떤 믿음 때문이 아니라 단지 배가 고파서 동족을 먹었다고 하면, 네안데르탈인을 공감 능력이나 고유한 문화 따위는

현재 추정하는 네안데르탈인 여성의 모습. 아프리카에서 출현한 우리의 조상들, 유럽의 초기 수렵·채집인처럼 이러한 고인류는 검은 피부를 갖고 있었다.(Tom Björklund)

전혀 없는 거칠고 아둔한 존재라고 생각할 것이다. 네안데르탈인 연구자들도 다양한 유파로 나뉜다. 한 유파는 네안데르탈인이 문화적으로 열등하고 더 높은 사고를 접할 기회가 없었다고 주장하고, 다른 유파는 우리의 가장 먼 친척뻘인 이들이 지금까지 우리가 가정해왔던 것보다 모든 면에서 우리와 훨씬 더 비슷하다고 주장한다. 실제로 네안데르탈인에게 감정 이입 능력이나 가족에 대한 소속감이 있었다는 증거도 있다.

네안데르탈인이라는 명칭은 네안데르탈의 '모식模式', 즉 1856년에 네안데르탈에서 발견된 개체의 이름을 딴 것이다. 이 네안데르탈인은 죽기 훨씬 전부터 이미 여러 차례 골절을 당해 왼쪽 팔에 심각한 장애가 있었고, 혼자 사냥을 할 수 없었던 것으로 보인다. 아마 그는 집단 구성원들로부터 보살핌을 받았던 듯하다. 크로아티아에서 발견된 네안데르탈인은 생전에 한쪽 팔이 완전히 으스러지거나 동물에게 물어뜯긴 듯했다. 잔인하고 이기적인 네안데르탈인 사회에서 그는 씨족 구성원이 될 기회를 갖지 못했을 것이다. 프랑스의 라샤펠오생에서 발견된 네안데르탈인 남성도 마찬가지다. 이가 전부 빠져 있는 것으로 보아 음식으로 먹기 편하게 조리되어 있었던 듯하다.

하이에나에게 찢겨

1950년대 프라하 인근에 있던 인간의 잔해에서 발견된 이 여인은 엘시드론 동굴의 네안데르탈인들보다 더 행복한 삶을 살았던 것 같지는 않다. 두개골의 흔적이 이를 암시한다. 여기에는 잔혹한 죽음을 암시하는 확실한 증거가 있다. 그녀는 당시 전 유럽과 아시아에 서식했던 동굴 하이에나에게 찢겨 죽은 듯했다. 그녀의 두개골이 발견된 지 약 70년이 지난 2021년, 이 발굴물에 어떤 역사가 숨어 있는지 밝혀졌다. 이에 따라 현생인류가 아프리카에서 유럽으로 이주했다는, 지금까지 통용되어왔던 가설의 중요한 부분이 수정되어야 했다.

옛 체코 여인은 카르스트 동굴이 발견된 산의 이름을 따서 즐라티쿤Zlatý kůň이라고 명명되었다. '황금 말'이라는 뜻이다. 이 여인은 유럽에 살았다. 하지만 지금까지는 당시 유럽에 네안데르탈인 외에 다른 인간은 살지 않았다는 것이 정설로 여겨졌다. 2021년까지 고고학자들은 즐라티쿤이 1만 2000년 된 두개골과 관련이 있다고 가정

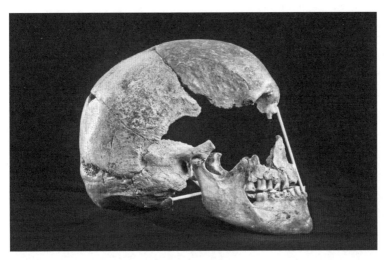

보존 상태가 거의 완벽한 즐라티쿤의 두개골 측면 사진. 2021년 DNA 분석 결과는 옛 체코 여인이 현생인류 중 지금까지 알려진 가장 오래된 유럽인이라는 사실을 입증한다.(Martin Frouz, Anthropological Department of the National Museum in Prag)

했으나, 유전자 분석 결과 그녀의 두개골은 훨씬 더 오래된 것으로 밝혀졌다. 즐라티쿤은 4만 7000년 전에 살았던 것으로 추정되었다. 게다가 즐라티쿤으로 거슬러 올라가는 혈통 계보에 따르면 그녀는 아프리카를 제외하고 현재 살아 있는 모든 사람들의 공통 조상에 가까웠다. 즉 지금으로부터 8만 년에서 7만 년 전 아프리카에서 분화된 공통의 혈통과 시간적으로 비교적 가깝다. 약 5만 년 전 여기에 네안데르탈인의 DNA가 섞였고, 그로부터 몇백 년 후에 즐라티쿤의 계통이 형성되었을 것이다.

4만 5000년 전이 되어서야 계통이 분화되어 현재의 유럽인과 아시아인으로 갈렸다. 이것은 약 2000년 더 오래된 즐라티쿤의 후손들 중 지금까지 생존하고 있는 사람이 없다는 의미다. 옛 체코 여인의 유전자 흔적은 사라졌다. 어쩌면 당시 배회하던 하이에나의 위 속으로 사라졌을지도 모르겠다. 동굴 하이에나라는 이름이 암시하 듯이 빙하기의 유럽과 아시아에서는 현생인류와 네안데르탈인이 같 은 생활공간을 이용했다.

선사시대 유럽 여인의 잔해는 체코슬로바키아의 광부들에 의해 우연히 발견되었다. 프라하 인근의 산에 있는 카르스트 동굴은 여러 개가 서로 연결되어 있는 체코에서 가장 큰 동굴이다. 그중 한 동굴 에 높이가 무려 50미터나 되는 종유석 융기가 있다. 석순이 나 있는 바닥에서 보존 상태가 좋은 두개골과 하이에나에게 갉아 먹힌 긴뼈 가 발견되었다. 그 옆에는 석기가 몇 개 있었다. 이 시대의 모든 석 기가 그렇듯이 고고학자만 알아볼 수 있는 것들이었다. 말 그대로 부서져 있고 모서리가 날카로운 돌은 일반인이 보기에는 평범한 돌 덩어리에 불과했다.

이 도구들은 동굴에서 사용된 것이 아니라, 나중에 그곳에서 세척 됐음을 암시하는 증거들이 많았다. 상상력과 이를 반증하는 증거들 을 동원하면 이곳은 희생 제물을 바치는 장소였을 것이다. 어쨌든 인상적인 형태의 석순은 희생 제단으로 사용하기 좋은 무대였을 것 이다. 그런데 그런 일은 없었던 듯하다. 이 동굴에는 늑대와 하이에 나의 뼈도 있었기 때문이다. 이곳에서 이 짐승들은 함께 혹은 다른 시간에 살았고, 자신들의 은신처에서 동굴 밖에서 잡아온 먹잇감으 로 배를 채웠던 듯하다. 특히 초식동물, 힘이 약하거나 자신의 집단 에서 분리된 인간들이 이들의 먹잇감이었을 것이다. 썩은 고기와 신 선한 고기를 모두 먹는 하이에나에게 옛 체코 여인은 죽은 채로 발견되어 동굴에서 뜯겼을 것이다. 아니면 산 채로 먹혔을 것이다.

당시 하이에나와 마주치는 사람들은 금이 간 돌이나 막대기를 던져봤자 별 소용이 없다는 걸 알았을 것이다. 하이에나의 턱은 뼈와 심지어 두개골도 부숴 먹을 수 있는 구조로 되어 있기 때문이다. 하이에나는 빙하기 유라시아의 최초의 인간 이주민들에게 집배원을 대하는 경비견처럼 행동했다. 그래서 지금까지 인간의 유전자에 하이에나에 대한 두려움이 깊이 새겨져 있는 건지도 모른다. 하지만 하이에나와 인간은 서로 닮은 점도 있었다. 이를테면 인간의 특징적인 사회적 행동과 고기를 좋아하는 식성이 그것이다. 인간과 하이에나가 약 4만 년 전 유럽과 아시아로 가는 대이주 물결에 함께했다는 것은 별로 놀랄 일이 아니다. 물론 서로 합의를 본 것은 아니었을 터이므로 둘 중 하나만 살아남을 수 있었다.

보이는 것보다 나이가 많은

즐라티쿤의 두개골은 1950년대에 고고학자들의 관심을 불러일으켰지만 그 열기는 금세 식었다. 최초 연대 측정 이후 이 발굴물은 1만 2000년 전의 것으로 추정되는 수백 개의 발굴물들보다 주목을 받지 못했다. 그사이 밝혀졌듯이 이것은 심각한 실수였다.

복원 후 외형이 모든 것을 입증했다. 문제의 이 여인은 대부분의 네안데르탈인보다 늦은 시기에 살았지만 이미 크로마뇽인으로 넘어가고 있던 초기 호모 사피엔스였다. 옛 체코 여인은 다른 시신들

유럽의 수렵·채집인은 이런 모습이었을 것이다. 옛 체코 여인도 이렇게 생기지 않았을까?
(Tom Björklund)

에 비해 유난히 튼튼하고 다부진 두개골, 아주 두꺼운 뼈를 갖고 있었다. 이 모든 것이 초기 현생인류의 신체적 특징이었다. 전통적인 방법에 의한 평가는 70년 후 고고유전학이 입증한 사실과 매우 유사했다. 그런데 방사선 탄소연대 측정법의 오류로 옛 체코 여인은 프라하 박물관의 수많은 고고학 발굴물 가운데 하나로 묻히고 만 것이다.

1950년대에 고고학 발굴물의 연대 측정 표준 방식으로 정착된 방사선 탄소 연대 측정법은 나중에 개발된 유전자 연대 측정 방식만큼 혁명적인 것이었다. 방사선 탄소연대 측정법은 소위 탄소 분석과 붕괴 프로세스를 바탕으로 뼈의 나이를 결정한다. 1만 2000년 전의 것으로 결정된 두개골의 연대는 뼈의 상태를 나타내는 형태학으로 볼 때 오류였으나 당시에는 아무도 문제를 제기하지 않았다.

이러한 오류 때문에 이 두개골은 오랜 시간 무용지물로 방치되어 있었다. 오류가 발생하게 된 원인이 밝혀졌다. 이 두개골은 소뼈로 만든 접착제가 발명된 후 복원되었다. 탄소 붕괴량을 측정하는 과정에서 접착제 소뼈 성분의 동위원소가 옛 체코 여인의 것과 섞여, 매번 완전히 새롭고 다른 결과를 얻게 된 것이다. 하지만 2021년 DNA 분석에 따른 4만 7000년이라는 결과는 한 번도 나온 적이 없었다.

그때까지 다른 발굴물들이 유라시아에서 현생인류의 존재를 입증하는 가장 오랜 증거로 여겨졌다. 하나는 지금으로부터 약 4만 5000년 전 시베리아의 우스트이심에서 사망한 남성의 넓적다리이고, 다른 하나는 현재의 루마니아에 있는 오아세 동굴[해골 동굴이란 뜻]의 4만 년 된 두개골이었다. 2021년 최초의 현생인류가 아프리카에서 유럽으로 이주했다는 또 다른 증거로 옛 체코 여인이 추가되었다. 한편 불가리아 중부의 바코키로 동굴에서 발굴된 인간의 뼈는 약 4만 5000년 전의 것으로 추정되었다. 이 뼈는 당시 동아시아인의 유전자 중복이 나타났다는 점에서 특별하다. 이것은 이 시기 동아시아에서 흑해에 걸쳐 살았고 그곳과 마찬가지로 이곳에서도 정착민들과의 혼혈 개체군임을 의미한다. 반면 옛 체코 여인에게서는 극동 아시아인과의 혼혈이 확인되지 않았다.

수만 년의 시간을 두고 현생인류가 유라시아 대륙에 나타난 것이 왜 지금으로부터 5000년 전후인지는 중요하지 않아 보이지만, 사실은 그렇지 않다. 고고유전학과 인류사의 보편적 이해에 중요한 질문들을 다루고 있기 때문이다. 과거의 계산 수치에 따르면 대략 3만 9000년 전, 늦어도 3만 7000년 전 한 집단이 다른 집단을 축출함으로써, 즉 현생인류가 나타난 직후 네안데르탈인이 사라졌다. 하지만 새로운 연대 측정에 따르면 완전히 다른 역사가 펼쳐진다. 현생인류는 최소 5000년 동안 유럽에서 네안데르탈인과 함께 살다가, 현생인류가 유럽 대륙을 차지한 것이다.

예나 MPI는 먼저 즐라티쿤의 두개골 표본에서 채취한 미토콘드리아 DNA를 조사했다. 세포의 에너지 살림살이를 맡고 있는 미토콘드리아의 유전체는 총 게놈, 즉 세포핵의 DNA보다 정보가 많이 담겨 있지 않지만 혈통을 재구성하는 데는 적합하다. 미토콘드리아 DNA는 모계 유전이기 때문에 개체의 여성 계보를 역추적하는 데 사용된다. 평균 3000년 간격으로 다양하고 뚜렷한 돌연변이가 발생하기 때문에 두 개체의 미토콘드리아 DNA를 비교하면 언제 마지막 공통 조상이 살았는지 계산할 수 있다.

미토콘드리아 DNA 분석 결과에 따르면 이 체코 여인은 아주 이른 시기에 자신의 종족, 과거에 사하라 이남 아프리카 지역에서 탄생해 최초의 아시아인과 유럽인이 된 종족에서 갈라져 나왔다. 즐라티쿤의 미토콘드리아 DNA와 오늘날 사하라 이남 아프리카 사람들의 미토콘드리아 DNA가 유래한 여성의 DNA는 단 8개의 돌연변이에서만 차이가 발견되었다.[9] 즐라티쿤보다 유럽인의 시조에 가까이 다가갈 가능성은 없다는 것이다.

옛 체코 여인으로 이어진 유전자 가지는 일찍이 공통조상에서 분화되었고, 유전자 가지가 존재했던 기간은 짧았고 모계 조상이 없다는 것을 의미한다. 우리는 이 여성에게 아이가 있었다고 주장할 수 없을뿐더러 그녀가 사망한 나이도 알지 못한다. 하지만 아직까지 즐라티쿤에서 유래한 DNA를 가진 현대인은커녕 고인류도 알려지지 않았다. 이들의 계통은 상대적으로 빨리 사라졌던 것이 틀림없고, 이들이 속한 개체군은 유지되지 못했던 듯하다. 우스트이심과 루마니아의 오아세 동굴에서 발견된 인간들도 마찬가지다. 현재 살아 있는 인간에게서 이들의 유전체는 드물게 발견되며 이들의 계통은 사라졌다. 한편 러시아 코스텐키에서 오늘날 대부분의 유럽인에게 있는 유전체를 보유하고 있으며 지금까지 알려진 가장 오래된 인간이 발견되었다. 이 사람은 그곳에서 3만 9000년 전에 사망했다. 그는 성공한 현생인류 집단의 구성원이었을 것으로 추정된다. 이들은 이주를 했기 때문에 오래 살아남을 수 있었고 네안데르탈인과 함께 허망하게 사라졌다. 매머드, 맹수와 동굴 하이에나처럼 서서히 멸종했다.

　러시아, 불가리아, 루마니아의 초기 현생인류와 아프리카 이외 지역의 모든 사람과 마찬가지로 옛 체코 여인도 2퍼센트의 네안데르탈인 DNA를 갖고 있었다. 그녀의 게놈 전체를 분석한 결과 밝혀진 사실이다. 여기에서도 별다른 것을 기대할 수 없다. 결국 이들은 같은 개체군으로 거슬러올라가기 때문이다. 즉, 근동 지방의 아프리카 출신들이 네안데르탈인과 만나서 지금까지 존재하는 유전자풀이 생긴 것이다.

조각난 네안데르탈인

　현생인류 DNA에서 네안데르탈인의 DNA가 차지하는 상대적 비중은 수만 년 이상 일정하게 유지되었다. 물 한 잔과 푸른 염료 한 컵의 비유로 이것을 가장 쉽게 설명할 수 있다. 최초의 현생인류 유럽인과 아시아인이 탄생한 개체군, 즉 네안데르탈인과 만났던 개체군은 물 한 잔에 소량의 푸른 염료를 혼합시킨 것에 비유할 수 있다. 이 개체군으로부터 현생인류가 탄생해 나중에 전 세계로 이동했을 때, 이들은 종족을 남기기 위해 모두가 푸른 얼룩들과 관계를 맺고 이것을 후손에게 남겨주었다. 누구와 섞였는지 상관없이 이들은 살짝 푸른빛을 띠었고 푸른빛의 자손을 얻었다. 더 푸른빛의 자손을 얻기 위한 방법은 네안데르탈인과 다시 성관계를 맺는 것이었다. 바코키로 동굴에 살았던 인간들과, 오아세 동굴 인간들의 조상들에게도 이런 일이 있었다.

네안데르탈인 유전체의 '푸른색' 비중이 옛 체코 여인이 우리의 유전체에서 차지하는 그것과 크게 차이가 나지 않을지라도 게놈에서 몇 가지 다른 특성이 나타난다. 네안데르탈인의 유전 정보의 길이에서 후기의 인류보다 훨씬 긴 것이 있었다. 이것은 현생인류와 네안데르탈인의 혼혈이 생기고 이 체코 여인의 유전적 계통이 이후 유럽인과 아시아인이 유래한 개체군으로부터 상대적으로 짧은 기간에 분리되었음을 암시한다. 이러한 혼혈기가 끝난 후 인간의 유전체에서 발견되는 네안데르탈인의 조각이 줄어든 것은 아니지만 점점 더 조각이 났다. 자손 세대의 DNA에서 새로운 세대들과 새롭게 조합되었기 때문이다.

지금까지 이러한 과정이 진행 중이기 때문에 우리의 유전체에서 네안데르탈인의 DNA는 조각 난 상태로 존재한다. 거실에 페인트칠을 한 후 바닥에 페인트가 점점이 튀어 있는 것처럼 말이다. 이를 바탕으로 옛 체코 여인의 나이를 추측해볼 수 있다. 그녀와 네안데르탈인과 현생인류의 혼혈 개체군 사이에는 대략 70세대가 있고, 5만 년 전 근동 지방에서 이 두 인류 종의 혼혈기가 끝났다. 따라서 즐라티쿤에서 발견된 연대는 4만 7000년일 것으로 추정된다.

1번 염색체의 사막

옛 체코 여인과 네안데르탈인의 시간적 근접성은 다른 발굴물과 비교할 때 두드러진 특성은 아니다. 부분적으로는 네안데르탈인과 현생인류, 네안데르탈인과 데니소바인 혹은 현생인류와 데니소바인의 직계 후손에 대해서는 오래전부터 알려져 있었다. 루마니아 오아세 동굴에서 발견된 인간도 10퍼센트의 네안데르탈인 DNA를 갖고 있었기 때문에, 이 고인류의 손자나 증손자일 수 있다. 이런 모든 혼종들과 옛 체코 여인의 공통점은 유전 계보가 사라졌다는 것이다. 이 부분에서 당연히 궁금증이 생긴다. 이들의 유전체에서 이 사실을 뒷받침할 증거를 찾을 수 있을까? 고인류 유전자의 비중이 증가하면서 생존 투쟁에서 불리해진 것은 아닐까? 옛 체코 여인에게서는 답을 찾을 수 없을지 모른다. 하지만 그녀의 DNA 조각으로 추측을 해볼 수 있다. 일반적인 학문과 마찬가지로 고고학과 고고유전학은 진실에 다가가는 수단으로 이러한 추측에 의존한다.

이것은 짧은 기간의 정보를 얻는 데 유용하다. 모든 네안데르탈인의 유전자 중 절반이 현대인의 게놈에 있다고 가정한다면, 나머지 절반은 진화 과정 중 선별되어 배제된 셈이다. 예를 들어 한 개의 유전자 혹은 염기 조합이 진화상 불리할 경우 그런 일이 발생한다. 이러한 배제 가능성은 다양한 만큼 어떤 종이 우세하고 어떤 개체가 종 내에서 유전자풀을 지배할 것인지 결정적 역할을 하는 유전적 소인도 무한하다. 이것은 체력에서 지적 능력까지 확대될 수 있다.

화려하고 풍성한 날개가 없어 짝짓기에 불리한 수컷 공작새를 생각해보자. 어떤 공작새가 수십만 년 전 자신의 잿빛 날개가 유전자 계통을 약화시키는 데 큰 영향을 끼치고, 옆에서 풍성한 날개를 뽐내던 공작새가 진화 경쟁에서 승승장구하리라 예상할 수 있었겠는가? 오늘날에는 이 오솔길만이 유일하게 논리적으로 옳은 것처럼 보인다. 우리는 잿빛 공작새의 세계를 상상조차 할 수 없기 때문이다. 우연은 진화에서 핵심 동인이다. 우리의 조상들이 진화에서 성공의 길을 걷기 위해서 정확하게 어떤 유전자에 돌연변이가 나타났는지 고고유전학자들이 자신 있게 대답할 수 없는 이유가 바로 여기에 있다.

이쯤에서 옛 체코 여인에게로 돌아가 보자. 우리는 그녀가 자만심이 강한 사람이었는지 아닌지 알 수 없다. 물론 그녀에게는 화려한 날개도 없었다. 하지만 우리는 인간의 게놈 중 가장 큰 1번 염색체의 특성을 분석할 수 있다. 현대인에게서 이 염색체는 이른바, 네안데르탈인 연구자의 관점에서는 거대한 사막이라고 표현할 수 있다. 네안데르탈인은 물론이고 현대인의 DNA가 없는 유전체의 거대한 지점 말이다. 쉽게 말해 1번 염색체의 이 위치에서 네안데르탈인의 유전자가 진화를 거치는 동안 배제되어 현생인류의 유전자만 살아남은 것이다. 우리의 초기 조상들, 그러니까 지금으로부터 4만 년 전 유럽에 동굴 벽화, 비너스 조각상, 악기와 함께 크로마뇽인의 문화를 전파시킨 사람들에게도 이 사막이 있었다. 반면 옛 체코 여인에 대해 우리가 알고 있는 사실은 하이에나에게 두개골이 뜯겼다는 것과 몇 개의 원시적인 석기 정도이고, 그녀에게는 이 사막이 없다. 그녀의 1번 염색체는 네안데르탈인 여성의 그것과 일치한다.

이것이 옛 체코 여인의 유전자 계통이 사라지게 된 원인이었을까? 이것은 네안데르탈인의 1번 염색체가 나중에 세계를 정복한 현생인류에 비해 결정적으로 불리하게 작용했다는 의미일까? 이 질문에 대해 우리는 추측만 할 수 있을 뿐이다. 1번 염색체는 총 22쌍으로 이뤄진 인간의 염색체에서 압도적으로 크다(여기에는 여자는 XX, 남자는 XY인 성염색체가 포함된다). 약 2억 5000만 개의 염기쌍, 즉 인간 DNA의 약 8퍼센트가 1번 염색체에 들어 있다. 물론 이 사실만으로는 어떤 유전 정보가 우리의 조상이 네안데르탈인보다 우월해지는데 결정적인 영향을 끼쳤는지 추론하기 어렵다. 완전히 다른 염색체, 어쩌면 지금까지는 완전히 무시되었던 위치, 혹은 게놈의 다양한 지점에 있는 다양한 위치의 염기들 간 상호작용에서 이러한 차이가 발생했을 수도 있다.

그러나 현생인류와 네안데르탈인의 차이를 만든 유일한 유전자가 있다는 사실은 배제할 수 있다. 이러한 추측은 2000년대에도 고고학과 진화유전학에서 유행했지만 시간이 흐르면서 지나치게 단순한 논리였다는 사실이 입증되었다. 즉 1번 염색체의 네안데르탈인 사막에 있는 유전자는 특정한 한 가지 기능이 아니라, 어떤 유전자와 상호작용하는지에 따라 수천 가지 기능을 갖는다.

네안데르탈인의 뇌세포를 배양함으로써 네안데르탈인의 멸종과 관련된 유전자 위치를 찾겠다는 포부는 현실적으로 실현 불가능하다. 가까운 유연관계〔생물들이 분류학적으로 얼마나 멀고 가까운가를 나타내는 관계〕에 있는 두 인류 종의 차이는 세포 수준의 신진대사 과정에서는 관찰하기 어려울 것이다. 우리 조상들을 세상의 정복자로 만들어주었던, 그 유명한 '신성한 불꽃'(인간의 창의성의 생성과정을 밝힌 영국 심리학자 아서 쾨스틀러의 책 《창조행위The Act of Creation》의 독일어 제목)을 페트리 접시에서는 관찰이 거의 불가능하기 때문이다. 문화적 능력이 인간에게만 있다는 증거는 유전자와 인간의 뇌구조에도 있다. 그러나 우리가 이러한 분자의 상호작용을 들여다볼 날이 올지는 두고 봐야 한다.

현자의 돌이 아닌…

'문화' 현상은 개념 정의부터 어렵다. 셰익스피어, 베토벤, 피라미드 등 인간의 뇌에서 생산되어 다른 사람들에게 만족감을 주는 모든 창작물은 당연히 문화라고 표현할 수 있다. 하지만 드라마, 투계, 정글 캠프도 문화다. 사람마다 문화에 대한 개념은 다를 것이다. 여기에서 벌써 인간의 문화에 대한 이해가 얼마나 부족한지 알 수 있다. 채식주의자인 남자와 스테이크를 좋아하는 여자가 식문화에 대한 대화를 나눌 때, 대중음악 팬과 클래식 팬이 음악을 논할 때, 축구에 전혀 관심이 없는 사람과 달리 광적인 축구팬이 '종교를 대체하는 이데올로기'인 축구가 세상을 변화시키는 것의 의미에 열광할 때 문화에 대한 우리의 무지가 여실히 드러난다.

물론 문화를 지나치게 숭상하는 태도는 지양해야 한다. 인류 최악의 범죄도 결국 여기에서 비롯되었고 여전히 자행되고 있으며, 하나의 문화에 대한 숭배와 인류의 범죄는 종종 불가분의 관계에 있기

가령 석기시대의 예술 작품인 슈바벤 지방의 로네탈 동굴에서 발견된 '사자 인간'은 지금도 깊은 인상을 남긴다. 혹시 사자 인간이 아이들을 위한 장난감은 아니었을까?(Tom Björklund)

때문이다. 오늘날 우리의 눈을 즐겁게 해주는 피라미드는 수천 명 노역자들의 시신 위에 세워졌고, 우리가 극찬하는 작품을 창작한 몇몇 예술가들은 수백만 명의 목숨을 희생시킨 최악의 이데올로기의 추종자였다. 인간의 문화는 이제 가치중립적인 개념이 되었다. 역사의 흐름 속에서 인간이 창조한 모든 것의 기원에 대해 좋은 의미와 나쁜 의미 모두에서 말이다.

정교하게 깎아 만든 피리, 비너스 조각상, 동굴 벽화. 이 모든 것은 의심할 여지없이 복합적인 문화의 특징을 나타낸다. 지금으로부터 약 4만 년 전 유럽에 전파된 이 문화는 8만여 년 전 남아프리카 지역에서 불붙기 시작해 전 세계로 퍼졌다. 이렇게 급속도로 발전한 예술적 기교는 인간, 정확하게는 인류에게 본격적으로 나타난 특성의 변화 중 하나에 불과했다. 이러한 예술적 기교가 따뜻한 동굴과 식사 그 이상의 의미를 갖는다는 사실을 당시 사람들도 발견했던 듯하다.

생존은 뒷전으로 밀리고 삶이 중요해졌다. 최초의 인간이 새의 뼈로 소리를 내고 연습 끝에 멜로디를 만들어낼 수 있다는 아이디어를 떠올렸을 때, 인간이 더 정교한 작품을 창작할 수 있는 첫 번째 도미노 패가 넘어진 셈이다. 여기에는 공작새와 다른 짐승들을 연상시키는 지극히 통속적인 동인이 중요한 역할을 했는지도 모른다. 능력 있는 수렵인처럼 재능이 뛰어난 피리 연주자는 이성과 성관계를 맺을 기회가 더 많았을 것이다. 이러한 자극이 있었기 때문에 현생인류는 석기시대에서 고도 문화로 맹렬히 전진할 수 있었다.

조개껍데기 수집의 매력

네안데르탈인에게는 인간과 완전히 다른 점이 있었다. 지난 수십 년 동안 전 세계의 연구자들이 복합적인 네안데르탈인 문화를 유추할 수 있는 사라진 네안데르탈인의 잔해를 찾는 데 몰두했다. 결과는 기대에 못 미쳤다. 네안데르탈인도 도구를 제작하고 불을 사용할 줄 알았을 것이다. 하지만 아직까지는 네안데르탈인에게 세공 능력이나 예술이 있었다는 증거는 거의 없다.

그러던 중 2010년 고고학자들이 스페인 동남부 지역에 있는 2개의 동굴에서 약 5만 년 된 조개껍데기를 발견했다. 구멍이 뚫린 흔적으로 보아 네안데르탈인들이 조개껍데기를 장신구로 착용했던 것으로 보였다. 발굴물 중에는 네안데르탈인의 화장품 찌꺼기로 추측되는 유색 광물도 있었다. 하지만 이것 역시 가능성일 뿐이고, 조개껍데기에 난 구멍도 지난 5만 년을 거치는 동안 자연발생적으로 생겼을 수 있으며, 조개껍데기에 있던 색깔도 길을 표시하기 위해 네안데르탈인이 그려놓은 것일지 모른다. 이 발굴물은 예술이 아니라 자연적 변화일 수도 있다.

반면 3만 5000년에서 4만 1000년 전에 슈바벤 지방의 로네탈 동굴에서 탄생한 예술 작품은 우연히 '사자 인간'처럼 보이고, 아무 이유 없이 풍만한 여인의 모습을 연상시키는 것이 아니며, 자연의 작용이 같은 간격으로 새의 뼈에 6개의 구멍을 냈을 가능성은 낮다. 크로마뇽 시대의 유물이 많은 것은 당시 사람들이 장례 의식을 정착시킨 것과 관련이 있다. 그들만의 장례 문화 때문에 시신과 함께 장신구, 무기, 기타 일상용품이 매장된 무덤이 많다.

네안데르탈인의 뼈 옆에서 우연히 발견된 금이 간 돌을 근거로 그들이 부장품과 함께 매장하는 습관이 있었다고 주장하는 사람들도 있다. 하지만 네안데르탈인이 장례 의식을 행했음을 입증하는 유물은 없다. 어쩌다가 발굴지에 네안데르탈인이 잃어버린 석기가 놓여 있었던 것인지도 모른다. 네안데르탈인에게는 시신을 눕히거나, 앉히거나, 함께 매장된 다른 사람 쪽을 향하게 하는 등 특정한 방식으로 시신을 매장한 무덤이 없지만, 크로마뇽인에게는 많다.

오늘날 고고유전학자와 고고학자가 연구하고 있는 네안데르탈인의 뼈의 대부분은 뼈의 주인이 죽은 후 그대로 방치되어 있다가 하이에나와 같은 청소부 동물들에게 뜯어 먹혔을 것으로 추정되는 발굴물이다. 이것은 우리 조상들이 주변 사람들을 매장함으로써 모면

하려고 했던 광경이었다. 이로써 우리 조상들은 자신들이 아직 완전히 정복하지 못한 주변의 동물권의 일부에 불과하다는 사실만큼이나 육신을 고통스러운 것으로 인식했는지도 모른다. 이 때문에 가족 구성원들에게 엄숙한 매장 의식을 행함으로써 이생의 삶뿐만 아니라 죽은 후에도 영원히 반복되는 잔인한 윤회에서 해방되었음을 확인하고 싶었던 것일 수 있다. 또한 유족을 함께 묻는 풍습은 자신이 죽은 후에도 집단으로부터 보호받길 바라는 마음, 주변을 어슬렁거리는 동물들의 먹이로 생을 마감하지 않길 바라는 마음에서 비롯되었을지 모른다.

자의식이 생긴 호모 사피엔스

그럼에도 모든 개체를 아우르는 '가치 공동체'와 더불어 현생인류가 진화하고 이 가치 공동체가 특별한 소속감과 연대감을 담당했다고 보기는 어렵다. 문화에 대한 열의, 삶과 혈족 내 단결을 중시하는 태도가 인상적이었던 만큼 이들은 다른 집단에게 잔인하게 행동했을 수 있기 때문이다. 네안데르탈인과 현생인류는 폭력을 행하는 방식이나 과격성에서 차이가 없었다. 두 집단은 인구가 희박한 유라시아 대륙에서 마주치고, 불시에 상대 집단에게 공격을 당했을 때 반격을 신속하게 결정해야 하는 상황을 점점 더 많이 겪었을 것이다.

어쨌든 현생인류는 최초의 문화 기술을 통해 세계라는 구조에서 고유한 종이라는 독보적인 지위에 올랐다. 지금까지 인류는 이러한 의식을 갖고 있다. 이러한 우월함이 유전적 차이에서 기인한다는 증거도 많다. 아프리카에서 현생인류와 네안데르탈인이 공통의 조상으로부터 분화되고 90가지 차이가 생긴 후 현생인류는 우월해지기 시작했다. 이 돌연변이 중 하나가 일종의 망상을 일으켜 그 유전적 토대가 급속도로 확산되고 개체군에게까지 뻗쳐, 이 개체군이 목적 없는 방랑자가 되지 않고 신비주의, 음악, 동굴 벽화 등을 통해 삶에 더 심오한 의미를 부여하게 된 것이 아닐까?

현생인류는 지금으로부터 4만 년 전에 세계를 정복하고 네안데르탈인과 데니소바인을 앞지르기 시작했다. 현생인류의 승리를 유전자를 통해 입증할 수 있는 날이 오려면 아프리카에서 답을 찾아야 한다. 하지만 이러한 가정은 기존의 설을 반박하는 것이다. 호모 사피엔스가 아프리카에서 유라시아를 거쳐 전 세계로 확산되었다는 이야기는 고고학계에서 정설로 여겨졌기 때문이다. 현생인류는 오랜 기간 도움닫기를 하고 숱한 퇴보를 감수해야 했다. 네안데르탈인과 데니소바인이 자신들만의 거처를 발견했던 북쪽은 우리 조상들이 닿을 수 없는 곳이었다. 이들은 인류의 요람, 남아프리카에서 성장하다가 성공가도에 올랐다. 남아프리카에서 호모 사피엔스의 유전적 '인종의 용광로'가 탄생했다. 호모 사피엔스는 수많은 만물의 영장 후보 가운데 하나일 뿐이었다.

3장

원숭이 행성

찬찬히 과거를 돌아본다.

모든 것은 지금으로부터 수백만 년 전에 시작되었다.

아프리카에는 온갖 유인원들이 득시글거린다.

이들 대부분이 진화의 막다른 골목에 다다랐다.

우도가 알프스까지 왔을 때 용광로에서 사람들은 유럽으로 이동한다.

그리스에서 처음 이 행렬이 멈춘다.

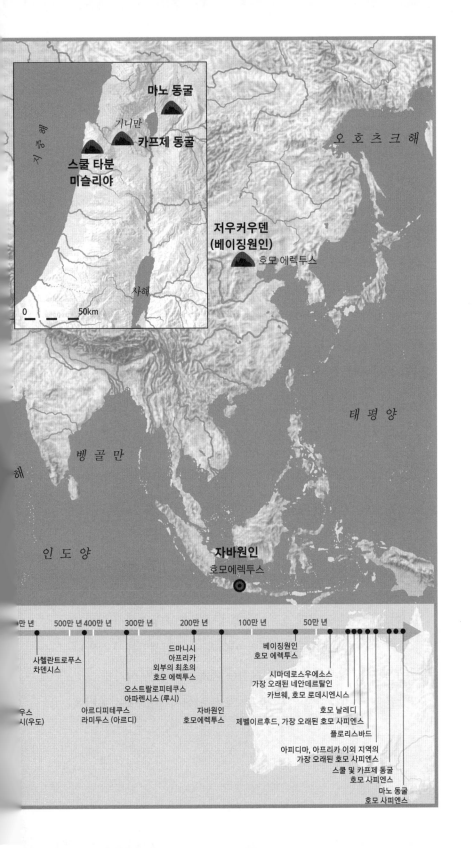

마노 동굴

기니만

카프제 동굴

스쿨 타분
미슬리야

지중해

오호츠크 해

저우커우덴
(베이징원인)
호모 에렉투스

사해

0   50km

태평양

벵골만

인도양

자바원인
호모에렉투스

만 년   500만 년 400만 년   300만 년   200만 년   100만 년   50만 년

사헬란트로푸스
차덴시스

드마니시
아프리카
외부의 최초의
호모 에렉투스

베이징원인
호모 에렉투스

우스
시(우도)

오스트랄로피테쿠스
아파렌시스 (루시)

시마데로스우에소스
가장 오래된 네안데르탈인
카브웨, 호모 로데시엔시스

아르디피테쿠스
라미두스 (아르디)

자바원인
호모에렉투스

호모 날레디
제벨이르후드, 가장 오래된 호모 사피엔스

플로리스바드

아피디마, 아프리카 이외 지역의
가장 오래된 호모 사피엔스

스쿨 및 카프제 동굴
호모 사피엔스

마노 동굴
호모 사피엔스

근동 지방의 영토권

현생인류는 수만 년에 걸쳐 아프리카에서 밀려들어와 네안데르탈인을 정복했다. 이 지역은 지금도 영토권 분쟁으로 충돌이 끊이지 않는 곳이다(물론 전혀 다른 가설을 근거로 한 주장이지만). 이 두 고인류의 생활공간은 겹쳤는데 오늘날의 근동 지방, 구체적으로는 이스라엘이었을 것으로 추측된다. 경계선이 점점 이동하고 현생인류는 북쪽으로 탐색을 떠나기도 했지만 결국 옛 체코 여인처럼 계통이 끊어졌다. 모든 비아프리카인들의 조상은 아라비아반도에서 출발해 북쪽으로 이동했을 것이다. 이것은 대이동을 예고하는 사건이었다.

인간은 아프리카에서 처음 직립보행을 배우고, 고성능 뇌를 개발하고, 문화 기술을 발전시켰다. 이러한 변화는 몇 년 전까지 대부분의 연구자들이 생각했던 특정한 장소가 아니라, 거대한 대륙 전체에 흩어져 나타났을 것으로 보인다. 이러한 인종의 용광로에서 다양한 인간의 계통이 혼합되어, 우리 모두의 조상이 된 아프리카인으로 통합되었다. 인간은 북쪽 지역을 차지하려고 온갖 수단을 동원했다. 이를 입증할 증거가 그리스에서 중국에 이르기까지 수백 개가 발견되었다. 한마디로 이곳은 인류사에서 좌절된 꿈들이 모인 갤러리였다.

그사이 우리는 이스라엘 북부, 즉 게네사렛 호수 동편에서 하이파 방향의 해변까지 네안데르탈인뿐만 아니라 초기 현생인류가 살았다는 많은 증거를 찾아냈다. 이에 속하는 개체들이 같은 시기에 그곳에 살았던 것은 아니지만 일부 발굴지들은 엎어지면 코 닿을 거리에 있었다. 이 좁은 지역에서 발굴물이 자주 발견된다는 것은 현재 우리의 DNA에서 나타나는 두 고인류 종의 혼혈이 이 지역에서 이뤄졌다는 의미다. 이것은 식량, 자원, 섹스 파트너를 쟁취하기 위한 혈투를 동반한 공존이었다.

수많은 두개골 유물은 지금의 이스라엘 지역에 네안데르탈인이 존재했다는 증거다. 이 지역은 멸종할 때까지 네안데르탈인의 고향이었다. 이 시기에 현생인류가 있었다는 증거는 많지 않지만 있기는 하다. 그사이 네안데르탈인과 현생인류가 적어도 5만 5000년 전에 만났다고 추론할 수 있는 새로운 뼈들이 추가로 발견되었다. 2015년 마노 동굴, 게네사렛 호수의 동편에서 발견된 두개골의 연대는 이 시기의 것으로 추정된다. 여기에서 DNA를 추출할 수 없었지만 덮개의 일부가 남아 있던 두개골의 형태를 복원한 결과 현생인류라는 사실을 추론할 수 있었다.

뼈 발굴지 주변에는 선사시대에 불을 피웠던 장소도 있다. 마노 동굴의 두개골 연대는 우리의 DNA를 통해 추론한 시기, 오늘날의 모든 비아프리카인의 조상에게 네안데르탈인의 DNA가 유입된 시점과 거의 일치한다. 따라서 이 발굴물은 인류가 유라시아 대륙으로 확산된 역사의 이정표라고 할 만큼 중요하다. 어쩌면 5만 5000년 전 마노 동굴에 살았던 남자나 여자가 유라시아인의 직계 조상인지도 모른다. 지금으로선 이를 판단할 수 있는 DNA 정보가 없기 때문에 그럴 가능성만 인정되고 있다.

하지만 마노 동굴은 아프리카 이외 지역에 현생인류가 살았다는 가장 오래된 증거는 아니다. 지금으로부터 60만 년 전에 네안데르탈인으로부터 갈라진 후 현생인류는 약 50만 년 전에 유럽으로 가는 길을 찾았음에 틀림없다. 이주 직후 혼혈이 나타났을 가능성과 관련해 후기 네안데르탈인의 유전자에 이를 입증하는 흔적이 남아 있다. 이들은 이 시기에 이미 아프리카 지역을 벗어나 살았다고 추정되는 현생인류의 후손들이다.

네안데르탈인에 대한 우리의 공헌

네안데르탈인 여성의 게놈 해독으로 네안데르탈인의 DNA가 현생인류에게 유입되었다는 사실이 입증되었다. 그리고 2016년에 두 인류 종 사이의 밀접한 관계를 뒷받침하는 증거가 나왔다. 이번에는 네안데르탈인에게 호모 사피엔스의 흔적이 남아 있었다. 이 발견은 큰 관심을 불러일으켰으며 우리의 진화 지도를 수정하는 계기가 되었다. 모두의 예상을 깨고, 42만 년 전 스페인에 살았던 이 네안데르탈인의 DNA를 해독하는 데 성공했다. 이 사례에서도 발굴물이 많은 시마데로스우에소스 지역의 뼈가 사용되었다. 그때까지 사람들은 네안데르탈인 계통이 42만 년 전 아프리카에서 발생했기 때문에 그 시기에 유럽 구석까지 확산되는 것이 불가능하다고 생각했다.

스페인에서 확인된 DNA는 이보다 훨씬 더 많은 사실을 반증하고 있었다. 그때까지 발견된 다른 네안데르탈인 여성들은 이 DNA의 주인보다 연대가 훨씬 빨랐다. 현생인류의 게놈과

대조한 결과 옛 스페인 사람들 이후의 모든 네안데르탈인들에게 호모 사피엔스의 DNA가 유입되었다는 사실이 확인되었다.

이 결과는 처음에 미토콘드리아 DNA에서 나왔다. 모계 유전인 이 DNA의 단편은 현생인류 여성에게서 온 것이었다. 2020년 부계 유전인 성염색체, 즉 Y염색체에 이 분석을 반복 실시했다. 여기에서도 미토콘드리아 DNA에서와 같은 결과가 나왔다. 이 경우에도 마찬가지로 Y염색체는 현생인류로부터 온 것이었다. 아마 더 많을 것으로 짐작되지만 최소 2인의 유전자가 대부분의 네안데르탈인의 유전자풀에 들어가 있는 셈이다.[10]

유전자 시계를 이용한 분화 시기 분석과 DNA 비교 결과, 이르면 42만 년 전에서 늦어도 22만 년 전에 유전자 흐름gene flow [한 집단에서 다른 집단으로 유전자가 이동하는 과정]이 있었고, 네안데르탈인의 유전자풀에도 이 흐름이 반영되었다.

아주 오래 전의 그리스인들

2019년 튀빙겐대학교 연구팀은 그리스 남부의 마니반도에 있는 아피디마 동굴에서 40여 년 전에 발견된 2개의 두개골을 분석했다. 발견 당시 연구자들은 많은 시도를 할 수 없는 상황이었다. 어쨌든 두개골을 새로운 방식으로 다시 분석해보는 것은 좋은 아이디어였다. 그 후 우리는 가장 오래된 것으로 알려진 유럽의 현생인류뿐만 아니라, 네안데르탈인과 현생인류가 만났을 것으로 짐작되는 핫스팟을 새로 발견했기 때문이다.

이 2개의 두개골 조각은 아피디마1, 아피디마2로 불린다. 둘 다 보존 상태가 좋지 않아 복원이 매우 어렵다. 특히 아피디마1은 전문적인 훈련을 받지 않은 사람들의 눈에는 두개골 뼈처럼 보이지 않는다. 이 뼈는 절반이 아직 돌에 파묻혀 있다. 이외에도 연구자들은 컴퓨터 단층 촬영을 이용해 부서진 조각들을 가지고 두개골의 형태를 복원했다. 두개골의 연대는 암석층의 동굴 발굴물의 연대를 측정하기 위해 석순의 붕괴 프로세스를 측정하는 방식인 우라늄-토륨 연대 측정법으로 결정되었다.

암석에서 발견된 아피디마1의 연대는 21만 년, 아피디마2는 17만 년 전의 것으로 산출되었다. 아울러 아피디마1의 두개골 형태에서 현생인류의 특징이 발견되었다. 연대 측정과 함께 이것은 획기적인 사건이었다. 그때까지 현생인류는 4만여 년 전 대이동을 시작해 처음 유럽에 도착했다고 여겨졌기 때문이다. 아피디마1에서는 고대와 현생인류의 특징이 모두 나타났는데, 복원 완료 후에는 다른 초기의 유럽인들과 비교한 결과 현생인류의 특징이 더 뚜렷하게 나타났다. 분석용 표본에 염기 서열을 해독할 수 있는 유전체가 없었기 때문에 유전자에 대해서는 알 수 없다. 하지만 아피디마1의 연대는 너무 오래되었기 때문에 아피디마1이 현대 유라시아인의 조상이라는 주장은 터무니없다.

그렇다 하더라도 나중에 유럽을 특징짓는 네안데르탈인에게 현생인류의 DNA가 전달된 장소가 그리스였을 가능성은 충분히 입증된 셈이다. 그것이 누구의 DNA인지, 가령 아피디마1인지, 네안데르탈인과 성관계를 맺은 여성인지는 알 수 없지만 말이다. 초기의 그리스인들이 어디까지 진출했는지 우리가 알 수 없듯이 말이다. 혹시 이것은 단지 몇 세대도 버티지 못한, 대담하지만 작은 씨족들의 이동에 불과했던 것은 아닐까? 아니면 펠로폰네소스반도의 남쪽 지역을 장기간 지배해온, 수천 년 넘게 이어진 수렵·채집인의 시대가 저물어가고 있었던 것일까?

후자는 아닐 것이다. 네안데르탈인과 달리 그동안 우리가 찾아낸 수백 개의 발굴물 중에서 아프리카 외부의 현생인류에게 이 시기가 존재하기 때문이다. 4만 년이라는 '마법의 경계' 뒤로 거슬러 올라가는 모든 뼈는 여전히 학술 저널에서는 대서특필할 만한 소재다. 반면 아피디마 동굴에 수많은 네안데르탈인의 뼈들 중 하나가 있었다. 2019년 분석에서 밝혀졌듯이 아피디마2는 네안데르탈인이었다. 이 개체는 아피디마1보다 4만 년 늦은 시기에 동굴에 살았다. 네안데르탈인들이 그전부터 이곳에 정착해 살았다면 이 지역에서 최초의 혼혈이 탄생했을 가능성이 있다. 게다가 유럽에서 네안데르탈인의 이주 역사에 대해서는 알려진 것이 많지 않다.

그리스는 최초의 혼혈이 나타난 후보지에 불과하다. 당연히 이스라엘 지역에서도 혼혈이 발생했을 가능성이 있다. 20세기 초반에 이미 고고학자들은 이스라엘 북부에 있는 갈멜산맥의 스쿨 동굴에서 여러 무덤에 흩어져 있던 개체의 뼈를 발견했다. 이것은 약 12만 년 전 그곳에 살았던 것으로 추정되는 현생인류의 뼈였다. 이 뼈들은 거의 동일한 시기에 스쿨 동굴의 동쪽으로부터 40킬로미터 거리에 있는 카프제 동굴에서 발견되었다. 1930년대에 이 뼈들을 발굴했던 고고학자들은 당시 고고학계에서 정설로 여겨지던 학설에 따라 네안데르탈인에서 현생인류로 이행되는 과도기 형태라고 해석했다.[11] 지금은 고대의 두개골 형태만 봐도 스쿨 동굴과 카프제 동굴의 발굴물이 현생인류라는 사실을 알 수 있지만 말이다. 스쿨 동굴과 카프제 동굴에 살았던 사람들은 우리의 조상이었고 이미 멸종된 존재들이었다. 네안데르탈인보다 훨씬 전, 아마 최소 8만 년 전에 말이다.

수십 년 동안 스쿨 동굴과 카프제 동굴은 아프리카 외부 지역에 현생인류가 살았다는 가장 오래된 증거로 간주되었다. 2019년 아피디마1의 발생 시기가 늦춰지고 북쪽으로 이동하면서 또 다른 획기적인 사실이 발견되었다. 이것은 인류사에서 근동 지방의 중요성을 입증하는 증거였다. 스쿨 동굴 유적지에서 북쪽 방향으로 불과 10킬로미터 떨어진 곳에 위치한 갈멜산맥의 미슬리야 동굴의 발굴물이 바로 그것이다. 유골이 지닌 8개의 치아와 1개의 위턱은 이 동굴이 18만 년 전 현생인류의 은신처였음을 암시한다. 놀라운 사실은 네안데르탈인에게도 갈멜산맥은 중요한 장소였다는 것이다. 예를 들어 스쿨 동굴에서 불과 몇 미터 떨어진 곳에 위치한 타분 동굴에는 약 12만 년 전부터 8만 년 전까지 네안데르탈인이 살았던 것으로 짐작된다.

작고 다부지고 우월한

지금의 이스라엘 지역에서 현생인류와 네안데르탈인은 같은 거처를 사용했고, 이들은 일시적으로 '동굴 시장'에 몰려들었던 것으로 보인다. 하지만 주거 공동체는 없었을 것이다. 네안데르탈인과 현생 인류의 생활공간의 경계는 극단적인 기후 변화로 계속 이동했을 것이다. 날씨가 점점 더워지자 이들은 북부, 대략 아라비아반도 남부에서 이스라엘 지역으로 진출했을 것이다. 우리 조상들은 따뜻한 기후에 적응하는 방향으로 진화한 반면, 네안데르탈인은 더 추운 북부 지역에 적응하기 위해 열을 더 많이 보존할 수 있는 다부진 체격을 갖게 되었을 것이다.[12] 네안데르탈인들은 더 따뜻한 날씨에 적응하는 데는 문제가 없었을 테지만, 스텝 지대〔중위도 또는 아열대 사막 주변에 넓게 펼쳐져 있는 초원지대〕와 그곳에 서식하는 몸집이 큰 맹수 사냥에 의존해 살았다. 기온이 상승함에 따라 네안데르탈인들의 사냥터는 점점 북쪽으로 이동했을 것이다.

지금으로부터 약 260만 년 전에 시작된 빙하기에는 급격한 기온 변화가 숱하게 반복되면서 생태계의 남북 이동이 있었다. 12만 년 전부터 현재까지 지속되고 있는 홀로세와 같은 온난기는 반복적으로 존재했다. 물론 인간의 개입이 이러한 온난기를 재촉했던 것은 아니다. 온난기에는 전 세계적으로 기온이 상승했다. 심한 경우에는 기온이 현재 평균보다 최대 섭씨 2도나 올랐다. 오늘날의 온난기에도 더 추운 시기가 존재하듯이 빙하기에도 몇 차례의 극단적인 기온 상승 현상이 나타났다.

초기 현생인류 발굴물의 대부분은 아프리카 북부 지역에서 갑작스럽게 기온이 상승했던 시기의 것이다. 가장 오래되고 가장 더웠던 '간빙기'는 약 12만 6000년 전에 시작되어 11만 5000년 전에 끝난

'엠 온난기Eem Warmzeit'다. 이 명칭은 로테르담의 의학자이자 지질학자인 피터 하르팅Pieter Harting이 19세기에, 지중해가 원서식지인 달팽이와 조개껍데기의 퇴적물을 발견한 장소인 네덜란드 엠강의 이름을 딴 것이다. 이 온난기가 절정일 때 지구 평균 기온은 지금보다 높았다. 당시 지금의 런던 지역에는 물소와 하마가 어슬렁거리며 주변을 돌아다녔고, 그 잔해가 스쿨 동굴과 카프제 동굴에서 발견되었다.

반면 지금까지 가장 오래된 것으로 알려진 아프리카 외부에 살았던 현생인류, 아피디마1의 생존 시기는 잘레 빙하기(이 시기에 튀링겐의 잘레까지 빙하가 이동했기 때문에 독일에서는 이렇게 불린다) 중반기다. 잘레 빙하기가 절정일 때 전 세계 평균 기온은 섭씨 9도까지 떨어졌다. 아프리카 출신 사람들에게 이러한 유라시아 대륙의 기후는 견디기 어려운 조건이었다. 적어도 아피디마1이 이 시기 중에 그리스 남부에 살았다는 것은 반박할 수 없는 사실이다. 아피디마1이 생존했던 시기에 잘레 빙하기가 끝나고, 소위 '바켄Wacken 온난기'에 접어들어 평균 기온이 현저히 상승했기 때문이다. 당시 그리스 지역은 온화한 기후였을 것이다.

이와 달리 네안데르탈인 아피디마2가 살았던 시기의 기후 조건은 완전히 달랐다. '마지막 최대 빙하기'를 제외하면 지난 200만 년 동안은 그가 살았던 시기보다 더 춥지는 않았다. 이것은 네안데르탈인이 오랜 기간 갈멜산맥에 정착해 살다가 기후 변화로 다른 곳으로 이동했다는 설과 맞아떨어진다. 11만 5000년 전에 엠 온난기가 끝나고 이 지역은 현생인류에게 너무 추운 날씨로 돌아갔기 때문이다.

현생인류가 그 지역에 다시 정착하기까지 오랜 시간이 걸렸을 것이다. 마노 동굴에서 발굴된 5만 5000년 된 두개골이 그 증거다.

네안데르탈인과 현생인류는 고대 이스라엘의 이 변화무쌍한 역사에서 우연히 마주쳤을까? 이 주장은 네안데르탈인의 존재를 입증할 수 있는 유물이 없는 한 추측에 불과하지만 전혀 가능성이 없는 것도 아니다. 아라비아반도는 빙하기에 대부분 풍부한 식생이 유지되었지만 먹잇감이 무한정으로 제공되는 사냥터는 아니었다. 이것은 식량으로 삼을 맹수를 죽일 권리와 성관계를 맺을 기회를 차지하기 위해 폭력적인 충돌이 발생하고도 남을 환경이었을 것이다. 네안데르탈인들은 매머드, 특히 유라시아의 맹수 사냥에서 탁월한 경험적 우위를 차지했고, 이 지역의 위험 요인에도 훨씬 더 익숙했다. 이들에게 새로운 경쟁은 생존을 위협하는 일이라기보다는 귀찮은 일이었을 것이다. 초기에 아프리카를 떠난 자들의 흩어져 있는 흔적들이 입증하듯이 이것이 잘못된 판단은 아니었을 것이다.

수만 년 동안 끊임없이 삶의 공간을 넓히기 위해 애써왔던 모든 현생인류는 무모한 모험가가 되었다. 어쩌면 이들은 단지 필요에 의해 북쪽 지역으로 이동했는지도 모른다. 이는 유전자 흔적이 사라진 것을 통해 확실히 알 수 있다. 끝없는 실패는 우리 조상들이 아프리카에 세웠던 문화의 한 요소로 자리 잡았고, 언젠가는 성공하게 될 팽창의 기반이 되었다. 그 여정은 길었고 나무 위에서 살던 원숭이들과 함께 시작되었다. 아마도 누군가 그렇게 많은 시도를 할 것이라고 확신하지 못했던 동족들로부터 불신의 눈초리와 감시를 받으면서 말이다.

직립보행하는 알고이의 우도

우리 조상들은 세계를 정복하기 위해 길을 떠나기 전에 해야 할 중요한 일이 있었다. 우리의 가장 가까운 친척인 유인원의 상태에서 스스로를 해방시키는 일이었다. 유전자 분석에 따르면 진화 계통은 지금으로부터 약 700만 년 전에 침팬지와 함께 공통 조상으로부터 분화되었고, 여기에서 현생인류, 네안데르탈인, 데니소바인이 탄생했다. 침팬지, 인간, 고릴라의 조상은 약 1000만 년 전에 살았고, 오랑우탄의 계통은 약 1500만 년 전에 분화되었다. 유인원Hominidae(사람과)은 인간이 탄생하기 훨씬 오래전부터 수백만 년이 넘게 아프리카와 유라시아에 정착해 살았다.

마이오세는 2300만 년 전에 시작해 530만 년 전에 끝난 지질 시대로, 유인원이 확산되기에 이상적인 조건이었다. 유라시아와 마찬가지로 당시 아프리카도 열대 기후였고 북쪽 지역은 우림과 원시림으로 뒤덮여 있었다. 당시 얼마나 많은 종이 있었는지는 확인할 수 없다. 그런 환경에서 죽은 유인원은 금세 누군가에게 먹히고 박테리아에 의해 분해되었기 때문에 그 시대의 화석은 거의 존재하지 않는다. 하지만 아프리카에서 유럽을 거쳐 동아시아로 퍼져나간 유인원은 적어도 12종이 존재했을 것으로 추정된다. 그중 하나가 지금으로부터 1200만 년 전 독일 알고이 지방에 살았던 우도다.

우도라는 별명을 가진 이 유인원은 알고이의 점토갱에서 발견되었고 공식 명칭은 다누비우스 구겐모시*Danuvius guggenmosi*다. 그의 골격 조각들, 그중 보존 상태가 완벽에 가까운 정강이뼈가 우도 린

1200만 년 전 알프스 산기슭에 살았던 유인원인 우도는 아마 이렇게 생겼을 것이다. 2016년에 발견된 후의 추측처럼 그가 정말로 직립보행을 했는지에 대해서는 의견이 분분하다.(Velizar Simeonovski)

덴베르크Udo Lindenberg〔독일의 록 뮤지션〕의 70세 생일인 2016년 5월 17일에 발견되었다.

우도 린덴베르크의 기부를 받은 것으로 알려진 튀빙겐 연구팀은 뼛조각을 복원하던 중 놀라운 연구 결과를 얻었다. 우도가 직립보행을 할 수 있었다는 것이다. 지금까지는 750만 년 전에 유인원들이 직립보행하는 법을 습득했을 것이라고 여겨져 왔다. 우도는 알프스의 구릉이 아닌 아프리카의 스텝 지대에서 이미 서서 걸을 수 있었다. 학자들보다 저널리스트들이 앞장서서 우도가 직립보행하는 인간의 조상 개체군에 속하는 것은 아닌지, 즉 진화의 요람이 아프리카가 아닌 중부 유럽에 있었던 건 아닌지 열띤 관심을 보이며 그런 가능성을 제기했다.

하지만 그럴 가능성은 거의 없는 듯하다. 이 해석에 따르면 우도의 조상이 남쪽으로 이동하던 중 직립보행하는 습관을 버려야 했기 때문이다. 게다가 완전히 조각 난 수백만 년 된 골격을 기준으로 판단할 때 이 개체가 정말로 직립보행을 했을지 단정하기 어려운 부분이 있다. 만일 그렇다면 어쩌다가 직립보행을 하게 되었는지, 규칙적으로 직립보행을 했는지 등을 확인해보아야 한다. 어쨌든 우도는 우리와 가까운 유연관계에 있는 유인원이 수백만 년 전에 어떻게 확산되었는지 보여주는 증거다. 처음 아프리카를 떠난 것은 우리가 아닌, 그들이었다.

현재 살아 있는 유인원 종이 그 증거다. 유전자 분석을 통해 현재의 모든 개체들이 유래한 개체군의 규모를 확인할 수 있다. 이에 따르면 중앙아프리카가 원서식지이고 현재 개체 수가 20만에 달하는 침팬지의 초기 개체군은 약 5만 개의 표본으로 구성된다. 그리고 모든 침팬지의 유전자풀은 이 개체군에 속한다. 이 계산법을 적용하면 약 36만 마리인 고릴라의 초기 개체 수는 4만 마리였다. 반면 80억 인구의 유전적 다양성은 비교적 적은 편이다. 이들은 지금으로부터 30만 년에서 10만 년 전까지 살았던 작은 개체 수에서 출발했다. 개체 수의 규모는 1만 마리도 채 안 되었다.

당시 유인원과의 동물들을 만날까 두려워했던 이들은 고향을 떠나지 않는 것이 낫겠다고 판단했을 것이다. 대표적인 예가 기간토피테쿠스*Gigantopithecus*로, 30만 년 전까지 동아시아에 살았고 키가 3.5미터였으며 여기에서 오랑우탄이 분화되었다. 기간토피테쿠스는 적어도 베이징원인이나 자바원인의 형태로 100만 년 전 이 지역에 정착해 살았던 호모 에렉투스를 만났을 가능성이 있다. 게다가 1만 년 전까지만 하더라도 유인원은 현생인류보다 수적으로 우세했다.

지중해가 사라졌을 때

500만 년 전 지구에 기후 변화가 있었다. 이것은 세력 관계를 뒤바꿔놓지는 않았지만 아프리카에서 직립보행을 하는 원시인이 탄생하기에 이상적인 조건이었다. 마이오세에서 플라이오세로 넘어갔고, 유라시아뿐만 아니라 아프리카의 지형은 원숭이들이 원치 않는 방향으로 변해갔다. 기후는 계속 변하여 300만 년 후에 시작될 빙하기를 향해 가고 있었다.

직립보행을 한 후에야 우리의 조상들은 더 효율적인 사냥 기술을 갖게 되었다. 사냥으로 얻은 고기는 우리의 가장 중요한 장기, 에너지 소비 기관인 뇌에 영양분을 공급하기 위한 전제 조건이 되었다.(John Gurche)

　마이오세 말기에 남극이 꽁꽁 얼어붙었고 플라이오세에는 북극의 일부가 얼기 시작했다. 더 많은 물이 극지방에 가둬져 있어 세계 기후는 점점 건조해졌다. 이로 인해 심지어 마이오세에서 플라이오세로의 전환기에 지중해의 바닷물이 말라버렸다. '메시나절 염분 위기Messinian salinity crisis' 동안 극지방이 얼어붙어 해수면이 낮아지고, 대륙 판이 이동하여 대서양과 연결되고, 점점 바닷물이 증발하고, 사해의 해수면도 낮아졌다. 500만 년 전에 유럽과 아프리카 사이의 육로가 가라앉았을 때, 대서양의 물이 다시 거대한 스텝 지대의 협

곡으로 흘러들어왔다. 유압이 증가하면서 지브롤터 해협이 생겼다. 짧은 시간 내에 지중해의 물이 채워진 지브롤터 해협은 이후 오랫동안 아프리카 북부와 유럽 사이의 넘을 수 없는 장벽이 되었다.

유라시아뿐만 아니라 아프리카에서도 원숭이들에게 친근한 환경인 원시림이 줄어들었다. 대륙의 북부 지역에서 원시림은 풀이 무성한 스텝 지대에 밀렸다. 날씨가 점점 추워지면서 스텝 지대가 확장되어 플라이오세 말기에는 사하라 이남 지역의 일부를 뒤덮었다. 이후 직립보행은 그것을 습득한 모든 종의 유인원에게 일종의 신세계로 가는 통행권이나 다름없었다. 아마 이러한 진화 혁명이 인간을 수렵인으로 발전시켰을 것이다. 실제로 인간 외에 어떠한 포유동물도 장거리 경주의 긴 구간을 이동할 수 없다. 인간은 더 이상 아무것도 할 수 없게 되자 원시적인 무기로 때려눕혀 내장을 끄집어낼 수 있을 때까지 먹잇감을 쫓았다. 또한 우뚝 솟은 머리 덕분에 스텝 지대에서 먹잇감을 빨리 알아볼 수 있었다. 이러한 새로운 단백질 공급원을 얻은 후에야 뇌가 형성될 수 있었다. 인간의 뇌는 체중에서 차지하는 비중이 평균 2퍼센트밖에 안 되지만 신체 에너지의 4분의 1을 소비한다. 뇌 덕분에 인간은 스텝 지대에서 버틸 수 있었던 것이다. 인간은 새로운 사냥 기술이나 더 좋은 무기와 기술을 개발하여 초지 환경에서 식물성 식량원을 얻을 수 있었다. 이제 인간은 견과류를 까먹고 껍질을 벗겨 먹거나 구근과 뿌리를 캐먹을 수 있게 되었다.

직립보행은 스텝 지대가 아닌 원시림에서 소심하게 시도되었다. 이것은 말 그대로 점진적인 과정이었을 것이다. 종마다 직립보행 능력을 발달시켰지만 평소에는 거의 기어 다녔고 위험할 때만 잽싸게 나무 위로 올라갔다. 오늘날의 침팬지와 우리를 탄생시킨 계통들이 분화된 이후 오래지 않아 두 종은 갈라졌다. 약 150만 년 동안 생물학적으로 더 이상 가능하지 않을 때까지 이들 간에 유전자 교환이 끊임없이 이뤄졌다. 오늘날 침팬지의 DNA가 이를 입증한다.

하지만 이것은 아프리카의 직립보행을 하는 유인원이 750만 년이 되었음을 입증하는 명확한 증거는 아니다. 오늘날의 차드호에는 당시 사헬란트로푸스 차덴시스*Sahelanthropus tschadensis*가 살았고, 이것은 몇몇 연구자들이 배열한 인간의 계통에서 오래된 화석으로 칭해진다. 연대와 보존 상태가 좋지 않아 최소한의 정보만 해석할 수 있다. 반면 440만 년 전 오늘날의 에티오피아 지역에 살았던 아르디피테쿠스*Ardipithecus*는 외형적으로는 우리보다 원숭이에 훨씬 가까웠지만 인간의 조상이었을 가능성이 크다. 그의 걸음걸이는 직립보다는 구부정한 쪽에 가까웠고 두 다리와 손발의 형태는 그가 열심히 나무를 탔다는 증거다. 따라서 아르디피테쿠스는 아직 인간이라고 불릴 수 없었다. 우리의 가장 유명한 모계 조상으로 원숭이에서 인간으로 넘어가는 과도기에 있었던 루시도 마찬가지다. 310만 년 전 에티오피아에 살았던 루시는 오스트랄로피테신*Australopithecine*에 속한다. 그녀는 디키카 소녀처럼 대략 3세로 추정되며, 마찬가지로 에티오피아에서 발굴된 오스트랄로피테쿠스 아파렌시스*Australopithecus afarensis*다.

오스트랄로피테신은 200만 년 이상을 버텼다. 이들은 최초의 인간의 조상 가운데 하나였지만 분화되어 진화의 막다른 길에 다다랐다. 180만 년 전에 발생해 사하라 이남 지역에 살았던 파란트로푸

아프리카는 인류의 요람이다. 호모 사피엔스가 나타나기 전부터 수많은 고인류가 이 대륙을 누비고 다녔고, 이후 몇몇 흔적이 발견되었다. (우측 상단에서 좌측 하단 방향으로) 아르디피테쿠스, 오스트랄로피테쿠스, 호모 하빌리스, 호모 에렉투스.(Tom Björklund)

스 로부스투스*Paranthropus robustus*는 자신의 이름처럼 살았다. 그는 다부진 몸과 견과류나 식물을 아작아작 깨물어 먹기 좋은 치아를 갖고 있었다. 루시 일족과 달리 파란트로푸스 로부스투스는 잡식동물이 아닌 초식동물이었다. 그는 진화에서 한참 멀리 있었고 약 150만 년 전에 영원히 자취를 감췄다.

마찬가지로 오스트랄로피테쿠스에서 갈라져 나온 사람속*Homo*은 약 250만 년 전에 발생했고 우리 인간도 여기에 속한다. 250만 년 전부터 190만 년 전까지 살았던 호모 루돌펜시스*Homo rudolfensis*나 210만 년 전부터 150만 년 전까지 존재했던 호모 하빌리스가 호모 에렉투스의 조상인지는 아직 결론이 나지 않았지만, 큰 그림에서는 거의 하찮은 존재들이다. 호모 루돌펜시스와 호모 하빌리스는 동종인 루시가 이미 습득한 기술, 즉 부서진 돌을 도구로 사용하는 기술을 개선해나갔기 때문이다. 그리고 이들에게서 이미 뇌가 성장하기 시작했다. 뇌의 용량은 600~750밀리리터로 오스트랄로피테쿠스보다 3분의 1이나 더 컸다.

호모 하빌리스와 호모 루돌펜시스의 DNA는 없고 뼈만 남아 있기 때문에 두 개체군의 유전자가 섞였는지는 알 수 없다. 지난 수십 년의 연구 결과에 따르면 모든 고인류와 유인원 사이에 혼혈이 이루어졌다고 한다. 이를 정리하면 아프리카 동부에 호모 루돌펜시스와 호모 하빌리스의 생활공간이 겹치는 곳이 있을 것이라 추측할 뿐이다.

가장 중요한 진화의 용광로

약 200만 년 전에 드디어 호모 에렉투스가 나타났다. 그들의 등장은 인간을 처음 유라시아로 이끈 진화적 도약이었다. 이들의 직계 조상은 일반적으로 직립보행을 하지 않았던 반면, 호모 에렉투스는 두 다리로 멀리까지 갈 수 있었다. 식단의 대부분이 고기나 짐승의 사체였기 때문에 호모 에렉투스가 뛰어난 사냥꾼이었는지에 대해서는 논쟁할 필요가 없다. 두 다리로 걷는 것만큼 효율적인 보행법은 없었고, 호모 에렉투스가 장거리 달리기에 적응하도록 진화할 수 있었던 이유는 그가 몰이사냥 기술을 습득했기 때문이다.

호모 에렉투스는 과거에도 그러했고 현재에도 가장 성공한 인류 종이다. 지금까지 살아남은 현생인류보다 훨씬 오랜 기간인 150만 년 동안 그들은 지구에서 살아남았다. 이 기간 동안 호모 에렉투스로부터 갈라져 나온 수많은 하위 종들의 뇌는 1000밀리리터까지 커졌다. 현재 인간의 평균 뇌 용량은 1200밀리리터, 네안데르탈인은 심지어 1500밀리리터였다.

직립보행을 하는 인간, 즉 호모 에렉투스가 새로운 지능과 지구력을 이용하기까지는 오래 걸리지 않았을 것이다. 1991년 드마니시 고원에서 아프리카 이외의 지역에 인간이 살았다는 가장 오래된 증거가 발견되었다. 이에 따르면 180만 년 전에 이미 호모 에렉투스는 캅카스 지역에 살았다. 지금까지 수백여 점의 호모 에렉투스 화석이 전 세계에서 발굴되었지만, 어쨌든 호모 에렉투스에게 북부 지역으로의 이동은 불가피했을 것이다. 오랜 시간이 흐르고 이들의 시대도 저물었다. 유라시아에는 현생인류처럼 아프리카의 호모 에렉투스의 계통에서 분화된 네안데르탈인과 데니소바인만 남았다.

이 시기에 유럽과 아시아에서는 현생인류, '이성을 가진' 호모 사피엔스의 존재에 대해 아직 아무것도 몰랐다. 호모 사피엔스는 아프리카의 정확히 어디에서 발생했을까? 어떤 유전 계통이 전 세계에 길이 남을 인간의 문화로 이어졌을까? 학계에서는 지난 수십 년 동안 이 질문을 고민하고 연구해왔지만 뚜렷한 결과를 얻지 못했다. 현생인류에게 정복자의 유전자를 남긴 돌연변이처럼, 호모 에렉투스가 호모 사피엔스를 배출한 문명의 대폭발처럼, 아프리카에 현생인류를 배출한 개체군이 살고 있는 골짜기는 많지 않았다. 아마 아프리카는 최초로 가장 다양한 유전 계통이 흘러들어와 우리의 조상을 형성한 용광로에 가까웠을 것이다. 소위 '범아프리카 진화'설이 인류학에서 점점 주목받고 있다. 지난 수십 년 동안 DNA가 큰 냄비에서 휘저어져 섞였을 것으로 보이는 후보들이 점점 더 많이 나타나고 있다. 여기에는 그리스의 아피디마1과 18만 년 전 이스라엘의 미슬리야 동굴에 살았던 인간들의 조상도 포함되어 있다. 이들은 모두 '범아프리카의 용광로' 시기에 살았다.

지금까지 가장 오래되었다고 알려진 현생인류 화석은 아프리카에서 나왔다. 모로코의 제벨이르후드에서 발견된 두개골이 그것이다. 2019년 라이프치히 MPI 연구팀은 이 두개골이 30만 년이 되었고 컴퓨터 복원을 통해 매우 초기의 호모 사피엔스라고 분류했다. 지금까지 학계에서는 최소 20만 년 전에 이 두개골이 아프리카에서 발생했다는 것이 정설로 여겨졌다.

게다가 남아프리카의 어느 동굴에서 25만 년 전 그곳에 살았던 호모 날레디Homo naledi가 발견되었다. 이것은 모두에게 대단한 발견이었다. 그사이 발견된 수많은 호모 날레디 화석을 토대로 대부분의 인류학자들은 이것이 최대 200만 년 된 고인류의 뼈라고 주장한다. 하지만 발굴지를 보면 말문이 막힌다. 이 뼈들은 동굴 안에 있었는데, 입구가 큰 돌로 막혀 있어 기어오르는 재주가 뛰어난 사람만 넘어갈 수 있는 구조다. 하지만 이것만으로는 초기 고인류가 아니라고 단정 지을 수 없다. 동굴에 1미터 높이의 뼈 무덤이 있었고 여기에 속하는 개체들이 돌 위로 옮겨졌다는 것, 즉 모든 것이 매장지를 암시한다는 것이 실제 사실에 더 가깝다. 2017년 5월에 발표된 뼈 분석 결과는 절정이었다. 작고 왜소하며 매장 풍습을 갖고 있던 고인류 호모 날레디가 수백만 년이 아니라 최대 33만 5000년이 되었다는 것이다. 게다가 호모 날레디가 자신의 유전자를 우리 조상들에게 남겼을 가능성이 있다고 한다.

호모 날레디는 이런 외모를 갖고 있었을 것이다. 마찬가지로 이러한 원시시대의 몸집이 왜소했던 초기 인류도 아프리카 남부에 살았다. 이들은 동굴 기어오르기에 뛰어났을 것으로 추정된다.(John Gurche)

호모 로데시엔시스*Homo rhodesiensis*도 마찬가지였다.[13] 호모 로데시엔시스로 분류되는 카브웨1의 두개골은 약 100년 전 오늘날의 잠비아 지역에서 발견되었다. 처음에 그의 연대는 최대 250만 년이 된 것으로 추정되었다. 2020년 이후 새로운 연대 측정 방식 덕분에 호모 로데시엔시스도 30만 년이 된 것으로 밝혀졌다. 1936년 남아프리카공화국의 플로리스바드에서 발견된 두개골과 마찬가지로 말이다. 이 경우에도 초기 현생인류였을 가능성을 보여주는 증거가 있다. 하지만 이것은 호모 에렉투스와 호모 로데시엔시스에게서도 공통적으로 나타나는 특성이다.

이 모든 것은 같은 방향을 가리키고 있다. 우리의 아프리카 조상들의 DNA 풀이 형성되기까지 수백만 년이 걸렸을 것으로 추정된다. 이 세월 동안 아프리카 대륙에는 엄청난 유전적 다양성이 나타났다. 이와 더불어 기후 변화로 인해 아프리카의 풍경이 점점 바뀌어가고 있었기 때문에, 개체군들의 혼혈을 가로막았던 자연적 장벽이 작아지거나 커지거나 이동하거나 완전히 사라지기도 했다. 이를테면 아프리카 대륙 남부를 관통하여 이스라엘에 이르는 그레이트리프트밸리를 제외하면, 스텝 지대에 더 건조한 기후와 함께 우림이 밀려나 인간에게 새로운 통로가 형성되었다. 그레이트리프트밸리는 어느 시대에나 적어도 일부는 통행 가능한 통로가 되었을 것이다. 우리 조상들이 탄생하기까지 어떤 고인류 종들이 서로 교류를 했는지 발굴물을 통해 짐작할 수 있을 뿐이다. 그리고 이 발굴물들이 속해 있는 스펙트럼을 완벽하게 알 수는 없다.

이 먼 길을 오기까지 수천 년의 세월이 또 흘렀을 것이다. 드디어 호모 사피엔스가 직립보행을 하고 세계를 이해하기 시작했다. 아프리카의 현생인류는 찬란한 수렵·채집인 문화를 구축했고 지평선 너머를 바라볼 수 있게 되었다. 그곳에 거주하는 사람들이라면 쉽게 포기할 수 없는 축복의 땅이었다.

4장

재앙

7만 4000년 전 화산 폭발로 인류의 확산은 일시적으로 멈췄다.

이 시기 인류는 아프리카 땅에 머물렀다.

기회는 적었지만 우리 조상들은 악착같이 이 기회를 잡았다.

인간에게 유리한 상황은 단 한 번뿐이었다.

코스텐키

슈타인하임

오아세 동굴

흑해

시마델엘레판테
(아타푸에르카)

지중해

시나이

알부스타

제벨파바

바브엘만데브

아웃 오브
아프리카
(초기 현생인류)

기니만

아

대 서 양

시부두 동굴

블롬보스 동굴

0   1500km

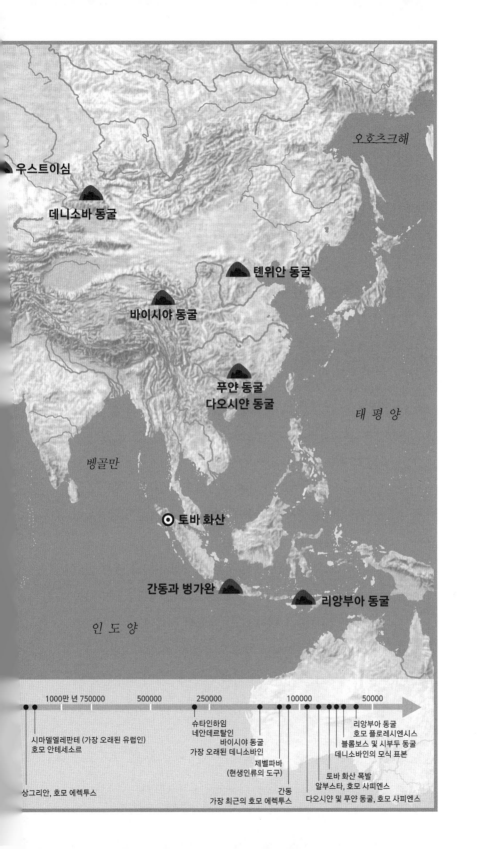

우스트이심

데니소바 동굴

오호츠크해

텐위안 동굴

바이시야 동굴

푸안 동굴
다오시얀 동굴

태평양

벵골만

토바 화산

간동과 벵가완

리앙부아 동굴

인도양

1000만 년 750000   500000   250000   100000   50000

슈타인하임
네안데르탈인
바이시야 동굴
가장 오래된 데니소바인

제벨파바
(현생인류의 도구)

리앙부아 동굴
호모 플로레시엔시스
블롬보스 및 시부두 동굴
데니소바인의 모식 표본

시마델엘판테 (가장 오래된 유럽인)
호모 안테세소르

상그리안, 호모 에렉투스

간동
가장 최근의 호모 에렉투스

토바 화산 폭발
알부스타, 호모 사피엔스

다오시얀 및 푸안 동굴, 호모 사피엔스

스페인을 향해

초기 인류의 방랑벽은 대단했다. 이런 성향은 호모 에렉투스와 호모 사피엔스도 마찬가지였다. 기회만 생기면 각 집단들은 북쪽으로 이주를 시도했다. 이들이 꼭 이주를 해야 할 필요는 없었다. 원래 아프리카 대륙은 이곳에서 세력을 확산시키기에 공간이 충분한 매력적인 사냥터였기 때문이다. 아프리카는 유라시아의 절반보다 조금 컸지만 빙하기에 북반구에서 남쪽의 기온과 그곳의 동식물에 길들여진 사람들이 살 수 있는 공간은 근동 지방, 인도 아대륙, 동남아시아 등 일부에 불과했다. 가장 오래된 것으로 알려진 비아프리카인 호모 에렉투스는 180만 년 전 캅카스 지역에 살았고 훨씬 더 북쪽으로 이동을 시도했다. 호모 에렉투스는 일시적으로 날씨가 온화해진 시기를 이용해 이동했는지도 모른다. 특히 인도양을 따라가는 남방 통로는 수천 년 동안 호모 에렉투스의 왕래가 활발했던 곳일 수 있다. 아주 이른 시기부터 이곳에서는 우리의 조상으로 여겨지는 인류 종들이 동남아시아 지역으로 확산되었음을 입증하는 새로운 발굴물들이 규칙적으로 발견되었다.

최초의 인류는 유라시아 서부에서 동부 전역까지 널리 뻗쳐 있었다. 이베리아반도에는 최소 120만 년 전부터 호모 에렉투스가 살았다. 그들은 그전에 지브롤터 해협을 건넌 것이 아니라 근동 지방을 거쳐 이 지역에 도착했다. 어쩌면 북부 지중해를 따라 건너왔는지도 모른다. 호모 에렉투스는 아시아의 거의 끝 지점, 당시 해수면이 낮아 아직 육지와 연결되어 있던 오늘날의 인도네시아 자바로 진출했다. 자바원인의 연대는 명확하지 않지만 그는 아프리카를 떠난 직후 이곳에 도착했을 가능성이 있다. 호모 에렉투스가 얼마나 오래 생존했는지는 밝혀지지 않았지만, 10만 년 전에 이 지역을 떠돌아다녔을지 모른다. 하지만 이들이 우리의 조상들과 마주치지 않았다고 보는 편이 옳다.

고고학 유물의 연대가 오래되었을수록 해석에 더 신중해야 한다. 수십만 년 된 뼈들은 대개 조각 난 상태로 보존되어 있어서 호모 에렉투스와 호모 사피엔스의 경계를 명확하게 구분 짓는 것이 불가능하다. 그리고 많은 발굴지에 관한 백과사전 등재 내용이 연대·인류종·인간 형태의 분류에 관한 데이터보다 명확한 것처럼 여겨지곤 한다. 현생인류의 바탕을 이루는 그림은 호모 에렉투스의 직립보행과 맥을 같이한다. 호모 사피엔스로의 이행은 외적으로는 특히 두개골 형태의 변화로 나타난다. 두개골에서 이마와 머리는 점점 더 튀어나오고 안와상융기는 점점 더 들어갔다.

수영장 방문객의 개성이 다양한 만큼 호모 사피엔스가 가진 특성의 범위도 방대하다. 그만큼 고고학자들에게 태곳적 뼛조각들에서 신체 구조를 유추하고 이것을 분류하는 작업은 어려운 일이다. 이를테면 아프리카 남부의 호모 날레디처럼 고대의 특성을 나타내지만 현대적 문화 기술을 가진 갈래에 속할 수 있기 때문이다. 호모 에렉투스로 분류되었던 후기의 많은 유물에서 이미 현생인류의 대표적인 유형이 나타날 수도 있다. '사피엔스'(이성적이란 뜻)라는 개념은 두개골 크기만으로는 확실하게 유추할 수 없는 생물 유형을 의미하기 때문이다. 특히 유럽에서는 뼈들이 호모 에렉투스의 것인지 네안데르탈인 초기 형태의 것인지 항상 명확하게 결정할 수 있는 것은 아니었다. 예를 들어 30만 년 전 독일 바덴뷔르템베르크 지역의 슈타인하임안데어무르에 살았던 25세쯤으로 추정되는 여인이 이런 범주에 들어간다.

7만 년 전의 공백

어쨌든 변함없는 사실이 있다. 그럴 가능성이 생기고 신체적 조건이 갖춰지자 모든 유형의 인간들이 유라시아로 퍼져나갔다. 그리고 현생인류는 우리의 조상이 되기 훨씬 오래전부터 이미 과감하게 발걸음을 뗐다. 그사이 발견된 약 40개의 유물은 약간의 차이는 있지만 전부 이 방향을 가리키고 있다. 이에 따르면 최초의 사피엔스 대표 유형은 오늘날의 중국, 베트남, 인도네시아에서 지금으로부터 10만 여 년 전에 나타났다. 이를 입증하는 지금까지 가장 오래된 발굴물은 중국에서 나왔고 이 시기의 것이며, 대개 현생인류의 것으로 분류되는 치아들이다. 이것은 약 12만 년 전 스쿨 동굴과 카프제 동굴에서 현생인류가 살았다는 증거인 이스라엘의 발굴물과 시기적으로 대략 일치한다. 그리고 이 시기의 기후 변화도 이 그림에 끼워 맞출 수 있다. 이례적으로 길고 간혹 너무 더웠던 엠 온난기에 유라시아 남부는 아프리카에서 온 사람들이 살기에 적합한 환경이었다.

반면 약 20만 년 전 현생인류가 그리스 남부와 이스라엘의 미슬리야 동굴에 살았던 시기에, 중국과 동남아시아의 현생인류의 존재를 입증하는 증거는 아직까지 없다. 빙하기에도 날씨가 점점 온난해지던 이 시기에는 북쪽으로 조금씩 진출할 수 있었을지 모르겠지만 동쪽으로 대확산되기에는 충분하지 않았다.

엠 온난기가 될 때까지 극한의 추위가 계속되면서 유라시아 대륙은 데니소바인과 네안데르탈인을 제외한 인간이 거의 살 수 없는 장소가 되었을 가능성이 있다. 이러한 인류 종들이 호모 에렉투스의 영역을 침범했는지는 알려진 바가 없다. 유럽에는 이들이 최초의 네안데르탈인들이 등장했을 때도 살았기 때문에 서로 싸우거나 성관계를 가졌을 가능성도 있다. 하지만 지금까지 우리에게서 호모 에렉투스의 DNA가 발견되지 않았기 때문에 이것은 입증이 불가능하다. 데니소바인도 마찬가지다. 이들에게는 또 다른 문제가 있다. 우리는 이들이 언제부터 아시아에 살았는지, 호모 에렉투스와 마주쳤을 가능성이 있는지 알지 못한다.

한 가지 확실한 사실은 호모 에렉투스가 현재의 중국과 동남아시아에서 처음에는 성공의 역사를 쓰지 못했다는 것이다. 현생인류는 그때까지 꾸준히 확산되다가 지금으로부터 약 7만 년 전에 그 지역에 존재했다는 증거들이 갑자기 끊겼기 때문이다. 당시 이들은 즉흥적으로 극동 지방에서 나왔다가 아주 오랜 세월이 흐른 후 그곳에 다시 나타났던 것으로 보인다.

호모 사피엔스가 다시 나타났다는 초기의 증거 가운데 하나가 약 4만 년 전 현재의 베이징 근방에 살았던 톈위안인天元人이다. 그는 틀림없는 현생인류였고, 이보다 훨씬 더 중요한 사실은 우리의 조상 중 하나였다는 것이다. 2013년 라이프치히 MPI 팀은 톈위안인의 허

벅지뼈와 정강이뼈에서 DNA를 추출하는 데 성공했다. 그리고 톈위안인, 즉 현재의 동아시아인과 아메리카 원주민의 유연관계가 밝혀졌다. 이들의 조상은 빙하기에는 육지였던 '베링 로드', 즉 베링 해협을 건너 그 지역에 정착했다. 톈위안 동굴의 발굴물은 우리 조상들이 어느 정도의 속도로 세계를 개척했는지 이상의 것을 밝혀냈고, 지금으로부터 7만 년에서 4만 5000년 전 사이 동아시아에 현생인류가 존재하지 않았을지 모른다는 의문을 제기하게 만들었다. 그 답을 찾으려면 인도네시아로 눈길을 돌려야 한다. 빙하기와는 아무 관련이 없지만, 특히 아시아 동부 지역을 강타한 전 세계적 기온 하강 현상 때문이다. 실제로 현생인류의 초기 개척자들이 수십만 년 역사에서 가장 심각했던 자연 재해에 희생되었다는 것을 보여주는 증거도 많다.

폭발적으로 증가한 혼혈

100년이 넘는 고고학 연구의 역사에도 불구하고 2만 5000년 사이에 현생인류가 나타났다는 증거는 발견되지 않았다. 하지만 고고학 발굴에 운이 없었기 때문에 이러한 공백이 생겼다는 주장은 제외시켜야 할 것이다. 그보다는 당시 주민들의 일부가 제한적 범위에서 단순히 아시아를 떠났을지 모른다는 해석이 오히려 신빙성이 있다. 분명 뭔가 다른 일, 영향력이 큰 일, 무시무시한 일이 벌어졌을 것이다. 이러한 고고학 연구의 블랙홀에서 치명적 전염병이 이 문제 해결의 실마리로 거론되기도 한다. 만일 그랬다면 아시아 전역에 살면서 산발적으로 서로 접촉해왔던 수렵·채집인에게 감염이 확산되었어야 한다. 또한 데니소바인과의 충돌이 점점 사라져갔다는 주장도 완전히 무시할 수는 없다. 하지만 이 역사의 후반기에 이들이 우위를 뺏겼다는 증거는 없다. 거의 모든 증거가 7만 년 전 아시아의 블랙아웃의 또 다른 원인이 수마트라섬의 토바 화산 폭발일 가능성을 제기하고 있다.

빙하기에 수마트라는 섬이 아니라, 자바와 보르네오처럼 아시아 대륙과 연결되어 있던 육지인 순다랜드에 속했다. 토바산은 토바 호수에 그림처럼 아름답게 놓여 있고, 이 호수는 다시 산맥에 둘러싸여 있었다. 오늘날 900미터 높이의 이 산을 보며 경외심을 느끼는 사람은 없으며, 이 산의 과거도 알 리 없다. 약 7만 4000년 전에 산의 3분의 2가 폭발했고, 그 후에 지금의 그림 같은 풍경의 호수가 담긴 분화구가 생겼다. 지질학자들의 산출에 따르면 폭발 후 형성된 50킬로미터 높이의 구름에 2800제곱킬로미터의 재가 포함되어 있었고, 이 구름이 오랫동안 아시아 하늘을 거의 뒤덮었다. 이것은 지난 200만 년 이래 세계에서 가장 큰 규모의 화산 폭발이었다. 참고로 2010년 수 주 동안 유럽의 항공 교통을 마비시켰던 아이슬란드의 에이야프얄라요쿨 화산 폭발 때는 0.14제곱킬로미터의 화산재가 발생했다. 7만 4000년 전 토바산 지역에 살았던 사람들은 아마 쏟아지는 화산재 비와 용암 비에 묻히거나 산소 부족으로 사망했을 것이다. 하지만 이 재앙의 여파는 훨씬 오래, 아마 수십 년 동안 이어졌을 것이다. 모델 산출 결과에 따르면 화산 폭발 후 한랭기가 꽤 오래 지속되었다. 처음에는 전 세계의 기온이 최대 17도가 떨어졌을 수도 있다. 종말론적 시나리오에 가장 근접한 지역에서 아마 이런 현상이 나타났을 것이다.

식생과 함께 동물들도 사라졌고 수렵·채집인의 삶의 터전도 무너졌다. 2021년 미국항공우주국(NASA)의 참여로 진행된 기후 시뮬레이션에서 볼 수 있듯이 이것은 시작에 불과했다. 이에 따르면 화산 폭발로 전 세계의 오존량이 절반으로 감소했고 열대 지방에 거대한 오존 구멍이 생겼다. 이것은 핵전쟁의 위력에 견줄 만한 수준이다. 예전에는 생명 친화적이었던 이 지역에 당시 거주했던 사람들은 자외선 방출량이 증가해 시력이 손상되었을 수 있다. 이 시나리오에서는 그로부터 몇 년 후에 벌써 피부암과 자외선에 손상된 DNA로 인해 인구가 급감한 것으로 나온다. DNA 손상은 동식물에게도 영향을 끼쳤을 것이다. 어두운 하늘은 빛을 차단하지만 자외선을 막지 못해 식량이 감소했을 것이다. 중국 동부와 남동부가 고향인 사람들은 아마 자신의 생명과 유전자가 세계사의 먼지 속으로 파묻히는 세상의 멸망을 경험해야 했을 것이다. 데니소바인은 아시아의 주도권 경쟁에서 처음에는 승자로 떠올랐을 것이다. 이들도 한랭기가 다가오고 있음을 느꼈을 테지만 대비를 더 잘했을 것이다. 지금 데니소바인의 DNA가 추출된 뼛조각 발굴지로는 마치 끼워 맞춘 듯 단두 곳, 오늘날의 티베트와 약 7만 년 전에 데니소바 소녀가 살았던 혹한 지역인 알타이산맥만 알려져 있다. 이들의 조상과 후손은 약 6000킬로미터의 직선거리에서 안전거리를 유지한 덕분에 '아시아 대멸망'에서 살아남았을 것이다. 그럼에도 불구하고 화산 폭발 희생자 중에 어쩔 수 없이 데니소바인도 포함되었을 것이다. 마찬가지로 이들 중 일부는 아시아 동남부 지역까지 확산되었을 가능성이 있기 때문이다. 어쨌든 더 추운 위도 지역에서 데니소바인 전체의 생존 능력은 아시아의 현생인류에 비해 진화적 우위에 있었다. 일시적으로는 그랬다.

당시 토바산 인근의 플로레스섬에 살았을 것으로 추정되는 호모 플로레시엔시스*Homo floresiensis*에 대해, 이미 오래전부터 알려져 왔던 연대 측정 방식에 대한 문제가 다시 제기되었다. 호모 플로레시엔시스의 경우 발견된 뼈도 많지 않다. 연대 측정법에 따르면 특히 왜소한 체구 때문에 '호빗'이라고 불렸던 이 고인류는 그곳에서 6만 년 전까지 살았다. 이것은 화산을 극복할 수 있는 강인한 생존 능력으로 해석될 수도 있다. 연대 측정의 스펙트럼이 지나치게 넓은 것보다는 이 주장이 더 신빙성이 있다. 호모 플로레시엔시스는 2004년 발견 당시 1만 8000년이 되었다고 평가되었으나 나중에 수정되었다. 토바산 재앙에서도 개략적인 연대 측정만 이뤄졌기 때문에 호빗의 멸종과 화산 폭발의 상관관계는 입증되지 않았다. 하지만 그럴 가능성을 배제할 수는 없다. 어쨌든 우리의 조상이 나타나기 전에 지구상에서 사라진 베일에 싸인 플로레스인을 나중에 더 자세히 살펴볼 필요는 있다.

오늘날의 사람들에게 토바산 재앙은 상상할 수 없는 일이지만 그 규모 역시 과대평가되어서는 안 된다. 당시 대부분의 동아시아인들이 멸종했다는 주장은 전 세계적인 한랭화 현상만큼이나 타당성이 있어 보인다. 물론 아프리카 지역 사람들에게 끼친 영향은 제한적이었을 것이고, 이에 견줄 만한 떼죽음 사태는 거의 발생하지 않았을 것이다. 하지만 유럽 남부 지역은 달랐다. 7만 년 전에 이곳의 날씨는 아프리카에서 온 이주민들이 먹고살 수 있을 만큼 온화했을지 모른다. 기온이 조금 떨어지는 것은 이들에게 멸망을 의미했을 수 있다. 하지만 이런 환경에 이미 단련된 네안데르탈인은 완전히 달랐다.

30년 이상 주장되어왔고 논란도 많았던 '토바 재앙설'은 전 인류를 파멸의 벼랑 끝으로 내몰았던 전 세계적 재앙을 전제로 한다. 이 이론의 지지자들은 우리 조상들이 아프리카에서 유래했다는 유전자 병목 현상을 근거로 제시한다. 이에 따르면 모든 인류가 소집단의 아프리카인들로부터 유래했으며, 화산 폭발의 직·간접적 영향으로 인해 인구가 급감했다. 하지만 이것은 입증도 반박도 어려운 순환논법이다. 이러한 병목 현상은 오늘날 비아프리카인의 유전자에 존재하는 것은 분명하지만 이것은 초기 개체군이 작을 때만 입증이 가능하기 때문이다.

이러한 병목기는 화산 폭발 후에 시작되었지만 화산 폭발과 관련이 없다. 게다가 오늘날 아프리카인의 유전자에서는 병목 현상이 나타나지 않지만, 동아시아의 생쥐 등 다양한 포유동물 개체군에서는 이 현상이 나타난다. 이 두 이론은 화산 폭발 후 아시아 전역에 영향을 끼친 블랙아웃을 인정하지만 전 세계적 현상이라는 점을 부정하고 있다. 토바산은 현생인류의 첫 이주 물결에서 일시적인 종착점이었다. 하지만 전 세계의 다른 모든 인류 종들을 몰아내는 물꼬가 된 사건은 아니었다.

북아프리카, 죽음의 계곡

토바산 재앙이 있었던 시기는 고고유전학자에게 불가사의한 시간이다. 2만 년에 걸친 이 기간에 특히 어디에서 정확하게 무슨 일이 일어났는지는 아무도 모른다. 이 수수께끼의 출발점과 종착점은 유전자 분석을 통해 확실하게 결정할 수 있다. 그래서 우리는 아프리카인과 비아프리카인의 공통 조상이 약 7만 년 전에 아프리카의 동부나 동남부 어딘가에서 분화되었다는 사실을 알고 있다. 반면 인류의 마지막 공통 조상은 아프리카 이외 지역에서 약 5만 년 전에 살았다. 하지만 이주민들이 유래한 개체군이 중간 시기에 어디에 머물렀는지는 전혀 알 수 없다. 이 시기에 현재 모든 비아프리카인들의 유전자에 포함되어 있는 네안데르탈인과의 혼혈이 일어났기 때문에 이들이 머물렀던 장소는 이러한 고인류들의 남부 지역 생활공간 어딘가일 것이다. 아마 이 시기 현생인류의 고고학적 흔적이 있다고 알려진 수많은 지역 가운데 하나일 것이다.

일단 여기에는 이집트에서 인도 아대륙 서부를 아우르는 방대한 지역이 포함된다. 잠시 세계 지도를 펼쳐보면 제법 그럴싸한 결론을 내릴 수 있다. 아프리카인 집단이 약 7만 년 전에 북쪽 방향으로 출발했다면 가장 먼저 이집트와 시나이반도, 그러니까 아프리카와 유라시아 대륙을 잇는 유일한 육로를 통과했을 것이다. 네안데르탈인들은 이스라엘 지역에 살았기 때문에 아프리카인들이 이러한 '북방 루트'를 건너 도착하기 전에 근동 지방에서 혼혈이 발생했을 가능성이 있다.

지도책을 열면 이러한 이론이 떠오르고 타당성도 있다. 하지만 최신 기후 연구 모델은 정반대 사실을 가리키고 있다. 이에 따르면 지난 13만 년 동안 북방 루트는 인간이 거의 통과할 수 없는 곳이었고, 그럼에도 통과를 시도하는 사람들은 사막에서 죽음을 맞이해야 했다. 이러한 새로운 산출 결과에 따르면 다른 길을 통해 이동했을 가능성이 훨씬 높다. 그것은 다름 아닌 바닷길이다. 우리 조상들은 '남방 루트', 동아프리카와 아라비아반도 사이의 홍해에서 인도양으로 흐르는 바브엘만데브 해협을 이용했을 가능성이 있다. 이 해협을 건널 수 있었던 기간은 아주 짧지만, 현생인류가 유라시아로 이동한 것으로 보이는 유전자 데이터와 완벽하게 일치한다. 이로써 우리가 퍼져나간 역사가 기후, 특히 기후의 교체 주기와 떼려야 뗄 수 없는 관계라는 사실이 입증된 셈이다.

2020년 케임브리지대학교 연구팀이 지난 30만 년 동안 동아프리카와 남아프리카의 연 강수량을 재구성한 대규모 논문을 발표했다. 많은 연구에서 그렇듯이 막강한 성능의 컴퓨터가 투입되었기에 가능한 일이었다. 모델에는 현재 알려져 있는 거의 모든 요인들이 반영되었고, 이를 바탕으로 기후와 강수량에 관한 추론이 가능했다. 그린란드의 빙하 코어 시추, 선사시대 전 세계의 수위나 강의 퇴적물 이동 등을 통해서 말이다.

이러한 대체 자료를 이용하면 전 세계의 기후 모델, 당연히 빙하기 아프리카의 기후 모델도 만들 수 있다. 당시 어떤 지역에 어떤 사람들이 살았는지를 확인하기 위해 이 논문의 저자들은 강수량의 절대적 최솟값, 이른바 생존에 절대적으로 필요한 강수량을 연간 90밀리미터로 정했다. 유라시아 일부 지역에서는 때로는 하루에 그 정도로 많은 양의 비가 내렸다. 어쨌든 생물이 살았던 미국의 데스밸리에서도 마찬가지다. 시에라네바다의 눈이 녹아 그곳으로 흘러들어가면서 평균 강우량이 더 높아졌다.

진화의 걸림돌이 된 인구 부족

산출 결과에 따르면 지난 30만 년 동안 대부분 상이집트의 강수량은 90밀리미터 미만이었다. 게다가 중앙아프리카에서 발원해 이집트 문명의 젖줄이 된 나일강도 초기의 인류가 북쪽으로 이동할 수 있는 통로의 역할을 거의 하지 못했다. 북부 삼각주 및 하류와 달리 나일강은 오늘날의 에티오피아에서 완전히 접근이 불가능한 상류 지역에 있었고, 여기에서 일부가 1.5킬로미터 깊이인 골짜기로 흘러들어갔기 때문이다. 인접한 사하라 사막에 이르면 강기슭이 있지만 수렵·채집인이 충분한 식량을 얻을 수 있는 풍요로운 골짜기는 없었다. 현생인류가 아프리카에서 진화하는 동안 나일강의 이주는 한 가지 예외를 제외하면 이처럼 참담한 모습이었을 것이다. 엠 온난기에는 북아프리카의 기후가 훨씬 습했기 때문에 약 13만 년 전에 사하라 사막은 초지였다.

이 기후 모델에 따르면 북방 루트는 모든 비아프리카인의 조상들이 이동한 길이 될 수 없고, 아프리카는 다른 세계와는 완전히 단절되어 있었던 것처럼 보인다. 폭이 14킬로미터인 지브롤터 해협은 고인류에게 너무 거센 조류였고, 선사시대에 이베리아반도를 넘어 무사히 이주했다는 고고학적 증거나 유전학적 증거도 없다. 그런데 처음 지도를 봤을 때 시선이 가는 다른 해협이 있을 것이다. 예멘과 지부티 사이에 있는 바브엘만데브 해협은 지브롤터 해협보다 훨씬 물살이 세고, 가장 폭이 좁은 곳이 27킬로미터로 지브롤터 해협의 두 배에 달한다. 이것은 독일과 덴마크 사이에 있는 페마른벨트 해협의 길이와 같고, 1939년에 인간은 최초로 이 해협을 헤엄쳐 건너는 데 성공했다. 사실 이 모든 것이 7만 년 전 많은 사람들이 아프리카에서 아라비아반도에 걸친 남방 루트를 통해 도달했다는 주장과 상반되는 현상이다.[14] 실제로 그러했다.

새로운 기후 모델에 따르면 빙하기 중 특히 추운 시기에 해수면이 낮아져 일부는 폭이 5킬로미터나 감소할 정도로 해협이 점점 좁아졌고 수량이 감소하고 조류도 약해졌기 때문에 고인류가 건너야 할 거리도 줄어들었다. 하지만 아프리카에서 아라비아로 건너가기 위한 조건은 이것 하나뿐만이 아니다. 해협 양쪽의 기후 조건이 생존을 가능하게 해야 한다. 기후 모델에 따르면 아프리카의 뿔 지역에 사람이 살아야 하고, 인간이 건널 수 있을 정도의 좁은 해협과 아라비아반도의 푸르른 북부 등 모든 조건이 갖춰진 경우는 드물지만, 그런 적이 있었다. 25만 년 전 처음, 그다음에는 13만 년 전, 마지막으로는 6만 5000년 전이다. 더 중요한 사실은 마지막 시기에는 해협이 반영구적으로 통행이 가능했고 어쨌든 과거에 해수면이 낮아졌을 때보다 훨씬 더 오랫동안 그 상태가 유지되었다는 것이다.

최근의 기후 모델은 현생인류가 처음 유럽과 아시아로 이주를 시도했음을 입증하는 고고학적 연구 결과와 완벽하게 일치한다. 22만 년 전 그리스 남부의 아피디마 동굴에 살았던 사람들의 조상은 25만 년 전에 나무줄기를 엮은 배를 타고 아라비아로 건너갔고, 이스라엘 미슬리야 동굴에서 발견된 사람들의 조상도 18만 년 전에 그랬을지도 모른다. 과연 12만 년 전 이스라엘 북부의 스쿨 동굴과 카프제 동굴 거주자들에게 남방 루트뿐만 아니라 북방 루트를 통한 이동이 가능했을지 의문이다. 반면에 모든 비아프리카인들의 공통 조상은 6만 5000년 전 유라시아로 이주하기 시작했을 때 다시 물을 건넜어야 한다.

우리 조상들이 아프리카에서 전 세계로 퍼져나가기까지 최소 세 번의 시도가 필요했던 이유는 무엇일까? 그리스 펠로폰네소스의 현생인류와 토바 화산 폭발까지 14만 년의 시간이 있다. 이것은 유라시아에 동화되기에 충분한 시간일 것이다. 반복된 실패를 무조건 자연 재해 탓으로 돌릴 수는 없다. 또 한 가지가 실패 요인으로 거론된다. 점진적인 해수면의 상승으로 초기 개체군과 단절된 아라비아반도 이주민들의 고립이다. 이로 인해 유전자 교환 기회를 상실함으로써 현생인류 최초의 확산이 중단되었을 가능성이 있다. 홀로 남은 그들은 곤경에 빠졌다. 이 시기에 새로운 문화와 기술적 성취를 이룬 아프리카의 형제자매들과는 전혀 다른 상황이었다.

앞부분의 내용을 잠시 떠올려보자. 현재의 유라시아인들뿐만 아니라 모든 아프리카인들은 약 30만 년 전 아프리카의 용광로에서 형성되기 시작한 개체군에서 유래한다. 여기에서 호모 사피엔스와 함께 현생인류의 복합적인 문화가 발달해 동서남북으로, 북쪽의 이웃

대륙까지 퍼져나갔다. 예를 들어 남아프리카의 동굴에서는 10만 년 전 이들이 황토를 사용했다는 고고학적 증거가 검출되었다. 기하학적 형상의 조각품에 황토를 사용한 것이다. 아마 이 황토는 화장품으로도 사용되었던 듯하다. 마찬가지로 7만 년 전 지금의 남아프리카공화국 지역의 시부두 동굴에 살았던 사람들은 나뭇잎을 깔아 침대로 사용했고, 침실의 해충을 쫓기 위해 주기적으로 나뭇잎 깔개를 태웠다. 인류 역사상 최초의 활과 화살도 동굴에서 발견되었으며 연대는 약 6만 5000년 전으로 추정된다. 우리 조상들이 제작할 수 있었던 오래된 작은 돌도끼도 마찬가지다. 이 돌도끼는 네안데르탈인들의 기술보다 수준이 높고 훨씬 복잡했다. 네안데르탈인들에게도 돌도끼 제작에 필요한 원료는 있었지만 노하우는 없었다.

이 모든 일은 아프리카 조상들의 노동력 과잉과 분명 관련이 있다. 어떤 새로운 기술이나 예술적 기교가 인간을 발전시켰는지는 상관없다. 이들은 생존과 직접 관련이 없는 활동을 우선시했을지라도, 수렵·채집에 뛰어난 개체들이 낼 수 있는 시간, 수렵·채집의 수확물을 함께 나눌 수 있는 개체군의 규모에 의존해 살아갔기 때문이다.

풍요의 땅 아프리카에는 이러한 조건이 바탕에 깔려 있었다. 수렵·채집인에게 인구 폭발 현상은 분명히 없었고, 농경이 발달하기까지 또다시 수천 년이 걸렸다. 하지만 수렵 기술이 발달하면서 식량 공급량이 증가했고 개체군의 규모도 커졌다. 사람들은 새로운 사냥터와 생활공간을 개척하기 위한 조건과 필요를 고루 갖췄다. 당시 이들이 야생동물을 쫓았는지, 한 인간으로서 발견자의 충동이 작용했는지는 알 수 없다. 어쨌든 이들은 전진했다.

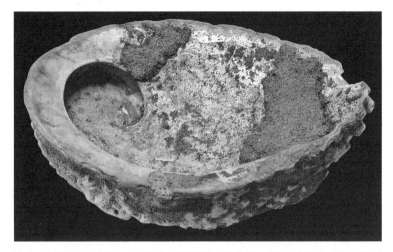

남아프리카공화국의 블롬보스 동굴에서 화장품을 사용했다는 가장 오래된 증거물이 발견되었다. 이 고인류는 돌 접시에 황토 가루를 빻고 가루를 문질러 사용했던 듯하다. 황토는 기하학적 형상의 조각품 세공에도 사용되었다.(Science / Christopher Henshilwood, University of Witwatersrand)

지금도 남아프리카에 살고 있는 원주민들의 조상인 산족의 초기 암석 벽화는 현생인류가 매우 이른 시기부터 예술을 이해했음을 입증한다. 아프리카에 현생인류 최초의 아틀리에가 있었다. (alliance 사진 / blickwinkel / McPHOTO)

모든 다리는 끊기고

최초의 호모 사피엔스가 어떠한 동기로 20만 년 전 그리스 방향으로 이동했는지는 중요하지 않다. 아무튼 이들의 여정은 녹록하지 않았다. 아라비아반도의 강수량과 기후는 얼마 후 그곳에서 생존하거나 북쪽으로 이동이 불가능할 정도로 생활 조건을 바꾸어놓았다. 아프리카와 아라비아반도 사이를 경유하는 것이 가능했던 몇천 년은 네안데르탈인과 북부의 추위에 대비할 전투력 있고 저항력 있는 개체군이 확산되기에 충분한 시간이 아니었다. 아라비아반도의 기후 변화와 그 결과 감소한 강수량은 인구 유전학적으로나 문명의 측면에서나 최악의 사건이었다.

이주자들은 아프리카에 있는 동족들의 문화적·기술적 발전으로부터 고립되었다. 이는 자신들만의 혁신에 필요한 노동력과 창의력을 생산하기에 매우 불리한 조건이었다. 초기 개체군은 몇백 명에 불과한, 상대적으로 적은 구성원이었기 때문에 이주자들이 새로 유입되지 않는다면 유전적으로 '새로워질 수 있는' 능력을 머지않아 잃을 상황에 놓여 있었다. 이러한 과정은 건강한 개체군에게 매우 중요하다. 이것이 충족되지 않으면 덜 건강하거나 다른 유전적 단점을 발현할 수 있는 유전자가 선별되지 않기 때문이다.

두 번째 이주 물결의 양상은 벌써부터 달랐다. 이 움직임은 13만 년 전 우리가 잘 알고 있는 여러 현생인류들을 이스라엘 지역뿐만 아니라 동남아시아로도 이끌었다. 다시 좁아지기 시작했던 아라비아반도로 연결되는 해협이 경로로 적합했지만, 당시 북부 지역으로의 관문 역할을 했을 오늘날의 이집트도 이동 경로로 사용되었을 가능성이 있다. 모험적인 현생인류는 언젠가 북극성을 따라가고 어딘가 다른 곳에서 미래를 개척하기를 꿈꿨다. 이들에게 북방 루트를 통한 확산 행렬은 상상할 수 없는 일이었다. 이들은 여러 세대를 거쳐 비옥한 지역으로 점점 확산되었을 것이다. 어쨌든 최근의 고고학 발굴물에 따르면 그 당시 아라비아반도에 사람이 살았던 것으로 보인다. 2018년 예나 MPI 인류사 연구팀은 사우디아라비아에서 약 9만 년 전 현생인류의 손가락뼈를 발견했다.

이 확산은 매우 성공적이었고 그 주인공들은 네안데르탈인의 경계 지역뿐만 아니라 아시아 최극단까지 진출했던 듯하다. 이후 이들은 우리의 직계 조상과 유사한 성공 가도를 달렸다. 토바산이 장밋빛 미래에 먹구름을 드리우기 전까지 말이다. 아프리카 동부에서는 오랜 기간에 걸쳐 새로운 돌파구 마련에 성공한 집단이 형성된 반면, 동남아시아에서는 더 이상 현생인류를 볼 수 없었다.

고립의 대가

작고 고립된 개체군이 진화에 끼친 영향은 가상의 섬을 통해 명쾌하게 설명할 수 있다. 이 섬에 10명의 인간이 왔는데 그중 한 명이 유전적으로 허약하지만 다른 이유로 파트너를 찾는 데 유리하다고 가정해 보자. 이들과 같은 약점을 가진 인간들이 2세대에서는 절반을 차지할 것이고, 3세대로 넘어가면 75퍼센트에 달할 것이다. 쉽게 말해 더 유리한 유전자를 가진 새로운 인간들이 이 개체군에 합류하지 않는다면 이 개체군이 진화적으로 우위를 점할 기회는 감소한다. 개체군 유전학에서 '부동drift'이라고 하는 이 현상은 종종 우연을 바탕으로 하고 유전자 병목현상기에 강화되어 여러 세대 동안 계속된다. 해로운 유전자들이 항상 우세한 것은 아니지만, 이 경우 나중에 더 유리한 유전자들이 나타나지 않을 가능성이 매우 높다.

한편 상황을 더 악화하는 요인이 있다. 아주 작고 고립된 개체군에서 더 빈번하게 이런 현상이 나타난다. 예를 들어 근친 관계에 있는 부모에게서 후손의 건강에 불리한 유전자 돌연변이가 나타날 가능성이 더 높다. 본격적으로 근친상간이 행해졌던 최후의 네안데르탈인과 데니소바인에게서 이러한 단점이 두드러지게 나타났다. 최초의 현생인류가 유럽으로 진출했을 때에는 다른 징후가 있었을 것이다. 당시에 이들은 유전적으로 고립된 북부에 있었고 네안데르탈인에 비해 진화적으로 불리한 상황에 있었다.

유령 DNA

근동 지방의 화산 폭발 후 인도에 이르는 지역까지 얼마나 많은 사람들이 살았는지, 대략 어느 정도 수준이었는지 우리는 알 수 없다. 어쨌든 이들의 유전자 흔적은 사라졌다. 6만 5000년 전 아프리카의 뿔에서 아라비아반도로 가는 통로가 다시 열리고 우리의 직계 조상이 이주를 시작했을 때, 이들은 동족과 마주쳤을 것이다. 반도 북부에서 이들은 우세한 네안데르탈인에 맞설 기회도 없이 물러나야 했다. 하지만 그사이 이들도 완전히 사라졌다. 새로운 정착민들은 과거의 주민들과 같은 일을 겪지 않아도 되었다. 기후 모델에 따르면 3만 년 전까지 해협은 열려 있었고 아라비아반도에서 유전적 전투력이 뛰어난 개체군을 형성하고도 남을 시간이었기 때문이다.

수많은 뼈 발굴물들이 입증하듯이 실패했다고 해도 이 기간 동안 이러한 공격에 아무 타격을 입지 않은 것은 아니었다. 우스트이심과 마찬가지로 DNA가 유전적으로 막다른 길에 다다랐던 옛 체코 여인과 바코키로 동굴의 4만 5000년 된 뼈들에서 시작해 4만 4000년 전과 4만 년 전 오아세 동굴인들까지 말이다. 4만 년 전의 톈위안인과 3만 8000년 전의 코스텐키인에게서 비로소 현재에 이르는 유전자 계통을 밝혀낼 수 있었다. 그 후로 성과는 없었지만 유라시아라는 요새, 특히 네안데르탈인들이 장악하고 있던 대륙의 서쪽을 정복하기 위한 1만 년에 걸친 노력이 있었다.

모든 이주민들의 유전자에서 네안데르탈인의 비중은 공통적으로 나타난다. 그런데 하필 유럽인과 근동 지방 사람들, 즉 네안데르탈인의 주요 확산 지역에서 오늘날 이 비중이 아프리카 이외 지역보다 더 작다. 이것은 지역을 특정할 수 없는 '유령 개체군'으로, 이후 개체군에서 입증되었기 때문에 우리는 이들의 유전자에 대해서만 알 수 있을 뿐이다. 아직까지 뼈 발굴물이나 직접적인 DNA 검출물조차 존재하지 않는다.[15] 하지만 많은 것들이 약 6만 5000년 전에 이들이 근동 지방에 살았다는 것을 암시한다. 그 근방에 살았던 사람들은 네안데르탈인의 유입을 허용하지 않았던 듯하다. 어쨌든 이들 고인류에게서는 우리에게 알려진 기저 유라시아인의 DNA 성분이 있었던 흔적이 없다. 이들은 틀림없이 네안데르탈인과 성관계를 갖기 전에 아프리카 이주민 집단에서 갈라져 나왔을 것이다.[16]

기저 유라시아인의 DNA는 빙하기의 유라시아, 오스트레일리아, 아메리카의 수렵·채집인의 게놈에도 존재하지 않지만, 약 1만 5000년 전부터 8000년 전까지 근동 지방과 북아프리카 전역의 토착민들에게서 확인된다. 1만 4000년 전 지금의 이스라엘과 요르단에 살았고 이후 세계 최초의 농경민이 된 나투프인들은[17] 기저 유라시아인 DNA의 약 40퍼센트를 지니고 있다. 오늘날 이란의 인구도 이와 매우 유사한 양상을 보인다. 반면 당시 이 지역에 살았던 사람들의 나머지 DNA는 전에 네안데르탈인과 혼혈을 했던 개체군에서 유래한다. 쉽게 말해 나중에 유럽과 아시아로 이주한 다른 모든 사람들과 달리, 근동 지방 최초의 농경민의 조상과 기저 유라시아인 사이에 혼혈이 상당히 많았음이 틀림없다. 이것은 복잡하게 얽혀 있어 명확한 결론을 내릴 수 없는 유전자의 초기 상태일지 모르지만 충분히 타당한 추측이다.

기저 유라시아인들이 정확하게 어디에서 살았는지는 지금도 명확하게 밝혀지지 않았다. 하지만 나중에 근동 지방에 살았던 사람들에게 우세했던 DNA가 다른 곳에서 발견되지 않았다면 기저 유럽인도 이 지역 출신임이 틀림없다. 기후 모델의 배경과 우리에게 알려진 모든 유전자 데이터에 앞서 이 시나리오는 상당히 타당성이 있는 듯하다. 기저 유라시아인은 6만 5000년 전 동아프리카에서 출발해 아라비아반도로 건너온 사람들이다. 그러니까 기저 비아프리카인이라고도 표현할 수 있다. 그리고 이 개체군에서 또다시 분화가 일어났다. 이중 더 큰 집단이 북부로 이동해, 네안데르탈인과 피가 섞였을 수 있다. 즉 혼혈은 아라비아반도 전체에서 발생했지만, 기저 유라시아인은 먼저 네안데르탈인이 없는 지역으로 이동했는지도 모른다.

아무튼 두 개체군 사이에 수십만 년 동안 자연 장벽이 틀림없이 존재했을 것이다. 그렇지 않았더라면 유전자 교환이 계속 일어나 지금 우리가 유령 DNA를 지니고 있지 않았을 것이다. 현재의 사우디아라비아를 통해 알 수 있듯이 아라비아반도의 사막이 그것을 가로막는 장벽이었을 수 있다. 한때 녹색 통로였던 아라비아반도는 더 이상 통과할 수 없는 죽음의 영역으로 바뀌었다. 최초의 기저 유라시아인이 이란의 자그로스산맥을 건너고 날씨가 점점 추워지는 빙하기에 이 산맥은 귀환 길을 봉쇄했을 가능성이 충분히 있다. 지금의 이란과 아프가니스탄의 루트 사막도 처음에는 열려 있다가 나중에는 잠겨 빗장 역할을 했을 가능성이 있다.

기저 유라시아인이 유라시아인의 공통 조상으로부터 차단된 채 살아가는 동안 다른 이들은 세계 정복을 시작했다. 이들은 언젠가 기저 유라시아인과 이웃이 될 터였다. 장벽이 푸르러지거나 녹았기 때문일지 모른다. 이것은 3만 년 전, 어쩌면 2만 년 전의 일로 추측된다. 어쨌든 약 1만 5000년 전의 근동 지방은 유전적으로 거의 균등하게 2개의 개체군으로 표현된다. 기저 유라시아인들은 네안데르탈인의 DNA를 지니고 있기 때문에 근동 지방 최초의 농경민들에게서도 이러한 고인류가 일정 부분을 차지하고 있다.

8000년 전 기저 유라시아인의 DNA는 유럽으로 이동했다. 아나톨리아의 농경민은 이 시기에 유럽의 수렵·채집인을 밀어냈다. 이 DNA는 유전자 이동으로 네안데르탈인의 비중이 감소해 현재까지 거의 변화가 없다. 반면 아나톨리아인이 진출하지 않았던 아시아의 상황은 전혀 달랐다. 이곳에서 네안데르탈인의 DNA는 일정하게 유지되었고 유럽인보다 그 비중이 높았다. 아메리카와 오스트레일리아 원주민들에게도 마찬가지다. 우리의 조상들이 아프리카에서 나온 직후부터 분리의 역사는 우리의 유전자에도 새겨져 있다. 그래서 현재의 유럽인들은 평균 2퍼센트의 네안데르탈인 DNA를 가지고 있고, 아메리카와 오스트레일리아 원주민들은 0.5퍼센트 더 많이 지니고 있다.

꿈에서 환상으로

아프리카에서 현생인류가 사피엔스로 성숙해지고 아라비아반도에서 기반을 잡은 후에도 아프리카로 돌아갈 수 있는 다리는 오랫동안 끊어져 있었다. 기후 모델에 따르면 이 지역은 약 3만 년 전 해협 양측의 강우량이 감소해 생명체가 살기 좋은 환경이 아니었기 때문에 동아프리카와 아라비아반도의 통로로는 더 이상 적합하지 않았다. 아프리카 사람들은 오랜 기간 다른 세계 사람들과 차단되어 있다가 약 1만 년 전 사하라 사막이 푸르러지고 북부 통로로 다시 통행할 수 있게 되었다. 빙하기 동안 해수면이 낮아져 새로운 고향을 찾아 떠났다가 지구의 기후가 온난해지고 수천 년 동안 유라시아의 초기 개체군과 접점이 없었던, 아메리카와 오스트레일리아의 원주민들도 이와 비슷한 운명에 놓여 있었다.

우리 조상들이 네안데르탈인과 데니소바인, 늑대와 하이에나, 빙하와 스텝의 땅을 정복하기 위해 수많은 실패를 거듭하고 성공하기까지는 수천 년의 세월이 더 흘렀다. 이 길의 끝에서 진화 역사상 최초로 인간의 문화가 생물학적 특성을 이겼다. 빙하기, 굶주림, 가혹한 자연의 피해를 덜 입은 고인류들은 문명이 탄생한 후에 살아남지 못했다. 하지만 그전에 우리 조상들은 이들에게서 유용한 유전자를 빼앗아왔다. 이를테면 우리가 세계의 지붕에 도달할 수 있도록 도운 유전자 말이다.

5장

이주

마지막으로 네안데르탈인과 데니소바인을 만나보자.
현생인류가 나타날 때까지
이들은 각각의 생태적 틈새에 자리잡고 있었다.
현생인류는 자연의 속박에서 해방되었고
드디어 자연을 정복했다.
몸집이 큰 동물들은 잡아먹히고 결국 멸종했다.

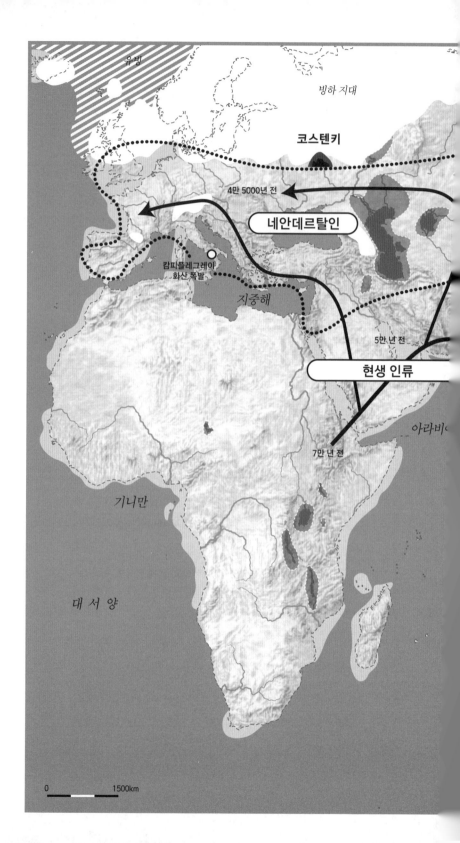

유빙

빙하 지대

코스텐키

네안데르탈인

4만 5000년 전

캄파플레그레이
화산 폭발

지중해

5만 년 전

현생 인류

아라비

기니만

7만 년 전

대 서 양

0   1500km

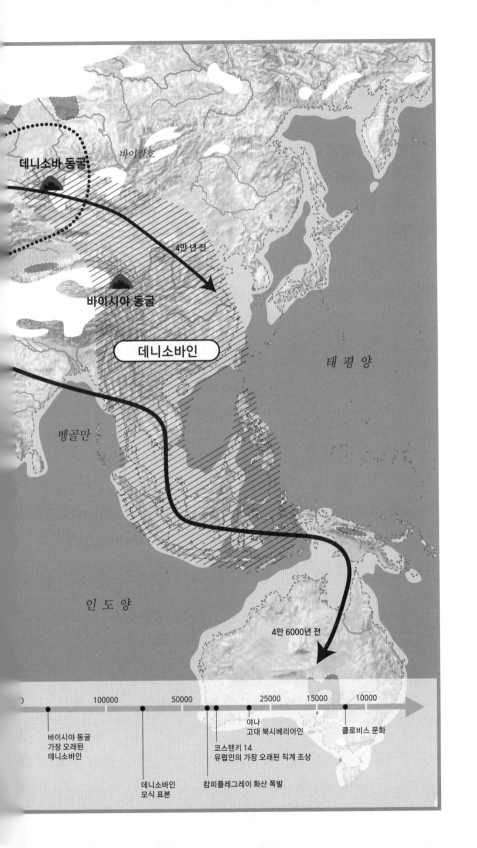

데니소바 동굴

바이칼호

바이시야 동굴

데니소바인

태 평 양

벵골만

4만년 전

인 도 양

4만 6000년 전

| 100000 | 50000 | 25000 | 15000 | 10000 |

야나
고대 북시베리아인

클로비스 문화

바이시야 동굴
가장 오래된
데니소바인

코스텐키 14
유럽인의 가장 오래된 직계 조상

데니소바인
모식 표본

캄피플레그레이 화산 폭발

흔치 않은 즉흥 만남

아프리카의 우리 조상들이 근동 지방으로 이주할 때 나타났던 병목 현상은 지금도 비아프리카인의 유전자를 통해 추론할 수 있다. 오늘날의 세계 인구가 약 1만 명으로 구성된 집단에서 출발했다면 비아프리카인은 대략 그 절반에서 시작했다. 이주민들은 유전자풀의 일부만 나타낸다. 따라서 네안데르탈인과 데니소바인이 차지하는 비중을 제외하면 현재 사하라 이남 이외 지역의 DNA는 완벽하게 아프리카인의 스펙트럼 내에 있다. 이후에 유라시아인이 된 이들의 조상은 약 5000명으로 구성된 집단이었다. 이러한 집단 규모는 현대의 관점에서는 크지 않아 쉽게 파악할 수 있지만, 당시 근동 지방에서는 인구 밀도가 꽤 높은 편에 속한다.

마찬가지로 네안데르탈인의 게놈은 최대 약 5000명인 '장기 개체군 크기'를 나타내고 있지만, 실제로는 유럽 전역과 아시아의 절반에 걸쳐 분포하고 있다. 이 데이터에 따르면 식량 공급량이 감소했던 혹한기 때문인지는 모르겠으나 한때 네안데르탈인의 수는 500개체까지 감소했다. 이들은 거의 멸종 직전에 이르렀다. 네안데르탈인들이 카니발리즘에 빠졌던 시기와 관련이 있다는 추측도 완전히 잘못된 것은 아니다. 네안데르탈인 게놈에 잠재적으로 유해한 돌연변이가 축적된 상태였으리라는 추측도 이보다 훨씬 작은 개체군 크기를 대상으로 한 연구 결과와 일치한다. 이는 우리 조상들의 동족들이 종종 매우 좁은 공간에 함께 있었다는 뜻이다.

어차피 개체 수가 매우 적었던 고인류였고 중요한 부분이라고 해도 우리 조상들이 이들을 만났을 때에 유전적 부하가 꽤 높은 상태였을 것이다. 근동 지방에 아프리카로부터 이주민들이 계속 들어오고 좁은 공간에서 함께 살던 개체군의 유전자들이 서로 교환되고 회복되는 동안 네안데르탈인들의 상황은 달랐을 것이다. 즉 이스라엘에서부터 최대 수천 개체가 라인란트까지, 스페인에서 시베리아까지 분포되어 있었다면 즉흥적인 성관계가 흔치는 않았을 것이다. 그렇다고 해도 공통의 (증)조부모가 존재할 가능성이 아예 없는 것도 아니다.

저항력이 강한 아이를 출산하고 건강한 개체군 크기를 형성할 기회는 네안데르탈인보다는 우리 조상들에게 훨씬 많았을 것이다. 하지만 네안데르탈인에게는 유럽이 홈그라운드라는 이점이 있었다. 그들은 프랑스에서 중앙아시아에 걸쳐 있는 빙하기의 매머드 스텝에서 수십만 년째 살고 있었기 때문에 이 지역을 잘 알았다. 네안데르탈인들은 매머드 사냥에서 매우 숙련된 기술, 특히 대담함을 물려주었다. 그들이 사용했던 창은 그야말로 원시적인 수준이었기 때문에 키가 수 미터나 되는 동물에게 다가가 가까운 거리에서 찌르는 건 불가능했을 것이다. 어떤 식물, 장과류, 균류가 매머드의 반찬으로 적합하고 어떤 것이 마지막 식사로 좋은지 알아내는 등, 여러 세대에 걸쳐 이런 경험적 지식을 쌓을 시간이 필요했다. 현생인류가 이전에 거주한 지역과 전혀 다른 동식물이 사는 북부로 떠났을 때 처음에는 그 지역에 관한 지식이 없었다.

그래서 현생인류는 팽창 과정에서 실패를 반복했는지 모른다. 바코키로 동굴인들은 발칸반도에서 행복한 삶을 유지할 수 없었고, 옛 체코 여인은 하이에나에게 잡아먹혔을 것으로 추정되고, 루마니아의 오아세 동굴인은 10퍼센트의 네안데르탈인 DNA가 있어도 아무것도 시도하지 못했고, 우스트이심인은 조상들이 중앙아시아까지 이동했다가 흔적도 없이 사라졌고, 현생인류는 북쪽으로 이주했다가 자신들의 유전자는 물론이고 뼈도 남기지 못했다.

네안데르탈인은 유라시아 서쪽에서, 데니소바인은 유라시아 동쪽에서 자신들만의 생태적 틈새를 차지하고 있었다. 이들은 자연의 흐름에 따라 살았다. 즉 가능한 범위 내에서 매머드를 비롯한 스텝 지대 동물들을 사냥했다. 이러한 기회는 제한되어 있었기 때문에 동물과 인간 사이의 수적 균형이 유지되었다. 각자는 하루하루 생존을 위해 열심히 살았고, 활, 날카로운 칼날, 투창기 발명 등 기술 혁신을 일으킬 인적 자원은 결코 부족하지 않았다.

반면 훨씬 기후가 온화한 근동 지방의 조건은 완전히 달랐다. 빙하기에 이 지역은 대부분의 아프리카 지역처럼 동식물이 풍부했다. 이러한 환경은 개체군이 성장하는 밑거름이 되었고 혁신적 능력을 개발하는 기틀이 되었다. 수 세대에 걸쳐 인류는 주변 환경에 대한 지식을 늘려갔고, 서서히 자신들의 기술과 더불어 더 추운 지역에서 살아남을 수 있는 상태로 발전했다. 인류는 이미 불을 사용할 줄 알았고 바늘과 실을 이용해 모피를 옷으로 만드는 법도 익혔다. 우리 조상들은 네안데르탈인들의 핵심 능력인 거대 동물을 사냥하는 법을 빠르게 습득했다. 하지만 유라시아에 살던 고인류를 이길 수준은 아니었다. 현생인류는 네안데르탈인의 유전자를 전부 물려받았고 피부까지 슬그머니 들어왔다. 하지만 이것은 인류의 성공과 큰 관련이 없다.

네안데르탈인은 흡연을 즐겼을지도 모른다?

현생인류와 네안데르탈인의 혼혈로 유전자 변형이 생겼다. 가장 먼저 발견된 유전자 변형 중 하나는 두꺼운 피부를 만드는 데 관여했다. 이러한 유전자의 특성은 추운 북부 지방에서 틀림없이 유용했을 것이다. 덕분에 우리 조상들은 확실히 자연선택에서 유리한 위치에 있었을 것이다. 현재 살아 있는 유라시아인의 70~80퍼센트에게서 케라틴 생산에 관여하는 게놈의 위치에 네안데르탈인의 유전자 변형이 나타난다. 케라틴은 피부뿐만 아니라 머리카락과 손톱을 형성하는 단백질이다. 이 단백질 생산량이 증가하면 피부가 더 튼튼하고 두꺼워져 열손실을 감소시킨다.

소위 네안데르탈인의 색소 형성 유전자에 이와 동일한 효과가 있었을지 모른다. 하지만 피부 두께의 경우처럼 이러한 유전자 변형에 관한 연구 결과는 명확하지 않다. 이것은 어떤 조합이 어떤 반응을 일으키는지 특정하기 어려운 유전자 유형에 속하기 때문이다. 따라서 네안데르탈인의 색소 형성 유전자가 더 어두운 피부와 더 밝은 피부 중 어디에 관여하는지 정확하게 알 수 없다. 어쨌든 이러한 유전자 변형을 가지고 있는 현대인의 피부색은 어둡게 발현될 수도 있고 밝게 발현될 수도 있다. 물론 네안데르탈인 주변에 있던 현생인류에게서 밝은 피부가 나타나기 시작했음을 짐작케 하는 증거도 많다. 예를 들어 이 유전자를 가진 사람은 색소를 더 적게 형성해 햇빛이 부족한 북부 지방에서 더 효율적으로 비타민 D를 생산했다는 것이다.

네안데르탈인의 색소 형성 유전자는 특히 오늘날의 영국인, 평균 이상이나 평균 이하의 어두운 피부를 가진 모든 영국인에게서 발견되었다. 이러한 유전자 변형은 피부색처럼 겉으로 드러나는 신체적 특징일지라도 유전자의 외적 형태, 소위 표현형이 항상 명확하게 결정되지는 않는다는 사실을 다시 한번 입증한 셈이다. 게놈은 이진 코드가 아닌, 수십억 개에 달하는 염기쌍들의 변형과 조합에 숨겨진 정보들로 구성되어 있어서 세계에서 가장 성능이 우수한 컴퓨터보다 훨씬 복잡하기 때문이다.

이것은 '흡연자 유전자'에서 더 뚜렷하게 나타난다. 네안데르탈인에게서 물려받은 이러한 유전자 변형은 현재 중증·고도 흡연자에게서 자주 생긴다. 이 유전자는 담배, 구체적으로는 담배의 성분인 니코틴 중독에 훨씬 취약한 특성과 관련이 있다. 어쨌든 다음 두 가지는 확실하다. 첫째, 네안데르탈인에게는 담배가 없었다. 둘째, 가장 위험한 신경독 가운데 하나인 담배를 선호하는 것과 담배 연기에 포함되어 있는 발암 물질이 어떤 생명체의 생존에도 유리하게 작용할 수 없으므로, 원칙적으로는 진화에서 불리할 수밖에 없다. 이 두 가지 이유 모두 문제의 유전자 변형이 담배에 대한 친화력 외에, 이 유전자 보유자에게 '자연선택'에서 유리한 다른 특성을 발현시켰을 것이라는 주장을 입증하는 셈이다. 구체적으로 이것이 어떤 특성인지는 아직 알려지지 않았다. 다만 네안데르탈인이 담배 말기와 담배 재배 기술을 터득했더라면 동굴이 유해 물질로 가득했으리라는 사실만은 틀림없다. 그럼에도 이 유전자 변형은 다른 중독 장애와는 관련이 없다.

아메리카의 고통

담배를 많이 피우던 네안데르탈인이 아직 살아 있다면 기도가 약해서 사스코로나바이러스-2에 훨씬 취약했을 것이다. 물론 이들이 우리보다 팬데믹에 훨씬 더 심한 타격을 입었을 다른 이유도 있었을 것이다. 어쨌든 2020년 코로나19 환자들에 관한 비교 연구에서 그럴 가능성을 제기했다. 팬데믹 초기부터 핀란드의 국책 게놈 연구 프로젝트 핀젠FinnGen은 데이터뱅크에 보관된 수십만 개의 게놈 중 코로나19에 감염되었거나 그로 인해 사망한 사람들의 게놈을 채취했다. 그 결과 병세를 악화시키고 사망률을 높이는 DNA 변형을 발견할 수 있었다. 의학 분야에 종종 게놈 연구가 직접 활용되기도 하는데 이것은 그 전형적인 사례다.

얼마 후 핀젠은 국제연구협회로부터 코로나19 사망자 혹은 특히 중증 질환자에게 자주 나타난 유전자 위치에 관한 데이터를 제공받았다. 스톡홀름의 카롤린스카 연구소와 라이프치히 MPI의 네안데르탈인 연구팀은 컴퓨터로 이 데이터를 추적했다. 실제로 다음과 같은 결과가 확인되었다. 카롤린스카 연구진이 네안데르탈인의 유전자 변형을 갖고 있는 염색체 1번에서 약 5만 개의 염기쌍 규모의 DNA 조각들을 분석한 결과, 이 염색체가 코로나19 감염 시 사망할 확률을 세 배나 높인다는 사실이 밝혀졌다.

앞에서 언급한 게놈 단편은 트랜스 효과trans effect를 통해 코로나19에서 중요하게 작용할 수 있는 다른 유전자들에 영향을 주고 있었던 것이다. 이 단편은 한편으로는 내생 면역 반응의 일부를 조절하는 케모카인 수용체에 관여하는 CCR9 유전자에, 다른 한편으로는 이웃한 유전자가 ACE2 수용체와 직접 상호작용을 하도록 영향을 주고 있었다. 체내의 신호 전달에 관여하는 이러한 단백질은 평균적으로 세포막에서 ACE2 농도가 더 높기 때문에 코로나바이러스의 통로 역할을 하고 남성의 사망률이 더 높은 이유와 관련이 있는 것으로 추정된다.

반면 또 다른 DNA 단편은 아프리카 이외 지역의 일부 사람들이 네안데르탈인에게서 물려받은 것으로, 사스코로나바이러스-2 감염이 중증으로 진행되지 않게 보호해주었다. 12번 염색체의 이 단편은 특히 RNA 바이러스 감염에 중요한 작용을 하는 유전자를 담당한다.

네안데르탈인이 사스코로나바이러스-2를 접촉했을 리는 없고, 다른 종류의 코로나바이러스를 접했을 가능성도 희박하다. 따라서 이러한 유전자 발현은 이들에게 유리하게도 불리하게도 작용하지 않았을 것이고, 단지 우연의 법칙에 따라 확산되었다고 보아야 한다. 어쨌든 이 단편을 보유한 사람이 생존이나 생식의 기회를 더 많이 얻는 데 관여하는 또 다른 특성이 있을 것이고, 실제로도 그럴 가능성이 훨씬 높다. 현대인이 보유하고 있는 네안데르탈인의 DNA 단편 분포는 최소한의 지표 역할을 한다. 따라서 유럽에서 이 변형은 인구의 1~2퍼센트밖에 되지 않으며 거의 발현되지 않는다.[18] 반면 파키스탄에서는 절반에 가까운 인구가 이 유전자 단편을 가지고 있다. 이것은 이 지역의 높은 콜레라균 확산률과 관련이 있을 것이다.

콜레라균에 의해 생성되는 독소는 인간에게 치명적인 설사를 유발할 수 있는데, 최근의 임상 데이터에 따르면 CCR9 유전자의 영향을 받은 수용체로 인해 작용이 약해진 것으로 보인다. 반면 더 강하게 작용하는 CCR9 유전자를 보유한 네안데르탈인은 콜레라나 다른 위장관 질환에 대한 저항력이 더 강할 수 있다. 이것은 현생인류가 특히 이러한 박테리아들이 퍼져 있는 지역에서 혼혈 후 정착된 자연선택의 이점이다.

네안데르탈인에게는 또 다른 유전적 특성이 있었다. 추운 북부 지방의 현생인류에 비해 신체적으로 건강했다는 것이다. 어쨌든 현대 유럽인에게서는 선천적 면역 체계를 담당하는 톨유사 수용체 중 하나에서 작용하는 네안데르탈인 유전자 단편이 발생하는 빈도가 평균보다 높다. 이것은 당시 유라시아에 나타났던, 인간에게 위험한 박테리아나 바이러스에 적응하기 위해서였을 가능성이 있다. 하지만 어떤 병원체가 정확하게 어떻게 작용하는지는 알려져 있지 않다.

현재 세계 유전자풀에 존재하는 다른 네안데르탈인 유전자 단편을 살펴보아도, 이 단편이 우연히 확산되었는지, 어떤 장점을 가지고 있는지 명확하게 밝힐 수 없다. 이 유전자 단편을 보유한 사람은 통증에 매우 민감하기 때문에 그다지 기뻐할 일은 아닐 것이다. 현재의 기준에서 네안데르탈인은 이 유전자 단편을 너무 많이 가지고 있었고, 오늘날의 8세 어린이와 같은 통증을 느꼈을 것이다. 이것은 네안데르탈인 유전자를 통해 암호화된 통증 수용체를 실험실에서 제작한 후 전기 신호에 대한 민감성을 측정함으로써 알려진 사실이다.

네안데르탈인의 통증 유전자를 보유한 유럽인은 전체 유럽 인구의 약 1퍼센트이며 드물게 나타난다. 반면 멕시코와 남아메리카의 원주민 가운데 둘 중 한 명은 이 유전자 단편을 가지고 있다. 이 유전자 단편은 통증에 대한 민감도가 더 높거나, 유전자와 관련이 있거나, 알려지지 않은 특성이 있건 간에, 이 유전자 단편은 자연선택의 이점이 있었기 때문에 베링해협을 건너 아메리카로 이주 후 정착되었거나, 아시아에서 아메리카로 이주할 때 병목 현상이 있었던 개체군에서 나타난 것이다. 그렇다면 현재 아메리카에서 이 단편이 확산된 것은 유전적 우연에 불과할 것이다. 하지만 네안데르탈인을 통해 현생인류가 물려받은 통증에 대한 민감성이 미지의 대륙을 발견했을 때 장점으로 작용했을지도 모른다는 주장이 완전히 틀린 것은 아니다. 통증에 대한 민감성은 독성이 있는 식물 등을 접했을 때 신체에 경고 신호를 보낸다. 이것은 낯선 지역에서 위험으로부터 인간을 보호해주었을 것이다. 하지만 주변 동식물의 특성을 잘 알았던 네안데르탈인이 이러한 유전적 특성을 물려준 것인지 그 답은 알 수 없다.

아이를 원했던 네안데르탈인 여성들

네안데르탈인의 멸종 원인을 이주자들의 유전적 우월성에서 찾는 것은 충분한 답이 되지 않는다. 하지만 다음과 같은 질문을 던졌을 때 유전적 요인을 완전히 무시할 수는 없을 것이다. 다양한 인류 종이 공존하던 시대에 왜 우리 조상들은 점점 북쪽으로 밀려났을까? 네안데르탈인들에게 남쪽 지역을 정복하겠다는 야망이 정말 없었을까? 진화의 잣대로 판단할 때 현생인류는 아주 짧은 기간에 힘들이지 않고 아프리카의 사바나에서 유라시아의 스텝 지대로 활동 무대를 옮겼다. 반면 이 수십만 년이라는 긴 시간 동안 네안데르탈인들이 자신들이 살던 곳과 다른 생활환경에 적응할 수 없었던 이유는 무엇일까?

이 질문에 대한 답은 하나가 아니다. 그중 하나를 유전자에서 찾을 수 있다고 해도 우리는 아직 단서도 찾지 못했다. 하지만 우리 조상과 멸종 위기에 처한 네안데르탈인에게 어떤 차이가 있는지는 알고 있다. 그 차이는 인간의 복잡한 문화와 이와 연계해 주변의 자연을 알고 형태를 만들어가는 능력에서 비롯되었다. 우리 조상들은 무의식적으로 그렇게 행동했을지라도 말이다. 네안데르탈인과의 혼혈을 통해 우리 조상들은 '자연'의 이러한 부분에 동화되면서 예속되었다. 네안데르탈인이 마지막으로 남긴 것은 우리가 지금도 잘 사용하고 있는 가장 유용한 유전자다. 당연히 네안데르탈인은 우리 조상들에게 유전자 기증자 역할만 한 것이 아니라, 유라시아에 넘쳐나는 새로운 유전자풀의 혜택을 보았을 것이다. 하지만 이들의 장기적인 생존을 가능하게 했던 방식에서 혜택을 입지는 않았을 것이다.

게다가 네안데르탈인은 개체군으로 살아남는 데 훨씬 더 좋은 조건을 갖추고 있었다. 네안데르탈인 여성은 강인한 체력을 갖고 있었다. 20세기까지 출산 중이나 생후 몇 년 내에 아이가 죽는 일은 다반사였다. 이 비극적 운명은 진화가 시작된 이래 인류를 계속 따라다녔다. 네안데르탈인은 우리 조상들보다 이러한 운명의 굴레에서 더 자유로웠던 듯하다. 2020년 카롤린스카 연구소와 라이프치히 MPI의 협력 연구 결과 현대 여성이 보유한 네안데르탈인의 게놈 단편이 훨씬 낮은 유산율 및 사산율과 관련이 있는 것으로 밝혀졌다. 정확하게 말하면 이것은 프로게스테론 수용체를 암호화하는 각각의 유전자와 관련이 있다. 특히 프로게스테론 호르몬은 자궁 내막의 성장과 태아를 보호하는 역할을 한다. 이런 이유로 현재 인공 프로게스테론이 불임 및 습관성 유산 치료에 사용되고 있다.

네안데르탈인 여성들은 평균적으로 프로게스테론을 더 많이 생산했기 때문에 다산을 할 수 있는 신체적 조건이 갖춰져 있었고, 이것은 더 큰 개체군을 형성하는 데 확실한 생물학적 이점이었을 것이다. 현생인류는 더 온화한 기후와 생존 기회가 더 많았던 남쪽에서 더 많은 것을 채워 나갔다. 북쪽으로 이동해 네안데르탈인과 혼혈을 했던 현생인류는 자연선택의 이점도 함께 물려받았다. 영국의 데이터를 바탕으로 한 연구에 따르면 현대 유럽 여성의 약 60퍼센트가 네안데르탈인 여성의 유전자 단편을 보유하고 있다.

생물학적 특성을 이긴 문화

네안데르탈인은 남쪽 지방 사람들이 처음 땅을 밟은 지 수만 년이 지나고 늦어도 3만 9000년 전에 사라졌고, 더 이상 고유의 인류 종으로 존재하지 않았다. 이들은 이제 우리 안에 아주 작은 유전자 단편으로 남아 있을 뿐이다. 지구 온난화는 네안데르탈인이 우리 조상들에게 밀려나도록 재촉하는 계기였을 것이다. 최신 기후 모델에 따르면 지금까지의 가정과는 달리 4만 년 전에 유라시아 대륙의 절반은 빙하화가 진행되지 않았고, 빙하화는 스칸디나비아와 동일한 위도 지역에서만 나타났다. 유라시아 대륙이 수만 년 동안 혹한의 추위로 얼어붙으면서 우리 조상들의 최초 진출은 기온이 점점 온화해지는 시기로 미루어졌다.

이러한 조건에서 우리 조상들은 2만 년 이상 근동 지방에서 네안데르탈인보다 우월한 수렵·채집인 문화를 구축할 수 있었다. 북부 지역은 이들에게 계속 활동하고 문화를 세련되게 발전시킬 수 있는 공간을 제공했다. 반면 네안데르탈인은 수천 년 동안 유리한 환경 조건을 바탕으로 현생인류가 이룬 발전에 더 이상 맞설 힘이 없었다. 세력 균형은 점점 네안데르탈인에게 불리한 방향으로 이동하다가 결국 급변점에 도달했다. 과거에 보장받았던 생존, 극한의 환경적 조건에 대한 유전자 적응은 네안데르탈인들에게 이제 소용이 없었다. 자연에 대한 적응 하나만으로는 발전의 원동력이 될 수 없었다. 인간의 문화가 생물학적 특성을 이긴 것이다.

현생인류가 유라시아 대륙 구석까지 진출하면서 주로 매머드 스텝 지대에 머물렀던 네안데르탈인에게 남은 선택지는 후퇴였다. 3만 9000년 전에 찾아온 자연 재해는 오랜 방어전에 지친 네안데르탈인에게 결정타를 날린 사건이었다. 베수비오산 근처의 캄피플레그레이에서 화산이 폭발했다. 이번 폭발은 3만 5000년 전 토바산처럼 극적이지 않았지만 네안데르탈인들의 고향을 휩쓸었다. 수십 년 동안 화산재 구름으로 전 유럽에 어둠이 드리워졌고, 아마 식물과 매머드 개체 수가 급감했을 것이다. 이제 시간은 뿌리, 흰개미, 재빠르고 날쌘 작은 동물 등 새로운 식량원을 찾을 수 있는 이들을 위해 흘러갔다. 이러한 조건에서 네안데르탈인의 패배는 이미 정해진 것이나 다름없었다. 네안데르탈인은 현생인류처럼 이런 상황에 필요한 세공 기술과 도구를 개발할 능력을 갖고 있지 않았기 때문이다.

그렇다고 자만할 이유는 없었다. 현생인류의 흔적도 당시 유럽에서 사라져가고 있었다. 화산 폭발 이전 시대의 것으로 알려진 모든 DNA의 흔적을 현재의 유전자풀에서 찾을 수 없기 때문이다. 하지만 남쪽에 사피엔스의 피난처가 있었다. 살아 있는 동안 거의 모든 위도 지역에 분포했던 이 개체군은 네안데르탈인과 달리 화산 폭발로 인한 위협을 받지 않았다.

빙하기 최초의 유럽인은 유전자 계통이 현대를 가리키고 있으며 3만 9000년 전 코스텐키에서 사망했다. '마르키나-고라인'은 적어도 말년을 현재의 러시아 서부 지역에서 보냈고 화산재 층에 파묻혀 있었다. 하지만 이들이 화산재 층 아래에만 묻혀 있던 것은 아니었다. 연구 결과에 따르면 그와 그의 조상들은 대재앙 이후 유럽으로 건너갔다. 과거의 주민들이 화산 폭발로 몰살당하거나 화산 피해로 인구가 급감해 이 지역이 새로운 이주자들을 위해 비어 있었기 때문인지 모른다.

어쨌든 현생인류의 문화가 이전에 존재했고 유럽에서 아시아에 걸쳐 있었다는 증거가 있다. 다양한 고고학 유물이 입증하듯이 바코키로 동굴인과 수천 년 후 유라시아 대륙의 끝에 살았던 톈위안인이 같은 도구를 사용했던 것은 이와 관련이 있는 듯하다. 이는 같은 혈통임을 암시한다. 마찬가지로 소위 후기 구석기시대 초기 문화는 현재의 이스라엘에서 중국 북부 지방까지 뻗어 있다. 그사이 바코키로 동굴인과 톈위안인의 유전적 연관성이 사실상 입증되었다. 두 발굴지 사이 어딘가에 살았을 것으로 추정되는 초기 개체군은 적어도 유라시아 대륙 남부의 절반까지 퍼져 있다가 사라졌고, 그 이유는 알 수 없다. 우리 조상들도 유력한 용의자 가운데 하나다.

절제가 안 되는

호모 사피엔스는 숨 가쁜 속도로 전 세계로 퍼져나갔다. 그들은 다른 모든 동물들의 생물학적 특성을 무력화했기 때문이다. 이제 막 개발된 사냥과 살인 기술 덕분에 호모 사피엔스는 더 이상 수많은 생물 가운데 하나가 아닌, 모든 시대를 통틀어 가장 효율적으로 일하는 킬러로 등극했다. 그들은 칼날, 창, 작살, 덫을 가지고 다니며 맛좋아 보이는 모든 것을 쫓았다. 그들의 시선은 항상 육즙이 풍부한 스테이크, 거대 동물을 향했다. 새로운 이주자들이 선호하는 음식은 네안데르탈인과 조금도 다를 바가 없었고, 데니소바인과도 차이가 없었다. 다만 이들은 훨씬 효율적이고 세련되게 행동했을 뿐이다.

그들이 가는 곳마다 모든 거대 동물이 삽시간에 사라졌다. 이것이 바로 동물권에서 절대 남획을 하지 않는 다른 인류 종들과 우리 조상들의 차이다. 매머드는 네안데르탈인과 공존하며 수십만 년 후에도 안정적인 개체 수를 꾸준히 유지했고, 네안데르탈인은 하이에나를 보며 한 번도 스스로가 먹이사슬에서 사라질 거라는 걱정을 하지 않았다. 네안데르탈인이 멸종될 상황은 결코 아니었다. 덕분에 이들

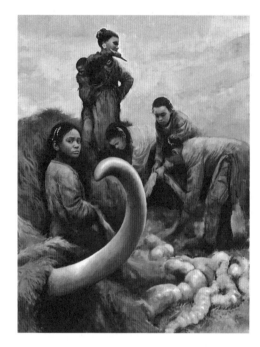

현생인류는 북쪽의 매머드 스텝 지대로 계속 몰려들었다. 숱한 실패를 거듭한 끝에 3만 9000년 전 우리 조상들은 정착했다. 반면 이곳의 거대 동물과 네안데르탈인은 멸종하기 시작했다.(Tom Björklund)

은 의도하지 않았으나 지속적인 생활양식을 만들어갔다. 하지만 이들의 인생 계획으로는 당시 현생인류의 탐욕에 대응할 수 없었다.

우리 조상들이 등장하고 네안데르탈인이 사라진 직후에 유럽의 매머드도 멸종했다. 점점 비어가는 자리를 아시아 매머드가 차지했다. 하지만 이들도 빙하기 말까지 버티지 못했다. 털코뿔소, 메갈로케로스, 야생마, 들소, 동굴 곰, 동굴 사자, 동굴 하이에나 등은 물론 유라시아 스텝 지대에 서식하던 작은 동물들도 멸종 위기에 처해, 식량원이나 경쟁에서 제외되었다. 한창 재미를 보던 육식 동물인 현생인류는 반신반의하면서도 필사적으로 지구 끝까지 쫓아다니며 새로운 먹잇감을 찾았다.

이런 움직임이 시작된 직후 인류는 약 4만 5000년 전, 대부분의 연대 측정에 따르면 그보다 훨씬 전에 오스트레일리아에 도착했다. 이곳에서도 이미 잘 알려진 게임이 되풀이되었다. 체중이 수 톤이나 되는 유대류, 거대한 캥거루, 길이가 수 미터인 왕도마뱀, 체중이 수백 킬로그램에 달하는 조류 등 모든 것이 새로운 정착자들의 취향에 잘 맞았다. 자기파괴적 충동을 자제할 마음 따위는 없는 듯 거대 동물을 남획하는 행위는 현생인류만의 고유한 특징이었다. 대략 800년 전 마오리족의 조상들이 최초의 현생인류로서 뉴질랜드에 도착했을 때도 수십만 마리의 모아가 서식하고 있었다. 살코기가 많고 3미터나 되는 이 조류는 그로부터 100년이 채 되지 않아 멸종했다.

지금도 유일하게 거대 동물이 살고 있는 지역은 아프리카와 남아시아다. 즉 부분적으로는 호모 에렉투스로 거슬러 올라가는 인류의 이주 역사가 녹아 있는 바로 그 지역과 수십만 년 전 현생인류가 살았던 곳이다. 이것은 현생인류가 거대 동물을 지속적으로 이용하지 못했다는 주장과는 완전히 모순되는 것처럼 보이지만 그렇지 않다. 아프리카와 아시아의 코뿔소, 기린, 하마, 코끼리는 인간과 함께 '공진화'했기 때문에 처음에는 전혀 위협적이지 않았던 '원숭이들'로 인해 발생한 치명적인 위험에 적응할 시간이 있었다. 인간에 대한 두려움은 세대를 거쳐 아프리카의 거대 동물에게 전해져 DNA에 새겨졌다. 사람을 덜 꺼리는 뉴질랜드나 북아메리카의 동물들과 아프리카 스텝 지대의 동물들을 비교해보면 이것을 확실하게 알 수 있다. 사자나 코끼리는 우리가 언제든 치명적인 창을 던지거나 총을

쏠 수 있다는 것을 몰랐더라면 당장 우리를 물어뜯거나 짓밟았을 것이다. 이제 이들은 잔인한 호모 사피엔스의 무리 중 한 사람과 눈이 마주치면 쏜살같이 도망친다.

새로운 사냥터 정복은 인간의 수가 점점 늘면서 함께 커지는 고기에 대한 탐욕을 해소하기 위한 방법이었을 뿐이다. 몸집이 큰 동물들의 프리미엄 스테이크가 바닥이 날 때쯤 영양 섭취의 범위가 넓어졌다. 매머드에서 사슴, 더 작은 사슴, 돼지, 토끼 등등. 이렇게 하려면 사냥에서 더 많은 짐승을 잡는 것은 물론이고 민첩함이 요구되었다. 도망칠 때에는 비대한 매머드보다는 몸집이 작은 짐승들이 훨씬 빠르고 민첩했다. 우리 조상들은 더 나은 무기를 개발했고, 인내심을 기르고 정확하게 목표물을 맞히는 법을 연습했으며, 정교한 사냥 기술로 가장 빠른 먹잇감을 쓰러뜨리는 법을 터득했다. 물에서도 마찬가지였다.

인간의 식단은 점점 더 풍부해졌고, 더 창의적이면서 덜 까다로워졌다. 처음 인간이 불에 땅거북의 등딱지를 올려놓을 때 그것은 맛있는 해산물처럼 보이지 않았다. 인간의 식탐은 곤충, 거미, 딱정벌레, 구더기 등을 가리지 않았다. 모든 것은 균류, 뿌리, 나무껍질에 대한 단백질 보충제였다. 네안데르탈인이 그랬듯이 현생인류는 원숭이의 식습관에 점점 근접해갔다. 이것은 호모 사피엔스로 격상되고 에너지를 낭비하는 뇌를 관리하기 위해 치러야 할 대가였다. 네안데르탈인과 달리 힘든 시기를 버티기 위한 카니발리즘을 금기시했던 것도 이 때문인지 모른다.

공진화

공진화coevolution의 원칙은 작은 동물에게도 적용된다. 19세기까지만 하더라도 북아메리카에서 개체 수가 최대 50억 마리에 달했던 나그네비둘기(여행비둘기)는 한때 뉴잉글랜드 하늘을 새카맣게 뒤덮었을 것으로 추측된다. 유럽인의 이주와 화약의 발명으로 비둘기들은 영공권을 잃었고, 비둘기 고기는 헐값에 팔렸다. 1914년 마지막으로 하늘에서 이 비둘기들의 모습을 볼 수 있었다.

하지만 조만간 다시 볼 수 있을지도 모르겠다. 한때 네안데르탈인의 복원을 선언했던 하버드의 유전학자 조지 처치는 2012년 '나그네비둘기 되살리기' 프로젝트를 발족했다. 처치를 비롯한 저명한 연구자들의 목표는 멸종된 나그네비둘기의 염기 서열과 지금의 띠무늬꼬리비둘기의 게놈을 이용해 DNA를 복원하고 착상을 시키는 것이라고 했다. 이러한 '부활 및 복원' 목록에는 털매머드도 있다. 이 프로그램이 성공해 언젠가 매머드가 이 세계의 동물원을 활보하게 된다면, 우리의 조상들이 세계무대에 등장했을 때 동물들이 순식간에 사라졌던 것처럼 수천 개의 동물 종이 멸종할 것이다. 이렇게 사라진 동물들의 대부분은 화석조차 존재하지 않기 때문에 우리에게 거의 알려져 있지 않다. 이들을 복원할 수 있는 DNA는 말할 것도 없다.

아메리카의 발견

현생인류는 과거에 네안데르탈인, 데니소바인, 다른 모든 인류 종에게 금지되었던 생활공간을 정복했다. 2019년 몇 개의 유치乳齒에서 추출한 DNA를 분석한 결과에 따르면 최소 3만 1000년 전에 현생인류는 혹한의 시베리아 동부, 심지어 극권 위쪽 지방까지 진출했다. 인간의 주거지, 특히 석기, 동물의 뼈, 상아 등 수천 개의 다른 증거들 외에도 러시아의 야나강에서 고대 북시베리아인의 흔적이 발견되었다.

발굴물은 털매머드, 털코뿔소, 들소 등 당시에 선호했던 식량원을 정확하게 알려주었다. 이것은 놀랍지 않지만 DNA 분석 결과는 의외였다. 고대 북시베리아인의 혈통이 유럽인과 아시아인으로 분화된 직후에 떨어져 나왔다는 것이다. 하지만 이들은 현재의 유럽인과 유전적 공통점이 훨씬 많다. 이에 따르면 이들은 아마 북극 지방을 따라 동부로 퍼져나갔던 듯하다. 그렇지 않았다면 그사이에 아시아인의 유전자가 갑자기 끼어들었는지도 모른다. 고대 북시베리아인들은 아마 극권을 따라 유라시아의 많은 지역에 널리 퍼져 살았고 불리한 조건에도 불구하고 그곳에서 버텼다.

인류가 언제 그곳을 출발해 남북아메리카에 정착하기 위해, 빙하기에는 말라 있던 베링 해협을 건너 알래스카로 이동했는지는 아직까지 학계에서만 논의하고 있는 주제다. 상당수의 학자들이 3만 년 전에, 경우에 따라서는 13만 년 전에 아메리카 대륙을 발견한 증거라고 평가하고 있지만, 명확하게 규명되지 않은 고고학 발굴물이 있다. 하지만 유전자 산출 결과는 1만 5000년 전의 정착지였음을 가리킨다. 오늘날 북아메리카의 알래스카와 남아메리카의 티에라델푸에고에 살고 있는 원주민들의 모든 유전적 계통은 이 시기의 공통 조상을 가리키고 있다. 이전에 이들의 이주가 시작되었다면 최초의 아메리카인들은 전부 멸종했을 것이다.

대부분의 미국인들은 학교에서 1만 3000년 전 미국 중서부 지역에 퍼져 있던 고대 아메리카인들의 클로비스 문명이 신대륙에 인간이 정착했음을 가리키는 최초의 증거라고 배웠을 것이다. 아메리카에서 빠르게 멸종한 매머드의 뼈에 박혀 있던 클로비스 화살촉 등 이 문명의 존재를 입증하는 증거는 넘치도록 많다. 하지만 '클로비스 최초의 증거설'은 1980년대에 남아메리카에서 몬테베르데 고고학 유적지가 발굴되면서 코너에 몰렸다. 이 유적지에 1만 4500년 전부터 이미 인간이 살고 있었던 것으로 보이기 때문이다.

최근 몇 년 사이 아메리카의 주거지가 태평양을 따라 북아메리카에서 남아메리카까지 생겼다는 학설이 우세하다. 기존의 관점에 따르면 서쪽의 로키산맥과 보스턴까지 펼쳐져 있어 아메리카의 나머지 지역과의 통행을 빙상이 가로막고 있었는데 1만 3500년 전에 그 통로가 열렸다. 하지만 많은 천연 장벽으로 막혀 있던 미국의 서해안이 모든 아메리카 원주민의 유전적 혈통이 분화되고 칠레에 도달했던 중간 기간, 불과 수백 년 만에 그렇게 변했다는 건 상상하기 어려운 일이다. 새로운 기후 모델에 따르면 학문적 합의와는 다른 이론이 존재할 수 있고, 적어도 여기에서는 다른 이론이 존재할 또 하나의 가능성으로 언급되어야 한다. 이에 따르면 1만 5000년 전에 로키산맥 동쪽에 빙하가 없는 장벽이 형성되었고, 이 장벽을 통해 알래스카에서 남부 지역으로의 통행이 가능해지면서 아메리카의 주거지가 되었다.

어쨌든 아메리카 원주민의 조상은 절반이 고대 북시베리아인과도 혼혈했던 북유라시아인이다. 조상인 북유라시아인들은 최소 2만 4000년 전에 유라시아 대륙의 대부분 지역, 즉 동유럽에서 바이칼 호수까지 널리 퍼져 있었다. 따라서 이들의 유전자는 아메리카 원주민뿐만 아니라 현재의 유럽인에게서도 발견된다. 아시아의 스텝 지대 사람들이 청동기시대에 유럽인의 유전자풀을 완전히 뒤바꿔놓았을 때 이 유전자의 비중이 생긴 것이다.

동아시아인들과는 반대로 이들의 유전자 중 절반은 아메리카 원주민에게서 온 것이다. 이 유전자들은 1만 4000여 년 전에 북유라시아인의 조상들과 혼혈을 했던 북부 지역으로 퍼졌을 것이다. 어쨌든 2020년 라이프치히 MPI 연구팀이 바이칼 호수에서 발견된 1만 4000년 전 인간의 치아에서 추출한 DNA 분석 결과에 따르면 그렇다. 시베리아 남부의 초기 주민과 후기 아메리카 원주민은 유전자 구성이 매우 유사했다. 즉 아메리카 원주민의 혼혈 개체군은 오랫동안 학자들이 가정했던 것처럼 베링 해협을 넘어오기 전에 발생한 것이 아니라, 이 개체군은 이보다 훨씬 남부 지역인 바이칼 호수까지 퍼져 있었던 듯하다.

동아시아인의 조상은 오랫동안 그 아래쪽 지역에 머물러 있었다. 현재 그곳에 살고 있는 사람들은 유럽인과 아메리카인에 비해 북유라시아 조상의 DNA 비중이 훨씬 적기 때문이다. 오히려 동아시아인의 유전적 뿌리는 대륙 동쪽의 수렵·채집인에서 출발했을 것이다.

세상 끝까지

50만 년 전 네안데르탈인의 혈통에서 갈라져 나온 데니소바인에 대해서는 고작 몇 개의 유전적 증거만 있고, 외적 형태를 추정할 수 있는 골격은 아예 존재하지 않는다. 우리가 가지고 있는 것은 몇 개의 작은 뼈가 전부다. 그중 하나가 지금까지 알려지지 않았던 고인류 종의 존재를 입증하는 계기가 된 손가락뼈의 일부로 버찌씨만 한 크기다. 나중에 데니소바 동굴에서 또 다른 데니소바인의 뼛조각이 발견되었는데, 심지어 이 뼈의 주인은 네안데르탈인과 데니소바인의 혼혈이었다.

또 다른 데니소바인 발굴지는 티베트 고원의 3200미터 높이에 위치한 바이시야 카르스트 동굴이다. 이 동굴에서 16만 년 된 아래턱이 발견되었다. 2019년에 발표된 뼈의 단백질과 동굴 퇴적물에서 추출한 DNA 분석 결과 데니소바인의 것으로 추정되었다. 데니소바인은 이 지역에 최초로 진출했을지도 모른다. 하지만 이것은 데니소바인이 유전자 적응을 하기 위한, 소위 현재 히말라야 남부의 거의 모든 세르파에게 나타나는 돌연변이 유전자가 있어야만 가능한 일이다. 이들이 극한의 고지대에서 계속 살 수 있었던 것도 이 유전자 덕분이다.

이 돌연변이는 거의 모든 포유동물이 가지고 있는 기능을 차단한다. 고도가 높아질수록 기압이 떨어져 적혈구 생산량이 증가한다. 폐의 주변 압이 낮아지면 적혈구를 통한 산소 교환이 어려워지기 때문에 더 많은 이동 수단, 즉 적혈구가 보충되어야 한다. 예를 들어 에베레스트를 등반할 때 근시안적 관점에서 보면 이 메커니즘은 매우 유용하다. 그러나 장기적인 결과를 살펴보면 이것이 고산 지대에 사는 사람들에게 왜 손해인지 이해할 수 있다. 적혈구가 많아질수록 치명적인 부작용이 발생할 수 있기 때문이다. 대표적인 예로 뇌졸중이나 심근경색을 유발할 수 있는 혈관 응집이나 사산율 증가 등을 꼽을 수 있다.

데니소바인의 유전자 돌연변이는 이러한 부작용을 막아준다. 이들은 산소가 충분하게 공급되지 않으면 살기 힘들기 때문에 앞에서 언급한 돌연변이와 관련된 또 다른 유전자 적응이 있었을 것이다. 정확하게 어떤 것과 관련이 있는지는 아무도 모른다. 대부분 이 돌연변이 유전자를 보유한 셰르파들, 이 종족의 사람들은 세계에서 가장 높은 산을 안내해도 건강에 아무 이상이 없다. 그 이유는 전혀 밝혀지지 않았다. 이들의 조상이 데니소바인들로부터 이 유전자를 물려받았을 때 돌연변이는 발현되지 않은 채 긴 잠에 빠져 있었다. 개체군 중 소수에게서만 나타났다. 이 지역의 발굴물에서 추출한 최대 4000년 된 게놈을 분석한 결과, 티베트 사람들이 고지대의 생활 공간으로 진출했을 것으로 추정되는 3500년 전 무렵에 이 돌연변이 유전자가 퍼지기 시작했다.

데니소바인은 네안데르탈인보다 더 넓은 스펙트럼의 환경 조건에

티베트의 바이시야 동굴은 거의 3300미터 높이에 위치한다. 이곳에서 최소 16만 년 전 데니소바인들이 살았던 것으로 추정된다. 이들은 특히 고지대의 생활에 잘 적응했던 것으로 보인다. 오늘날의 셰르파들은 바로 이 유전적 특성의 혜택을 받았다.(Dongju Zhang)

훨씬 잘 적응했던 듯하다. 데니소바인의 존재를 입증하는 두 가지 직접적인 유전적 증거는 이들이 확산되어 있던 북쪽 지방의 것이다. 대략 현재의 몽골에서 중국을 거쳐 히말라야까지 뻗어 있던 산맥 지역 전체였을 것이다. 하지만 이 개체군은 우리 조상들과의 접촉이 많지 않았던 듯하다. 오늘날의 중국인과 동남아시아 사람들은 데니소바인의 DNA를 겨우 2프로밀만 보유하고 있다. 이웃한 오세아니아 대륙과는 전혀 다른 양상이다. 이곳에 살고 있는 원주민의 DNA는 간접적으로나마 데니소바인들이 산악 지역뿐만 아니라 해안 지역에도 살았다는 사실을 입증하고 있다.

태즈메이니아의 종말

우리는 중국인, 한국인, 일본인, 아메리카 원주민에게서 아주 작은 비중의 데니소바인 DNA를 찾았다. 뉴기니와 오스트레일리아의 원주민들은 그 비중이 훨씬 높다. 이들은 모든 비아프리카인들처럼 약 2퍼센트의 네안데르탈인 DNA를 가지고 있을 뿐만 아니라, 약 7퍼센트의 데니소바인 DNA를 보유하고 있다. 하지만 이것은 오세아니아와 동아시아에 이르렀던 이들과는 별개의 혈통이다. 유전자 산출 결과에 따르면 데니소바인들은 약 20만 년 전에 최소 2개의 개체군으로 틀림없이 갈라졌을 것이고, 이 개체군으로부터 이들의 DNA에서는 식별 가능하지만 여전히 동일한 인류 종에 속하는 남부 및 북부 데니소바인이 탄생했다. 북부 데니소바인은 알타이산맥과 티베트 지역에 살았다. 반면 남부 데니소바인은 뉴기니로 길을 떠났을 때 현생인류와 함께 이동했다.

남부 데니소바인의 존재를 입증할 수 있는 옛 DNA는 없다. 하지만 뉴기니와 오스트레일리아 원주민들의 게놈에 뚜렷하게 흔적이 남아 있다. 이제 이런 궁금증이 생긴다. 현생인류가 뉴기니에 온 후에 데니소바인과 짝을 맺었을까? 아니면 이들의 유전자는 그전에 이미 나타났을까? 이 질문에 대한 답에 결정적인 힌트가 있다. 데니소바인이 오세아니아 대륙을 한 발 앞서 정복했는지 아니면 우리가 마지막 장애물인 물을 극복하는 데 실패했는지에 대한 답을 찾는 실마리가 될 수 있다.

빙하기에 오스트레일리아와 북부의 뉴기니섬은 하나의 땅 덩어리었고, 사훌이라 불렸다. 바다의 다른 편에는 아시아 대륙과 연결된 순다랜드가 있었다. 2개의 땅 덩어리 사이에는 소위 월리시아가 있었고, 이 군도는 세계에서 가장 단단한 생물학적 장벽 가운데 하나였다. 월리시아의 양편에는 지금도 완전히 다른 동식물이 자란다. 이곳에서는 수백만 년 이상 강한 조류로 인해 종의 교환이 이뤄지지 않았기 때문이다. 사훌로 가려는 사람들은 이러한 장벽을 극복해야 했다. 운이 좋게도 데니소바인은 다른 편으로 건너갈 수 있었던 듯하다. 그 후에 아주 큰 장벽인 인도네시아 열도 끝 광대한 바다가 있었다. 사람들은 대양을 건너기 위한 출발점을 어디로 삼든 상관이 없었기 때문에 사훌을 관찰할 새도 없었고, 북해의 헬골란트 같은 아주 멀리 떨어진 곳을 개척했다. 이 위험한 모험에 나선 자들은 살아서 도착하길 바랄 수밖에 없었다.

우리 조상들은 이 일을 해냈고, 그만큼 많은 것들이 확실해졌다. 이들이 바다를 건너 대이동을 하기 전에 데니소바인의 DNA를 이미 보유하고 있었는지, 아니면 사훌에 도달한 후 이 DNA가 발현되었는지는 추측만 할 수 있을 뿐이다. 데니소바인들이 우리 조상들보다 먼저 중요한 발걸음을 떼었는지 누가 알겠는가? 오세아니아의 DNA, 알타이산맥의 치아, 티베트의 아래턱에 남아 있는 모호한 흔적들도 결국 사라진다. 우리는 데니소바인이 얼마나 오래 살았으며 얼마나 멀리 이동했는지, 그리고 어떻게 자취를 감췄는지 모른다. 네안데르탈인처럼 이들도 결국 사라졌다는 것만 확실하다.

약 4만 5000년 전에 목숨을 걸고 도전했던 사훌 정복은 외로운 여정이었다. 어쨌든 현생인류가 처음 오스트레일리아로 이주한 후에는 또다시 이동했다는 흔적이 현재 원주민의 DNA에서는 발견되지 않는다. 수천 년 이상 애버리지니(오스트레일리아 원주민)는 인상적인 수렵·채집인 문화, 고유의 신비주의와 종교를 발전시켰다. 이들은 생명체가 살기 어려운 대륙을 고향으로 삼았다. 하지만 빙하기 말에 이들의 고향과 뉴기니 사이에 이들이 극복할 수 없는 장벽이 생겼고, 남부의 태즈메이니아도 오스트레일리아로부터 고립되었다.

그 후로 아주 오랫동안 태즈메이니아인들은 외부 세계와의 접촉이 중단되었다. 고고학적 흔적은 이들의 문화와 기술 혁신이 시간이 갈수록 사라져갔음을 입증한다. 유럽인들이 1만 1000년 후에 다시 이 섬을 발견했을 때 여전히 원시적인 석기를 사용하는 과거의 동족들이 있었다. 태즈메이니아의 마지막은 이런 모습이었다. 대량 학살, 전염병 전파, 추방, 조직적 섬멸로 태즈메이니아 원주민은 더 이상 존재하지 않는다.

태즈메이니아 남부는 수십만 년 동안 우리 조상들이 과감한 도전 정신으로 정복한, 지구의 가장 끝에 위치한 땅이었다. 이주한 유럽인의 DNA 풀에는 인류의 개척자의 흔적이 남아 있었다. 그러나 1905년 이 섬의 동남부에 있는 작은 땅인 시그넷에서 이 흔적이 지워졌다. 그해에 두 태즈메이니아 원주민의 마지막 후손인 파니 코크레인 스미스가 세상을 떠났다.

6장

마법의 숲

4만 년 전 동남아시아에서 본격적인 이주 행렬이 시작된다.

이곳에서 우리는 우림, 호빗, 무서운 동물들을 만난다.

남반구에 있는 오스트레일리아의 상황은 더 나빠진다.

그냥 지켜보는 수밖에 없다.

우리는 때때로 어디로 헤엄쳐야 할지 모른 채 물가로 간다.

결국 누군가는 해낸다.

그리고 북쪽에서 개를 키우는 이들을 만난다.

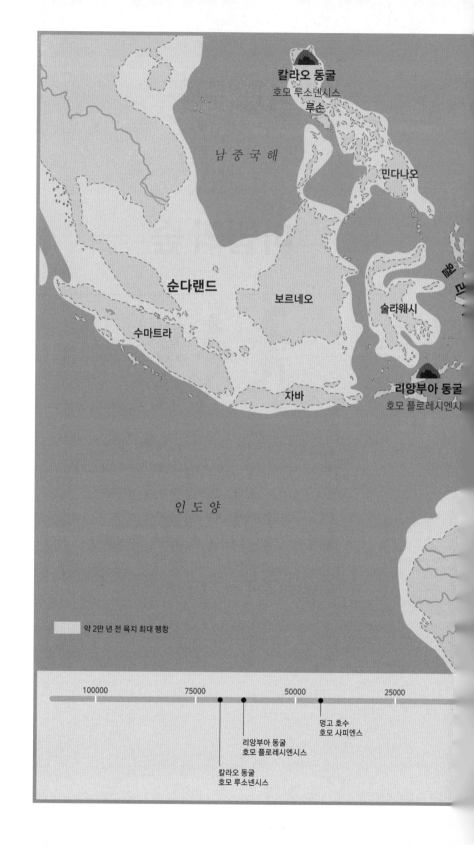

칼라오 동굴
호모 루소넨시스
루손

남 중 국 해

민다나오

순다랜드

보르네오

술라웨시

수마트라

리앙부아 동굴
호모 플로레시엔시

자바

인 도 양

약 2만 년 전 육지 최대 팽창

100000   75000   50000   25000

멍고 호수
호모 사피엔스

리앙부아 동굴
호모 플로레시엔시스

칼라오 동굴
호모 루소넨시스

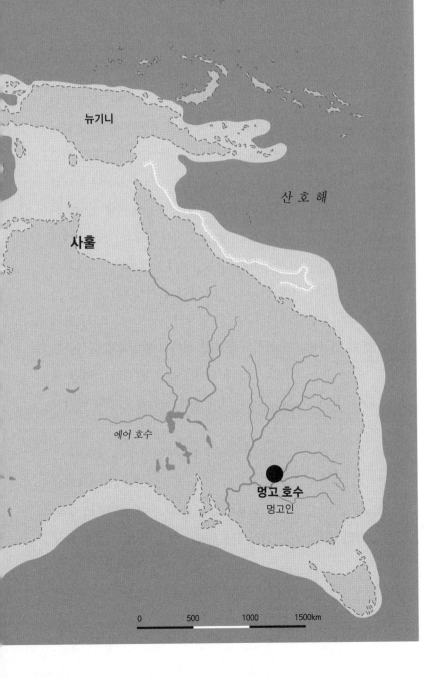

태평양

뉴기니

산호해

사훌

에어 호수

멍고 호수
멍고인

0   500   1000   1500km

두려움의 장소

인간이 자신의 기원을 이해하는 방법은 인간의 과거 그 자체보다는 인간이 남긴 흔적과 관련이 있다. 이것은 지구상에 존재했던 우리 조상들의 정착지를 재구성하면 더 생생하게 드러난다. 고고학은 원시시대에 불을 피웠던 장소, 도구, 유골 등 인간 주거지에서 출토된 유물에 의존한다. DNA가 영구적으로 보존되어 있는 뼈, 치아, 머리카락을 바탕으로 연구하는 고고유전학의 경우 유물에 훨씬 더 많이 의존한다. 인간의 거주 여부를 밝히거나 그 증거를 발견하기 위한 조건으로는 서늘하고, 건조하고, 땅속에 묻혀 있어 자외선이 최대한 차단된 환경이 좋다. 쉽게 말해 유물이 습한 열기와 박테리아에 분해되지 않는 환경이다. 또한 고고학은 고고학자가 있는 곳에 존재한다. 연구 분야로서 고고학은 18세기 유럽에서 탄생했다. 이는 호기심 많은 연구자들과 아마추어 고고학자들이 석기시대의 흔적을 찾지 못한 동굴이 거의 존재하지 않았던 이유이기도 하다. 고고유전학에서 특히 더 서늘하고 온화하고 건조한 지역의 발굴물을 분석하는 이유는 이러한 기후 조건이 주는 혜택 때문이다. 인간의 유해에 보존되어 있는 DNA 구조는 파손되기 쉬운데 추위와 건조한 공기가 솜처럼 완충 작용을 해준다.

따라서 유라시아 북부 지역은 고고학자들의 연구에 더 유리한 자연 환경이며, 유럽에서는 이 지역의 인간 이주의 흔적에 지나치다 싶을 정도로 큰 역사적 의미를 부여하고 있다. 반면 유인원의 공통 조상이 살았던 아프리카 원시림에서 우리가 얻을 수 있는 것은 거의 없다. 습한 열대 기후에서는 죽은 개체들의 뼈를 비롯한 잔해가 수천 년은커녕 기껏해야 며칠간 보존되는 수준이기 때문이다. 이외에도 아프리카 동부의 건조 지역에서는 유물이 자주 출토되기에 유리한 특성이 있었다. 그레이트리프트밸리는 소위 아프리카 동부 지역 사람들이 북부와 남부 사이에서 확산될 수 있는 통로였을 뿐만 아니라, 이들의 흔적이 수백만 년 후 발굴되기에 이상적인 조건을 제공했다. 아프리카판과 아라비아판이 끊임없이 서로 마찰하고 분리되고 표류하면서 암석층들이 계속 노출되었기 때문이다. 고고학자들이 판구조론의 도움을 받지 않았더라면 이러한 암석층에 접근할 기회조차 없었을 것이다. 사하라는 지금과는 전혀 다른 모습이었고, 푸른 초원이었던 시절의 이주 역사에 대해서는 거의 알려져 있지 않다. 지금 이곳에서는 엄청난 모래 더미 외에는 출토될 것이 거의 없다. 해변에서 잃어버린 반지를 다음 날 찾으러 가본 사람이라면 이런 시도가 얼마나 허망한지 잘 알 것이다.

네안데르탈인, 호모 에렉투스, 유라시아 북부와 특히 서부 지역의 현생인류 등의 흔적이 담긴 유물은 결국 고고학 연구를 위한 훌륭한 인프라와 자연적인 환경이 뒷받침되어야 한다. 중요한 의의가 담긴 역사를 비방해서는 안 되겠지만 정리하고 넘어갈 필요는 있다. 그동안 아프리카 고고학의 미흡한 부분들은 자주 거론되어왔다. 하지만 세계의 다른 지역도 과거에는 고고학과 고고학 연구의 그늘에 가리워져 있었다. 그사이 사람들이 깨닫게 되었듯 이것은 너무 부당한 일이다.

동아시아의 아열대 및 열대 지역, 특히 아시아 대륙과 오스트레일리아 사이의 벨트를 예리하게 관찰하면 이것은 더 선명하게 드러난다. 이 지역의 고고학적 흔적은 여전히 턱없이 부족하고, 앞에서 언급했던 이유로 인해 DNA에 훨씬 더 많이 의존해 연구를 진행하고 있는 실정이다. 많지 않지만 우리에게 남아 있는 이미지는 인상적이다. 우리 조상들이 우림 지대의 생활공간을 정복했을 당시의 세계는 신화적 이미지가 물씬 풍긴다. 이것은 이전에 인간이 일궈낸 모든 것과는 정반대의 구상이다. 이곳의 주민들은 큰도깨비쥐를 먹고, 코끼리를 잡아먹는 용도마뱀에 둘러싸여 살았다. 오늘날 아시아 대륙에서 오스트레일리아 열도에 이르는 낙원은 두려움의 장소였다. 문명의 요람이자 인간 다양성의 진원지인 아프리카로부터 너무 멀리 떨어져 있었다.

끝없는 비

정글은 수렵·채집인에게 결코 좋은 장소가 아니다. 이것은 호모 에렉투스의 조상들이 우림에서 도망쳐 나와 고개를 쭉 빼고 아프리카 스텝 지대를 기웃거리며, 큰 뇌를 가진 열정적인 육식 동물이 되어야 했던 이유다. 원시림은 제아무리 민첩한 수렵인이라 해도 앞이 보이지 않는 데다 이동의 자유도 없었고, 무엇보다 창·작살·활·화살로 원거리의 짐승을 찔러 죽이기에 이상적인 조건이 아니었다. 반면 원시림에서 잠재적인 먹잇감들은 몸을 숨길 기회가 많았다. 이곳에서 몰이사냥은 먹히지 않는 기술이었던 것이다.

원시림에서 인간의 생존은 불가능한 일이 아니다. 지금도 원시림에서 원주민들이 드문드문 살고 있는 것이 그 증거다. 하지만 이러한 소수의 개체군에게도 화전은 우림에서 시간제 농부로서 경작지를 일구기 위한 선택적 수단이다. 동남아시아의 원시림을 정복했던 우리 조상들은 농사 짓는 법도 몰랐고 화전도 알지 못했을 것이다. 이들은 동아시아의 평평한 스텝 지대에서 빽빽한 덤불숲을 밀고 들어와 정비했다. 아마 호모 에렉투스에게는 이런 능력이 없었을 것이다. 정글을 누비는 타잔으로는 호모 사피엔스가 적합했다.[19]

우리는 동남아시아 지역에 아주 초기의 인류 종이 존재했다는 사실을 이미 오래전부터 알고 있었다. 그래서 이 지역의 몇 안 되는 출토물은 대개 초기의 것이다. 1891년 네덜란드의 의사 외젠 뒤부아Eugène Dubois는 당시 네덜란드 식민 제국이자 현재의 인도네시아령인 자바섬에서 이후 자바원인이라 불리게 된 유골을 발굴했다. 독일 네안데르탈에서 해부학적으로 최초의 인류와 가까운 유연관계에 있는 고인류가 발굴된 것은 불과 35년 전의 일이었다.

과거 자바섬에는 자바원인이 살았고, 발굴된 뼈의 상태가 좋지 않아 자바원인이 살았던 시기의 추측은 불확실하지만 대략 150만 년 전의 것으로 추정된다. 자바원인은 동아시아의 또 다른 유명한 호모 에렉투스로 지금으로부터 약 60만 년 전에 살았던 소위 베이징원인의 발굴지로부터 5000킬로미터 이상 떨어진 곳에 있었다. 베이징원인은 스텝 지대와 초원 지대를 계속 이동하면서 아프리카에서 아시아 태평양에 이르는 넓은 지역에 분포했다. 그 덕분에 베이징원인은 아프리카 고인류에 버금가는 수준의 식량원을 얻는 혜택을 누렸다.

따라서 극동 지방의 베이징원인은 식량을 마련하기 위해 탁월한 적응력을 발휘할 필요가 없었을 것이다.

자바원인과 관련해 얼마 전까지 풀리지 않는 문제가 있었다. 오늘날 동남아시아는 지구상에서 인구 밀도가 가장 높은 지역 중 하나로 손꼽힌다. 그러나 이렇게 되기 전에 거주민들은 지금도 대부분이 우림으로 뒤덮여 있는 이 지역의 수풀을 헤치고 나와야 했다. 자바원인이 넓은 지역으로 퍼지기 전에 이와 유사한 환경을 정복했더라면 이들은 탁월한 적응력을 발휘할 수 있었을 것이다. 이와 관련해 최근에 더 많은 사실이 알려졌다. 그중 하나가 베이징원인처럼 자바원인도 익숙한 경로를 따라 이동하는 데 의존했다는 것이다. 정글을 정복했던 우리의 조상들과 달리 자바원인의 후손들은 약 10만 년 전의 급변하는 환경 조건을 감당하기 버거웠을 것이다.

2020년 독일 예나 MPI와 오스트레일리아 그리피스대학은 동남아시아에서 토양 시료를 채취해 생화학 협력 연구를 실시했다. 연구 결과에 따르면 호모 에렉투스가 생존했을 당시 이 지역의 환경은 지금과 많이 달랐다. 오늘날의 필리핀 지역을 아우르는 순다랜드까지 드넓은 초원이 펼쳐져 있었고, 각종 거대 동물들, 특히 코끼리와 친척관계로 지금은 멸종된 스테고돈과 다양한 코뿔소, 오래전부터 잘 알려진 하이에나 등이 서식하고 있었다. 아프리카에서 이주해온 고인류에게 이것은 초대를 받은 것이나 다름없는 일이었다. 이들은 물가를 따라 수천 년 후 아라비아반도에서 인도 아대륙을 거쳐 동남아시아로 퍼져나갔고 어디를 가도 비슷한 환경 조건을 만났다.

하지만 극동 지방에서의 안락한 삶에도 끝이 있었다. 그치지 않는

호모 에렉투스가 살던 순다랜드의 넓은 지역은 아프리카와 유사한 자연 조건을 갖추고 있었다. 고인류들이 살아가기에 완벽한 생활환경이었다. 이 지역의 원시림이 확장되고 우리 조상들이 길을 마련할 때까지 말이다.(Peter Schouten)

비가 계속 내렸다. 사바나는 밀림으로 변했고 호모 에렉투스는 갈 길을 잃었다. 생화학적 분석 결과에 따르면 초원과 산림 지대가 점점 밀려나고 지금으로부터 약 10만 년 전에 우림이 형성되었다. 이러한 열대 지역의 확장은 오래전부터 잘 알려진 동물권의 대부분이 멸종하게 된 것과 관련이 있다. 사냥감이 떨어진 호모 에렉투스는 숲에서 살기 위해 대안을 찾아야 한다는 사실이 달갑지 않았을 것이다. 한편 10만 년 전 아프리카 사바나 지대에서 이주해 원시림을 헤치고 동남아시아로 넘어온 현생인류는 4만 년 전 드디어 오스트레일리아

남부 지역의 멍고 호수에 도달했다.

작고 강인한 호빗들

아직까지 열대의 군도에서는 염기 서열 해독이 가능한 DNA가 남아 있는 원시시대 조상들의 뼈가 하나도 발견되지 않았다. 덥고 습한 기후 때문이었다. 하지만 비교적 최근에 호모 에렉투스나 호모 사피엔스에 대해서 입증할 수 없지만 놀라운 발굴물이 나왔다. 이 개체들은 지금으로부터 약 6만 년 전까지 열대의 군도에서 살았다. 그중 하나인 호모 플로레시엔시스의 뼈가 2003년 인도네시아 플로레스 섬에서 발견되었고, 같은 해에 〈반지의 제왕〉 3편이 영화관에서 개봉되었다. 커봤자 키가 120센티미터밖에 안 되는 '호빗'들이 이 3부작 영화의 주요 등장인물이다. 호모 플로레시엔시스에게 '호빗'이라는 별명이 붙은 것도 작은 키 때문이다. 호모 플로레시엔시스의 발은 영화 속 호빗처럼 크지도 않고 털도 없지만, 다른 특이한 점이 있었다. 유인원과 비슷한 이들의 발 모양은 원시시대의 호빗들이 나무에 오를 수 있었다는 것을 보여준다. 이러한 신체적 특성은 열대 우림 지대에서 큰 장점으로 작용했을 것이다.

그 시기에 호모 루소넨시스가 거의 3000킬로미터 떨어진 필리핀 북부의 루손섬에 살았다. 호모 루소넨시스도 호빗처럼 키가 작은 편이었다. 2013년 거대한 동굴에서 호모 루소넨시스의 뼈와 치아 12개가 발견되었지만, DNA는 추출되지 않았다. 지금까지 호모 루소넨시스(칼라오원인)가 호빗과 관련이 있는지, 아니면 고유한 인류 종인지는 명확하게 밝혀지지 않았다. 염기 서열을 해독할 수 있는 DNA가 없기 때문에 호모 플로레시엔시스와 호모 루소넨시스가 남부 데니소바인과 관련이 있을 가능성을 완전히 배제할 수는 없다. 가장 최근의 DNA 분석 결과 최소한 호모 루소넨시스에게 그럴 가능성이 있는 것으로 보인다. 2021년 8월에 발표된 이 논문에 따르면 루손섬의 원주민, 즉 아에타족의 약 30~40퍼센트가 오스트레일리아인보다 데니소바인의 DNA를 더 많이 보유하고 있었다.

호빗들뿐만 아니라 호모 루소넨시스도 토바 화산 대폭발에서 살아남은 듯하다. 이 사실 역시 놀랍지 않다. 잘 생각해보면 필리핀 북부뿐만 아니라 플로레스섬은 토바산 영공에서 2800킬로미터 떨어져 있고, 인도 동부에서 베트남에 이르는 화산대인 재앙의 현장에서 멀리 떨어져 있었다. 아시아의 정글 지역에 적응하며 살았던 현생인류의 생활 터전은 화산 폭발로 초토화된 반면, 우림 지대의 무성한 식생에서 살았던 왜소한 체구의 호모 플로레시엔시스와 호모 루소넨시스는 타격을 덜 입었던 것이다.

조각난 두개골

2003년 호빗을 발견한 후 다음 질문에 대한 확실한 답을 아직 찾지 못했다. 병리학적 변화로 볼 때 그가 특정 부류의 현생인류, 즉 유전적 결함으로 인해 유난히 작은 두개골을 갖게 된 우리 조상들과 관련이 있는 것일까? 연구자들은 호빗들이 소두증을 앓고 있었던 것은 아닌지 의심하고 있다. 소두증이 있는 사람은 머리가 눈에 띄게 작고 종종 지적 능력이 낮다. 하지만 그 사이 신체 크기가 전부 같았음을 추정할 수 있는 '호빗' 발굴물이 출토되었기 때문에 그럴 가능성은 희박하다. 고작 몇 개의 발굴물이 하필 희귀한 선천성 기형을 앓았던 현생인류의 것이라면 그것이야말로 대단한 우연이다.

작은 키와 대략적인 두개골 크기를 제외하면 이 '호빗'들의 외형에 대해 알려진 것은 많지 않다. 이것은 비극적인 발굴 및 복원 역사와도 관련이 있다. 기준 표본의 두개골과 골반뼈가 당시 경쟁 관계에 있던 인도네시아의 저명한 두 연구소를 왔다 갔다 하면서 안 그래도 부서지기 쉬운 뼈들이 수백 개로 조각나고 만 것이다. 그 후 원래 형태로 복원하는 일은 영영 불가능해졌다. 골반뼈는 원래 형태로 복원할 희망이 없었고, 그나마 두개골은 간신히 붙여놓을 수 있었다. 아래턱은 개 주둥이와 비슷한 모습이 되었지만 호빗이 과거에 이런 모습이었을 리는 없다. 호빗의 해부학적 특징이 현생인류와 데니소바인 중 어느 방향을 가리키고 있는지는 사실상 분석이 불가능했다. 그나마 수년 내에 분석 가능한 DNA가 있고 혈통 분석이 가능한 뼈를 찾게 되리라는 희망만 품어볼 뿐이다. 두개골과 골반뼈 다음에 플로레스섬에서 다른 뼈들이 발견되었다. 이 뼈들은 호모 플로레시엔시스가 나무에 오르는 재주가 뛰어났음을 암시한다. 또한 이 특성은 현생인류나 데니소바인에 속하지 않을 가능성을 시사한다.

'호빗'과 호모 루소넨시스의 생활공간은 지금 봐도 인상적이다. 호모 루소넨시스가 발견된 칼라오 동굴은 거대한 여러 개의 동굴로

호모 루소넨시스는 거대한 동굴에 살았다. 오늘날 그중 한곳에 성단소가 있다.(Alamy)

구성되어 있고, 각각의 동굴에는 교회 광장 같은 곳이 있다. 실제로 원주민들은 이곳에 성단소를 설치했다. 오늘날 관광객과 교회 신도들을 제외하면 동굴에는 각종 동물들, 특히 수십만 마리의 박쥐들이 서식하고 있다. 왜소한 호모 루소넨시스는 거대한 동굴에서 무엇을 해야 할지 우리보다 훨씬 더 갈피를 잡지 못했을 테지만, 이것이 수십만 년 동안 거기에서 버티는 데 걸림돌이 되지는 않았다. 동남아시아 우림 지대의 다른 편 끝에 살았던 호모 플로레시엔시스도 부분적으로는 '호빗'들의 판타지 세계를 연상시키는 환경에 터를 잡았다.

이들은 최소 수백만 년 전부터 고향 플로레스섬에 살았다. 적어도 고고학적 흔적에 따르면 그 정도로 거슬러 올라간다. 호모 에렉투스, 데니소바인, 호모 사피엔스도 모두 여기까지 진출했다. 섬에 진입한 인간들은 항상 모든 종의 동식물에게 극복 불가능한 장벽이었던 월리시아까지 밀고 들어왔다. 또한 플로레스섬은 동남쪽에 위치한 육지인 사훌에 속해 있지 않았고, 빙하기에도 섬이었다. 그래서 이곳에는 당시 인간이 거주하던 지역 어느 곳에서도 볼 수 없는 동물권이 나타났을지도 모른다. 사람속 중에서도 왜소한 체구를 대표하는 종이 이곳에 진출했다는 생각을 하면 소름이 끼칠 수도 있다.

지금도 이 섬에는 비버만 한 크기의 쥐들이 있다. 키가 1미터 정도인 쥐들의 뼈가 호빗들이 살았던 이 동굴에는 무수히 많다. 이는 호빗들이 자기 몸집만 한 쥐를 먹었다는 증거다. 플로레스섬의 쥐와 인간은 그곳에 살고 있는 난쟁이코끼리에게 다시 밀려났다. 지금까지 알려진 가장 작은 스테고돈은 어깨까지 높이가 약 1.2미터였다. 체중이 300킬로그램에 육박하는 코끼리들은 인간에게 사냥당했지만, 코모도왕도마뱀에게 훨씬 더 많이 잡아먹혔다.

플로레스섬의 서쪽에 위치한 코모도섬에서 이름을 따온 코모도왕도마뱀은 지금도 그 지역의 몇몇 섬에 살고 있다. 관광객들을 즐겁게 해주면서도 때때로 공격해 죽이기도 하는 이 짐승들은 원주민들에게는 괴로움을 주는 존재다. 영어로는 멸종 위기의 이 도마뱀류를 타당한 이유로 '코모도 드래곤'이라고 한다. 길이가 최대 3미터이고 날지 못하는 용을 연상시키는 이 기어 다니는 짐승은 독샘을 가지고 날쌘 짐승들이 자신을 흔들고 찢어 죽이기 전에 먹잇감을 꼼짝 못하게 만든다. 이것은 빠르게 먹잇감을 죽이는 방법이고 이보다 훨씬 더 고통스럽게 죽이는 방법도 있다. 코모도왕도마뱀이 먹잇감을 물어뜯으면 독 이외에 이 도마뱀의 타액에서 무수히 많은 치명적인 박테리아가 먹잇감의 몸에 침투해 혈액을 타고 돌아다닌다. 독과 박테리아가 혼합된 칵테일이 치명적인 효과를 일으키기까지 종종 며칠이 걸리기도 한다. 이 도마뱀은 혀를 길게 쭉 내밀어 수 킬로미터 떨어진 거리에서도 마비되어가는 먹잇감의 냄새를 맡을 수 있고, 먹잇감이 점점 힘을 잃고 쓰러질 때까지 이 효과가 계속 유지된다.

호빗들에게 코모도왕도마뱀은 가장 두려운 존재였다. 운이 좋으면 훨씬 푸짐하고 거대한 도마뱀이 좋아하는 먹잇감인 난쟁이코끼리가 나타나 호빗들은 목숨을 건질 수 있었다.

섬에서의 감소와 성장

현대인의 관점에서 기괴한 분위기를 풍기는 섬 풍경은 무엇보다 키가 3미터에 달하는 검은목황새가 등장하면서 강화된다. 이 풍경은 우리에게 익숙한 종들 간의 크기 관계를 완전히 뒤집어놓는다. 이를 뒷받침하는 유전학적 설명도 있다. 모든 것은 인간과 동물이 진화적으로 적응할 수밖에 없는 섬의 상황과 관련이 있다. '호빗'들의 작은 키는 아마 더는 개선할 것이 없는 우연이었을 것이다. 우연히 굉장히 키가 큰 사람들이 이 섬에 모여 살았을 수도 있는 것처럼 말이다. 호빗의 조상들이 언제 플로레스섬으로 왔든지 간에 이들은 이러한 진화의 병목 현상을 통해 전체 개체군의 왜소한 키에 관여하는 유전적 특성을 가지게 되었을 것이다. 처음에 이것은 경우에 따라 몇몇 '원시 호빗'에게서만 나타나는 현상이었을 것이다. 동족들 중 일부는 키가 더 컸지만 어떤 이유에서인지 다음 세대에 키가 작은 후손을 낳아야 생존하는 데 유리했을 것이다. 이후 이 섬으로 들어오는 새로운 이주자들이 없었다면 최초의 이주 행렬은 수만 년 동안 지속될 '호빗'들의 통치를 위한 기반이 되었을 것이다.

그러는 사이 플로레스섬의 동물들은 진화할 수 있었거나 진화해야 했을 것이다. 쥐들의 크기가 훨씬 작은 다른 지역과 달리 플로레스섬의 표본으로서 말이다. 이 섬에는 이 쥐들의 천적이 없었던 듯하다. 대부분의 포유동물은 생식 능력을 갖출 때까지 성장한다. 위험한 천적이 많을 때는 키가 작은 개체가 생존에 유리했을 것이다. 이들은 더 빨리 새끼를 많이 낳을 수 있기 때문에 먹잇감이 되기 전에 자신의 종을 확실하게 보존할 수 있다. 그래서 전 세계적으로 인간과 짐승에게 사냥당하는 쥐들은 크기가 작고 번식을 자주 한다.

반면 플로레스섬에서는 생식 능력을 늦게 갖추고 더 크고 강한 쥐들이 번식 경쟁에서 유리했다. 이러한 장점이 호빗이나 거대 도마뱀과 같은 적들에 의한 자연선택으로 나타나는 단점을 능가했던 듯하다. 세계의 다른 지역과 비교할 때 아시아의 작은 쥐는 방해받지 않고 생존하고 점점 커졌던 것 같다. 호빗들의 사냥이 진화의 '부동'을 작은 표본으로 움직이게 한 것인지 아직 확실하게 밝혀진 바는 없다. 거대 쥐들은 다양한 종의 인간들이 이 섬에 도달하기 전에는 훨씬 더 컸을지도 모른다.

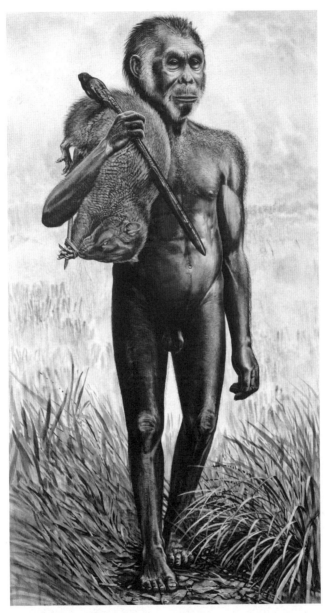

아주 왜소한 호모 플로레시엔시스는 플로레스섬에서, 꼬리를 포함해 길이가 약
1미터에 달하는 아주 큰 짐승들에게 둘러싸여 있었다.(Peter Schouten)

성장의 한계

섬에서의 극대화 경향은 무한한 것이 아니고 다른 많은 진화의 파라미터, 특히 식량 공급에 좌우된다. 섬에서 육지 포유동물을 위한 식량 공급은 항상 제한되어 있었고, 이곳의 성장에는 자연적 한계가 있었다. 이것은 당연히 쥐보다는 코끼리와 더 많이 관련되어 있었다. 이들이 매일 수백 킬로그램의 풀을 뜯어야 한다면 플로레스와 같은 섬의 원래 상태에서는 당연히 발생할 수밖에 없는 문제였다. 물기가 가장 많은 우림도 언젠가는 풀이 다 뜯겨 황량해질 터였다. 이런 경우에는 더 빨리 성장하고 새끼를 낳을 수 있는 개체가 확실히 유리하다. 단, 끝없이 먹어대는 무리에게 식량이 충분히 공급되어야 하기 때문에 플로레스섬에서 코끼리 수는 점진적으로 감소했다.

반면 아시아와 아프리카에서 이와 유사한 전개가 그곳의 코끼리에게는 치명적이었을 것이다. 여기에는 방목지가 끝없이 펼쳐져 있었다. 한편 들고양이의 크기로 줄어든 모든 코끼리종은 금세 맹수들의 표적이 되었을 것이다. 힘 센 사자와 호랑이의 공격을 피하기 위해 작아진 크기는 야생 환경에서 코끼리가 자신을 보호하기 위한 중요한 수단이었을 것이다. 플로레스섬의 코끼리들은 크기로 인해 코모도왕도마뱀의 먹이가 되었다. 여기에서도 진화의 경험칙이 적용되었다. 이는 자연선택에서 단점이 적은 선택적 이점이 우세하다는 법칙이다.

주 무대에서 밀린 유럽

그것은 플로레스섬, 어쩌면 루손섬에 아주 특별한 섬 분위기를 가져다준 유전적 우연, 한계, 가능성의 상호작용이었다. 호빗들의 주요 먹잇감은 키가 아마 허리까지 오거나 어쩌면 그보다 더 컸는지도 모른다. 이들에게 반드시 유리할 리만은 없는 이러한 자연 조건에도 불구하고 아주 오랫동안 호빗들은 주도권을 장악할 수 있었고 먹이 사슬의 최상위층에 머물렀다. 이는 사람속의 진화적 우월성을 입증하는 또 다른 증거다. 네안데르탈인, 데니소바인, 호모 에렉투스 역시 다른 식육목들과 비교할 때 두드러졌던 신체적 약점을 무기, 사냥 전략, 사냥 기술을 개발할 수 있는 지능으로 보완했다. 오늘날 우리가 알고 있듯이 마지막에는 이것만으로는 부족했다. 호빗들은 호모 루소넨시스와 마찬가지로 약 5만 년 전에 지구의 초상에서 사라졌다. 우리 조상들이 남태평양에서 이 고인류가 사라진 것과 어느 정도 관련이 있는지 우리는 모른다. 이들이 4만 5000여 년 전 이 지역에 나타났다는 사실만 확실할 뿐이다. 그전까지 우림 지대에서의 정착 시도는 전부 실패로 돌아갔지만 결국에는 해냈다.

어쩌면 데니소바인들도 이미 비슷한 길을 걷고 있었는지 모른다. 이들은 아마 2만 5000년 전까지 이 지역에 살았을 것이다. 어쨌든 현재 뉴기니섬 주민의 유전자에 남아 있는 데니소바인 계통은 그럴 가능성을 암시한다. 이러한 특성은 틀림없이 모든 동아시아인에게서 추가적으로 나타나고 나중에 덧붙여졌을 것이다. 지난 수십 년의 분석 결과에 따르면 우리 조상들은 거대하고 풍요로운 생활공간을 수천 년 동안 데니소바인들과 공유하며 살았다. 오늘날 전 세계에서 관광객을 끌어들이는 동남아시아의 마법 같은 군도는 세계에서 가장 강력한 자연 장벽 중 하나로 인해 경계선이 그어졌을 수도 있다. 이것은 사람속에게 장기적인 영향을 끼치지 못했다. 수천 년 동안 동남아시아에는 아프리카 이외 지역에서는 거의 볼 수 없는 다양한 인류종이 살았다. 발리섬과 보르네오섬의 동쪽에서 시작해 뉴기니섬 바로 앞에서 끝나는 생활공간인 월리시아는 인류 확산의 주 무대였다. 반면 유라시아 북부는 오랫동안 부차적 무대에 불과했다.

우리는 '호빗'들이 어떻게 플로레스섬에 왔는지 모른다. 이들은 틀림없이 바다를 건너왔을 것이다. 가장 추운 빙하기에도 극지방과 유라시아 대륙의 빙하에는 물이 많지 않아, 동남아시아의 길게 줄지은 섬들이 하나의 땅 덩어리와 연결될 수는 없었을 것이다. 다른 고인류와 마찬가지로 호빗들도 긴 구간을 헤엄쳐 건너지는 못했을 것이고 나무줄기, 아마 원시적인 형태의 뗏목을 타고 바다를 건넜을 것이다. 특히 발리섬 뒤에서 이것은 고된 훈련이었다. 정착 시점의 수위에 따라 해안선까지 20킬로미터 혹은 그 이상의 거리를 가야 했다.

그야말로 험난한 여정이었다. 오늘날 이 해역의 조류는 위험하기 때문에 발리의 모험 다이빙 여행업체들이 이를 이용하고 있다. 고객들은 이곳의 조류에 몸을 던지고, 무시무시한 속도로 산호초를 지나 몇 킬로미터 떨어진 곳에서 다시 만난다(이 체험에서 다시 나타나지 않는 사람들도 있다). 이렇게 목숨을 건 임무를 순수하게 발견하는 재미로 행했던 고인류는 없을 것이다. 순다랜드나 그 앞에 있는 섬들에서 그 자리는 호빗들의 조상들이 출발하는 지점이었다. 어쩌면 이들은 데니소바인과 같은 이주민들로부터 압박을 받았는지도 모른다. 앞에서 언급했듯이 유전자 데이터는 없지만, 이 호빗들이 데니소바인의 한 갈래, 소위 왜소한 유형의 데니소바인일 가능성도 있다.

죽음의 기운이 감도는 오스트레일리아

석기시대에 플로레스섬으로 이주하는 과정을 그려보면 놀라울 따름이다. 그런데 빙하기 말에 현재의 뉴기니와 오스트레일리아가 된 사훌 대륙을 정복하는 과정은 훨씬 더 놀랍다.

우리 조상들은 물로 뛰어들어 끝내 사훌 땅에 도착했지만 정확한 위치는 밝혀지지 않았다. 그중 하나로 거론되는 경로가 수마트라에서 발리를 경유해 롬복, 플로레스, 티모르에 이르는 '환태평양 조산대'를 거쳐 뉴기니를 종착점으로 하는 남방 루트다. 다른 하나는 (당시 순다랜드 대륙의 일부였던) 오늘날의 보르네오에서 술라웨시를 경유하는 북방 루트로, 물이 적을 때 건너고 짧은 간격으로 줄지어 있는 섬들이 중간 정류장 역할을 했을 것으로 추측된다. 하지만 안락했던 남태평양으로의 소풍과는 모든 것이 달랐다. 숱하게 많은 개척자들이 새로운 사냥터와 채집 터를 찾다가 조난을 당해 해저에 가라앉거나 물고기 밥 신세가 되어 생을 마감했다.

무사히 도착한 개척자들은 먼저 사훌 북부, 지금의 뉴기니섬을 정복했다. 최초의 이주민들은 아직까지 이 섬에 살고 있다. 800개 이상의 언어를 사용하고 300개가 넘는 다양한 원주민 집단의 구성원으로서, 많은 사람들이 지금까지 수렵과 채집, 화전을 바탕으로 하는 농사를 지으며 살고 있다. 지난 세기까지 원주민의 일부가 카니발리즘을 행했다. 동시대의 전승에 따르면 카니발리즘은 무엇보다 죽은 자의 뇌에 있는 힘에 집중하기 위한 숭배 의식의 일환이었다.

우리 조상들이 남쪽으로 진출할수록 점점 더 살기 힘든 환경이 나타났다. 지금도 오스트레일리아의 넓은 지역을 지배하는 기후를 통해 알고 있듯이 적도의 습한 열대 기후는 치명적인 건조한 기후로 넘어갔다. 우리 조상들은 오스트레일리아의 중심부에 펼쳐진 초원과 사막 환경을 꺼렸다. 애버리지니와 그 후손들의 유전자에서 이를 추론할 수 있다. 모계 혈통에서 이어지는 유전자 단편인 미토콘드리아 DNA는 약 4만 5000년 전 오스트레일리아 북부 땅을 밟았던 모계 공통 조상으로부터 유래한다. 이어서 발생한 미토콘드리아 DNA 분화는 현재 애버리지니의 DNA에서 확인할 수 있다. 여기에는 대륙 남동부의 멍고 호수에 사람들이 정착하기까지 수천 년의 이주 역사가 담겨 있다. 이에 따르면 이주민들은 먼저 동부 및 서부 오스트레일리아의 열대와 온화한 지역에서 고리 모양으로 확산되었다. 인류는 오스트레일리아 중부의 사막과 스텝 지대로도 밀고 들어갔다. 하지만 이들에게 이 지역은 오래 정착할 마음이 없는 변두리에 불과했다. 근대가 되어서야 유럽의 이주민들은 애버리지니들을 '오지'로 추방했다. 그것도 그나마 원주민의 목숨을 살려두었을 때의 경우다.

오스트레일리아의 동식물계는 지금도 방문객들의 마음을 사로잡는다. 최초의 인류가 도착했을 때 이곳은 생명의 위협이 도사리는 곳이었다. 일부 지역에서는 몇 년 동안 비 한 방울 내리지 않다가 난

데없이 홍수가 나는 이 대륙에서 오래 버티고, 강단 있고, 무엇보다 먹잇감이 되지 않는 종들의 진화가 촉진되었다. 그래서 오스트레일리아에는 독이 없는 뱀보다는 독이 있는 뱀이 많고, 치명적인 거미, 전갈을 비롯해 세계에서 유일하게 독침을 가진 포유동물인 오리너구리가 있다. 지금도 무수히 많은 상어들에게는 더 편안한 이웃인 바다가 인간에게는 더 위험해 보였던 듯하다. 바다에서는 문어, 스톤피시, 바다말벌(상자해파리의 일종), 상자해파리 혹은 청자고둥의 치명적인 공격을 받을 위험이 있었다. 이 황량한 땅을 밟았던 최초의 인류는 더 위험하지 않다고 확신할 수 없지만, 덜 음침한 동남아시아의 동물권으로 돌아가고 싶어 했을지 모른다.

그럼에도 오스트레일리아는 풍요로운 사냥터였다. 인류는 이곳에서 지구상에서 가장 큰 유대류이자 초식동물인 디프로토돈을 만났다. 키가 2미터 가까이 되는 디프로토돈은 거대한 웜뱃과 비슷했다. 주머니사자는 아프리카와 유럽의 사자보다 컸고, 간혹 몸무게가 0.5톤이 넘는 오스트레일리아의 드로모르니스도 마찬가지였다. 도마뱀류인 메갈라니아는 몸무게가 심지어 1톤이 넘는 경우도 있었다. 이들은 유대류와 작은 파충류를 먹고 살았던 듯하다. 거의 모든 다른 동물들처럼 큰 동물들은 지구에서 사라지고 없다. 이들은 인간이 나타난 후 자취를 감췄다. 유라시아에서 시작된 이 드라마는 지구 반대편에서도 계속 이어졌다.

그사이 동남아시아의 섬에서 고고학적으로 입증된 인류학적 상수가 다시 오스트레일리아에서 확인되었다. 아프리카와 남아시아를 제외하면 인류 최초의 도구가 나타났을 때 항상 거대 동물이 멸종했다는 사실이다. 인류의 등장으로 이 지역은 초원 풍경을 우림으로 만들었던 10만 년 전의 기후 변화 때보다 훨씬 더 심하게 변했다.

늑대와 함께하는 사냥

인간은 생각하는 능력을 갖기 시작한 이래 동물권을 세 개의 큰 범주로 분류했던 듯하다. 최대한 많이 먹어치워야 해서 죽여야 하는 동물, 멀리하거나 바로 죽여야 하는 위험한 동물, 위험하지 않지만 먹을 수 없고 성가시면 죽일 수도 있는 동물. 우리 조상들이 유라시아에서 오스트레일리아까지 거대 동물을 멸종시키는 데는 몇천 년밖에 걸리지 않았다. 이후 이들은 완전히 새로운 방식으로 동물을 다루는 법을 발견했다. 공존과 이용이었다. 하지만 야생 동물을 가축으로 길들이는 것은 아직 먼 훗날의 일이었다. 이 시도는 동남아시아에서 거대한 낙농 및 도축용 쥐를 사육하면서 시작되었다기보다는 더 북쪽에 있는 아시아와 유럽에 양, 염소, 소, 돼지를 기른 선구자들이 있었다고 보는 것이 옳다. 하지만 이렇게 되기 전에 석기시대 유라시아 사람들이 예속물이 아닌 충직한 동반자로 여겼던 동물이 있다. 다름 아닌 개였다.

오늘날 전 세계에 5억 마리의 개들이 살고 있고 엄청난 양의 식량을 소비하고 있다. 몇 년 전 미국의 한 연구자가 조사한 결과에 따르면 미국에 있는 개의 수는 나라를 하나 세울 수 있는 정도이고, 개들의 고기 소비량은 전 세계 육류 소비량 5위를 차지한 국가와 맞먹는

다고 한다. 또한 인간은 개와 고양이를 기르면서 이들이 주인에게 위안을 주는 것 말고는 딱히 하는 일이 없어도 자원 소비량을 늘려왔다.

개가 가족 구성원일 뿐만 아니라 가장 소중한 동료였던 수렵인의 경우에는 이와 다른 모습이었다. 개는 야생 동물을 찾고, 겁주어 쫓아내고, 몰이를 하고, 죽이는 데 도움을 주었다. 이것은 늑대와 인간이 함께 발전시킨 독특한 능력이다. 과잉 번식, 도그 패션쇼, 대도시 주택에서의 놀이 공간 부족, 인간의 마음을 얻기 위한 애완용 고양이와의 영원한 경쟁과 같은 문제를 제외한다면 개는 거의 모든 동물 중에서 가장 많은 특권을 누려왔다. 인간이 죽은 동물보다 산 채로 더 많이 이용하는 것은 늑대의 후손인 개가 누리는 가장 큰 특권이었다.

최초의 인류가 늑대를 길들이고 여러 세대를 거쳐 가축화하겠다는 발상이 어디서 유래했는지는 알 수 없다. 어쨌든 유라시아 어디에선가 지금으로부터 2만 년에서 1만 5000년 전에 가축화가 시작된 것으로 추정된다. 이보다 훨씬 오래된 과거로 거슬러 올라가고, 많은 학자들이 가축화 시도의 초기 증거라고 평가하는 고고학 발굴물도 있다. 예를 들어 3만 3000년 된 개의 뼈가 시베리아의 어느 동굴에서 발견되었다. 이곳에서는 인간이 살았지만 개와 공존했으리라 추정되는 증거는 없다. 염기 서열 분석 결과에서 입증되었듯이 어쨌든 이 동물의 DNA는 뚜렷하게 늑대의 스펙트럼에 있었고, 오늘날의 개와 유전적 연관성이 발견되지 않았다. 한편 벨기에 동부 지역에 이와 매우 유사한 발굴물이 있었다. 이 발굴물은 3만 2000년 된 것으로 당시 인간이 살았던 동굴 근처에서 발견되었다. 하지만 오늘날의 개가 보유하고 있는 유전자가 이 개에게는 없었다.

두 가지 발견은 적어도 인간이 당시에 이미 유라시아 전역에서 늑대를 길들였을 가능성을 보여준다. 하지만 현대의 개로 발전하기까지의 유전적 흔적은 오늘날 독일 본에 이웃한 오버카셀에서 1만 4000년 전에 주인과 함께 매장된 개의 골격에서 발견되었다. 오늘날 개들의 게놈을 이용한 유전자 분석 결과 모든 개의 마지막 공통 조상은 약 2만 년 전에 살았다.

개의 유전적 다양성은 아주 미미하다. 이러한 다양성은 약 수천 개 범위의 개체군으로부터 시작되지만, 오늘날 견종의 기원인 개의 조상은 수백 종류에 불과하다. 이 때문에 현대의 개는 믿을 수 없을 정도로 유전적 다양성이 적다. 셰퍼드의 경우 선천성 고관절이형성증이 빈번히 발생하는데, 임의로 선택한 두 마리의 셰퍼드에게서 인간으로 따지면 일촌 관계에서만 나타나는 수준으로 DNA가 일치하는 것으로 확인되었다.

오늘날의 늑대도 비교적 적은 초기 개체군에서 출발했다. 이들은 약 1만 개의 개체에서 유래하고, 마지막 공통 조상은 약 6만 년 전에 살았다. 대략 이 시기에 현생인류는 유럽에 왔고 늑대의 개체 수가 폭발적으로 증가했으리라 추측된다. 이들은 우리 조상들이 다져 놓은 생태적 틈새, 과거에 하이에나들이 살던 동굴로 들어왔다. 어쩌면 인류는 이들을 새로운 동숙자를 받아들였는지 모른다. 이들은 하이에나와 달리 먹다 남긴 뼈만 있어도 만족하고 불곰과 같은 다른 짐승들에서 멀리 떨어져 있었기 때문이다. 인간이 등장한 후 늑대는 동굴 곰의 서식 공간으로 들어갈 수 있었기 때문에 동굴 곰은 약

초기의 개에 관한 가장 오래된 증거 가운데 하나는 1만 4000년 전의 것으로, 본에 이웃한 도시 오버카셀에서 발굴되었다. 훨씬 오래 전에 유라시아의 수렵·채집인은 늑대를 사냥 도우미로 길들이기 시작했다. (Landesamt für Denkmalpflege und Archäologie Sachsen-Anhalt / Karol Schauer)

2만 6000년 전에 멸종된 거대 동물군의 일부가 되었다.

늦대와 인간의 로맨스는 서서히 시작되었고, 늦대는 이제 걸음마를 떼었다. 이런 면에서 늦대는 인간과 유사하다. 늦대는 장거리 경주를 선호했고 우리와 비슷하게 길을 걸어왔다. 우리 조상들이 사냥을 시작하고 씨가 마르도록 먹잇감을 잡을 때 늦대는 인간과 보조를 맞출 수 있었다. 짐승이 찢겨 있으면 굶주린 일행은 함께 나눠 먹었다. 늦대뿐만 아니라 하이에나도 인간을 잘 따랐던 듯하다. 하지만 사냥을 할 때는 인간과 경쟁 관계에 있었고, 얌전하거나 유용한 동반자는 아니었다. 이 때문에 인간은 하이에나를 죽이고 늦대를 보호하기 위해 몇 번이고 고민해야 했을 것이다.

길들여지는 것도 돌연변이다

늦대가 가축화되던 초창기에는 틀림없이 새끼 강탈도 있었을 것이다. 인간은 늦대 새끼에게 젖을 먹일 필요가 없게 되자마자 어미 늦대를 죽이고 사육을 도맡았을 것이다. 이 행위는 다양한 장소와 시대에 걸쳐 수차례 시도되었고 비극적인 결말로 끝나는 경우가 적지 않았다. 어미 늦대가 새끼 늦대를 물었을 때, 때로는 사육자들을 물었을 때, 종종 주인을 공격해 목숨을 잃는 늦대들에게 이런 일이 벌어졌다. 여러 세대를 지나자 충직한 짐승들이, 어쩌면 다른 수렵·채집인 집단에서도 길들여져 유사한 특성을 갖게 된 짐승들과 짝짓기를 하며 점점 우세해졌다. 현대의 개들은 수백 년이라기보다는 수십 년에 가까운, 비교적 짧은 기간에 사육을 통해 길들여졌다. 애완용 여우의 사육에 관한 구소련 출신 학자의 장기 연구 결과를 통해 알려졌듯이 이러한 성격적 특징에서는 유전자 발현이 중요하다.

1959년 러시아의 유전학자 드미트리 벨랴예프Dmitry Belyayev는 대규모 실험을 시작했다. 그는 어떻게 늑대가 개로 진화할 수 있었는지 밝히고자 했다. 인간에게 충직하게 길들여진 개의 성격적 특징은 의식적인 자연선택의 결과라는 그의 연구 가설이 나중에 사실로 입증되었다. 이 가설을 증명하기 위해 벨랴예프는 캐나다의 모피 사육장에서 사들인 은여우 집단에 대한 진화 모의실험을 빠른 속도로 진행했다. 그는 사람에 대한 경계심이 적고 살짝 무는 습성을 보이는 여우들끼리 교배시켰고, 이 과정을 다음 세대에서 반복 시행했다.

10세대에서 20세대가 지난 후에 그는 이 방법으로 여우들이 꼬리를 흔들고 사육자의 손을 핥는 반응을 하도록 완벽하게 길들였다. 이와 동시에 점점 길들여지는 여우들에게서 처진 귀, 말린 꼬리, 짧은 주둥이 등 대체로 사람들이 귀엽다고 여기는 외적 특성들이 나타났다. 하지만 이것은 객관적으로 '귀엽다'고 여겨지는 특성은 아니었다. 이것은 진화를 통해 학습된 인간의 관점에서 짐승의 충직함을 암시하는 특성이 가축화 과정에서 강화된 것에 불과했다. 벨랴예프의 실험은 동물이 인간을 좋아하는 특성에 관한 유전적 소인이 특정한 신체적 특징과 연관이 있다는 것을 증명했다.

하지만 이 실험 결과에 따르면 교배된 여우를 길들일 때에도 어미를 통해 습득한 후천적 특성이 여전히 중요해 보인다. 이 문제를 파헤치기 위해 나중에 벨랴예프는 쥐를 대상으로 같은 실험을 반복했다. 쥐를 실험 대상으로 선정한 이유는 더블링 타임(배가 시간)이 훨씬 짧고 유전 과정을 관찰하기가 더 좋기 때문이었다. 그사이에 그는 세상을 떠났지만 실험실에서는 여전히 여우가 사육되고 있다. 쥐 실험에서도 공격적인 쥐들과 온순한 쥐들을 분리했다. 새로 낳은 새끼 중 가장 온순한 쥐들뿐만 아니라 가장 공격적인 쥐들과도 교배시켰다. 여기에서 완전히 다른 두 개의 쥐 개체군이 생겼다. 현재 시베리아의 실험실 방문객들을 황홀함, 두려움, 공포에 빠지게 할 수도 있는 개체군이 탄생한 것이다. 방문객들이 실험실에 들어오자마자 온순한 쥐들은 유순하고 붙임성 있게 행동한 반면, 다른 쥐들은 철창으로 달려들고 방문객들에게 위협적인 소리를 냈다. 이 쥐들이 격리되어 있지 않았더라면 방문객의 얼굴을 할퀴었을지도 모른다. 쥐들의 행동은 사회화를 통해 변하지 않았다. 온순한 성격의 새끼 쥐들은 태어난 후 공격적인 어미에게 보내졌어도 온순한 성격이 변하지 않았다. 반대의 경우도 마찬가지였다. 온순함과 공격성은 후천적으로 습득되는 것이 아니라 유전되는 것임이 틀림없었다.

2006년 라이프치히 MPI 연구팀은 러시아 실험실의 다양한 계통의 쥐들에게서 채취한 게놈을 조사하고 DNA 분석으로 연구 결과의 타당성을 뒷받침했다. 이에 따르면 가장 극적으로 성공한 가축화, 이른바 유전적 변화는 처음 15세대 이내에 얻을 수 있었고, 약 50세대 후에는 공격적이거나 온순한 쥐의 유전적 특성이 거의 정착되었다. 인간에게 호의적인 쥐들은 타고난 특성을 버리도록 길들여진 표본들이었다. 한마디로 이들의 온순함은 조상으로부터 물려받은 돌연변이였던 것이다. 하지만 당시에는 쥐들의 어떤 유전자 위치가 이러한 특성에 관여하는지 알려지지 않았다.

2018년 미국, 러시아, 중국의 연구자들이 벨랴예프가 사육한 여우의 게놈을 분석했다. 연구자들은 길들이기에 관여할 것으로 추측되는 게놈 단편을 조사했다. 이들이 우연히 발견한 유전자 SorCS1의 변형은 온순한 여우에게서 유독 자주 나타나고, '정상적'이거나 유난히 공격적인 여우에게서는 거의 나타나지 않았다. 그때까지 SorCS1은 사회적 행동과는 관련이 없고, 자폐증이나 알츠하이머에 걸릴 유전적 소인이 있는 사람과 연관이 있다고 여겨졌다. 하지만 그전에 이미 세포로 신호 전달을 할 때에도 유전자 위치가 중요하다는 사실이 쥐를 통해 입증된 적이 있었다. 특히 SorCS2가 있는 온순한 쥐들은 사람을 만났을 때 스트레스 신호를 더 약하게 받았다.

유난히 공격적인 여우에게서 발견된 유전자 변형은 인간에게서 나타나는 윌리엄스 보이렌 증후군과 관련이 있었다. 놀라운 연관성이므로 언급할 필요가 있다. 이 증후군을 가진 사람에게서는 높은 수준의 공격성이 아니라, 낯선 사람에 대한 특유의 개방성과 친근함을 비롯해 비범한 음악적 감수성이 나타난다. 하지만 윌리엄스 보이렌 증후군은 공격적인 여우에게서 확인된 유전자 변형뿐만 아니라, 여러 가지 유전적 변화의 상호작용을 바탕으로 나타난 것이다.

신뢰는 사라지고

잘 알다시피 DNA에는 가축화에 대한 유전적 소인이 담겨 있다. 나중에 경제 동물들이 널리 퍼진 유라시아와 달리 아프리카에서 가축화가 나타나지 않은 이유를 바로 여기에서 찾을 수 있다. 아프리카의 수렵·채집인은 일종의 개인 늑대를 길들이는 데 실패했다. 이후에도 다채로운 동물군의 대표인 얼룩말, 누(남아프리카산 영양의 일종), 들고양이 중 어떤 짐승도 가축이 되지 못했다. 종에 대한 돌연변이는 균일하게 '쏟아져 내리기' 때문에 인간에 대한 경계심을 적게 하는 DNA 변형이 아프리카만 피해가는 것은 불가능한 일이다. 어쨌든 시간이 지나면서 돌연변이는 분명 완전히 사라졌다. 수십만 년이 걸린 인간과의 공진화를 통해서 말이다.

아프리카에서 이미 호모 에렉투스는 사냥을 했기 때문에 온순한 짐승들은 살아남을 기회가 없었다. 이 짐승들의 유전자에 인간에 대한 두려움이 자리 잡도록, 인간과 거리를 두도록 긍정적 자연선택이 이루어졌기 때문이다. 현생인류의 진화가 지능적으로 동물을 길들이도록 진행되었을 때, 여기에 필요한 돌연변이는 아프리카의 동물권에서 사라진 지 오래였다. 현생인류가 유라시아 대륙에 도착한 후, 그러니까 다채로운 동물권이 개별적으로만 호모 에렉투스, 네안데르탈인, 데니소바인과 으르렁거리고 있던 시절이 되어서야 현생인류는 가축화에 적합한 유전체를 보유한 동물을 만났다. 늑대는 물론이고 나중에는 오로크스와 물소 길들이기에도 성공했다.

늑대의 가축화와 목축이 아프리카 이외 지역에서 시작되었다. 이에 대한 결정적인 이유는 아프리카 동물들의 유전적 특성에서 찾을 수 있을 것이다. 물론 한 가지 이유만 있는 것은 아니고, 여러 요인들이 상호작용한 결과일 테지만 말이다.[20] 수렵·채집인은 아프리카에서 가축 사육자로 발전할 수 없었다. 그곳의 동물군은 이 볼품없는 두 발 달린 존재에게 어떤 치명적인 위력이 내재되어 있는지 아주 정확하게 파악하고 있었기 때문이다. 아라비아 해역 뒤에 펼쳐진 새로운 땅은 우리 조상들에게 큰 무리 없이 사냥터가 되었다.

고기를 차지하려는 이주민들의 탐욕은 무자비하고 끝이 없었다. 그들이 정복한 땅에서 인구가 증가했고 땅에 대한 탐욕은 지구 끝에 닿을 때까지 계속 커져갔다. 전 세계적 수렵·채집 시대 말에 다양한 개체군들이 일부는 불과 몇 킬로미터 떨어진 거리에 살았고 사냥을 할 때 서로 방해하며 위협했다. 빙하기 말 북반구에서 인간의 주거는 새로운 전성기를 맞이한 동시에, 수확량이 풍부한 생활공간을 차지하기 위한 경쟁이 치열해졌다. 이 시대의 두개골에 뚫린 구멍과 골격에 남은 싸움의 흔적에서 알 수 있듯이 인간은 활과 화살로 대치했다.

수렵·채집 시대는 이미 끝을 향해 달려가고 있었다. 세계의 중심은 가느다란 띠, 적도 북부의 아열대 지대로 이동했다. 이곳에서 수천 년 동안 지속된 세계 제국이 탄생할 수 있는 기틀이 마련되었다. 인류는 수렵·채집의 단계를 지나 자연의 한계에 도전하기 시작했다. 이제 자연의 힘을 이용하는 존재가 된 것이다.

7장

엘리트들

1만 5000년 전 최초의 수렵·채집인이 정착생활을 시작했고,

빙하기 말에는 농경이 도입되었다.

돌이킬 수 없는 험난한 길에 접어든 것이다.

혁명은 전 세계를 덮쳤다.

인간과 소중한 가축은 점점 늘어났다.

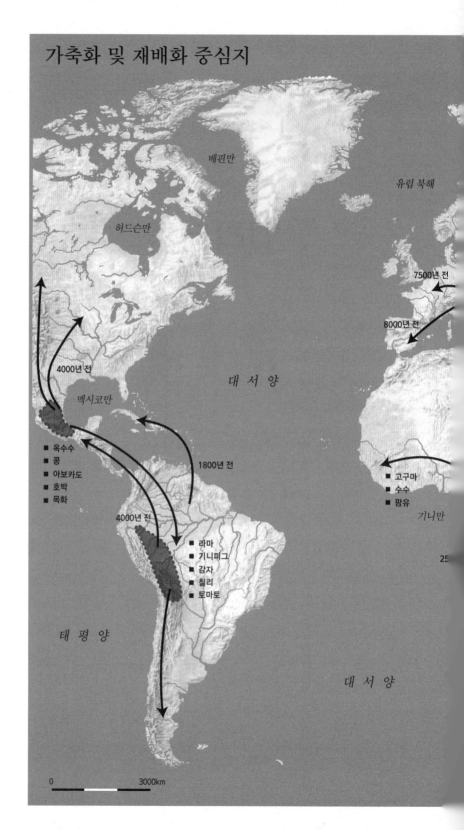

가축화 및 재배화 중심지

배핀만

허드슨만

유럽 북해

7500년 전

8000년 전

4000년 전

멕시코만

대 서 양

1800년 전

■ 옥수수
■ 콩
■ 아보카도
■ 호박
■ 목화

■ 고구마
■ 수수
■ 팜유

기니만

4000년 전

■ 라마
■ 기니피그
■ 감자
■ 칠리
■ 토마토

25

대 평 양

대 서 양

0   3000km

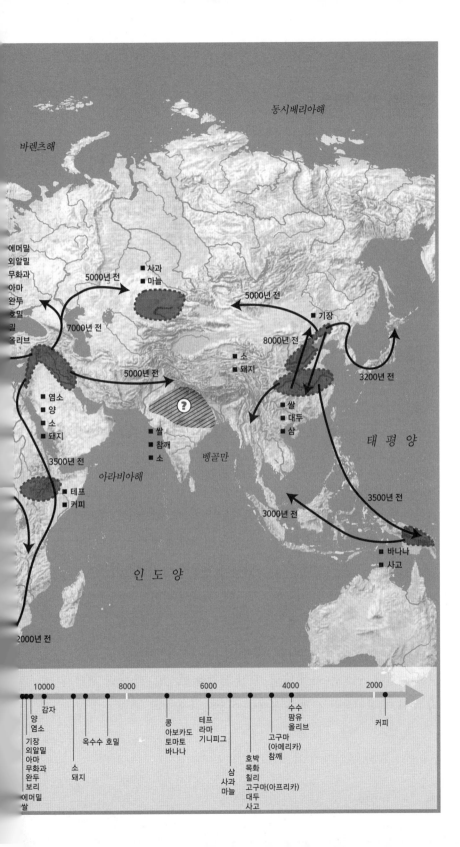

동시베리아해

바렌츠해

에머밀
외알밀
무화과
아마
완두
호밀
길
올리브

5000년 전

■ 사과
■ 마늘

5000년 전

■ 기장

7000년 전

8000년 전

5000년 전

■ 소
■ 돼지

3200년 전

■ 염소
■ 양
■ 소
■ 돼지

?

■ 쌀
■ 참깨
■ 소

벵골만

■ 쌀
■ 대두
■ 삼

태 평 양

3500년 전

■ 테프
■ 커피

아라비아해

3000년 전

3500년 전

인 도 양

■ 바나나
■ 사고

2000년 전

10000   8000   6000   4000   2000

감자   콩   테프   수수
                             아보카도   라마   팜유   커피
양   토마토   기니피그   올리브
염소   옥수수 호밀   바나나
기장   고구마
외알밀   (아메리카)
아마   소   참깨
무화과   돼지
완두   삼   호박
보리   사과   목화
에머밀   마늘   칠리
쌀   고구마(아프리카)
                                                  대두
                                                  사고

최초의 빵 굽는 사람들

1만 5000년 전 인간은 유라시아 대륙 동쪽 오지에서만 미개척의 자연을 만나볼 수 있었다. 인간은 당시 바다나 빙하에 덮여 있지 않던 베링 해협을 건너 신세계에 정착했고, 기록적인 속도로 남쪽 끝의 티에라델푸에고제도까지 진출했으며, 북쪽에는 클로비스 문화를 구축했다. 이들은 아메리카에서 놀라운 동물권을 다시 만났고, 이 동물권은 과거에 그랬던 것처럼 순식간에 자취를 감췄다. 무게가 최대 3톤 키는 6미터인 거대 포유류, 무게가 무려 2톤인 일종의 대형 아르마딜로인 글립토돈, 키가 최대 3.5미터에 날지 못하는 공룡 같은 느낌을 풍겼던 '공포새' 등의 동물들이 멸종했다. 인간은 가축화된 개를 데리고 베링 해협을 건넜다. 주로 아스텍과 마야 제국 곳곳을 떠돌던 '토착' 개들은 현재 거의 멸종되었다. 유전학적 관점에서 아메리카에서 키우던 개들은 거의 다 구대륙의 이주민들과 함께 온 유럽 견종에서 유래한다.

석기시대에 아메리카를 정복하고 이곳의 거대 동물이 멸종되면서 전 세계 육지 중 가장 큰 땅덩어리가 인간에게 정복당했다. 1만 5000년 전에 근동 지방의 캅카스 남부와 어쩌면 아프리카 북부에서도 인류 발전의 씨앗이 뿌려졌을 것이다. 세계의 나머지 지역에서는 수렵·채집인이 기존의 틀에 갇혀 살았던 반면, 나투프인들이 남부 레반트, 즉 오늘날의 이스라엘, 레바논, 요르단 지역에 정착해 집을 짓고 살았다. 이들은 아직 수렵·채집 생활을 했지만, 더 이상 과거의 수렵·채집인처럼 세계 곳곳으로 이동하지 않았다. 빙하기가 저물어가면서 남부 레반트에서 아나톨리아, 오늘날의 이란에 이르는 초승달 모양의 땅, 이른바 '비옥한 초승달 지대'는 번성하기 시작했다. 전통적인 인간의 짐에는 싹이 트는 야생 곡물이 추가되었고, 우리 조상들은 충분한 양의 낟알이 모이면 이것으로 일종의 빵, 혹은 맥주까지 만들었다.

이것은 농경과 관련이 적었다. 이곳에서는 아무것도 재배되지 않았고, 어쨌든 인류는 재배가 무엇인지도 몰랐기 때문이다. 어디에선가 영리한 인간이 자신이 뱉거나 땅에 떨어져 있던 낟알에서 새로운 곡물이 자란다는 사실을 깨닫기까지는 시간이 걸렸다. 인류가 농경 생활을 했다는 초기 증거는 주로 약 1만 1000년 전 아나톨리아의 괴베클리테페에서 발견되었다.

서부에서 거의 4000킬로미터 떨어진 곳에 위치한 현재의 모로코에서 이와 비슷한 발전 양상이 나타났다. 모로코 북동부의 타포랄트 인근에 있는 비둘기 동굴에서 발굴된 1만 5000년 된 아프리카 수렵·채집인의 게놈은 염기 서열 분석 결과 가장 오래된 것으로 밝혀졌다. 그동안에 두께가 수 미터인 동굴의 암석층에서 약 35개체가 발견되었다. 아프리카 북동부에 길고 인구 밀도가 높은 주거지가 있었다는 또 다른 증거로, 같은 지역의 제벨이르후드에서 출토된 30만 년 된 두개골이 있다. 유럽의 수렵·채집인과 유사한 문화 때문에 고고학자들은 오랫동안 북아프리카인과 유전적 연관성이 있고, 유럽인들이 이베리아반도에서 지브롤터 해협을 건너 남부로 확산되었다고 생각해왔다. 그래서 북아프리카에서 약 2만 년에서 1만 년 전까지 나타난 석기시대 문화는 이베로모루시안Iberomaurusian 문화라고 불리게 되었다.

그사이 이 개념은 정착되었지만 잘못된 방향으로 인도되어 오랫동안 고고학 정신에 유럽 중심주의가 만연하는 계기가 되었다. 석기시대에는 어떤 방향으로든 지브롤터 해협을 건널 수 없었을 것이다. 비둘기 동굴에서 채취된 1만 5000년 된 게놈의 염기 서열 분석 결과에서 유럽인의 흔적은 없었다. 오히려 DNA의 절반은 사하라 이남 지역 사람들에게서 뿌리를 찾을 수 있었다. 나머지 절반은 어디에서 유래했는지 명확하지 않다. 다만 나투프인들도 보유하고 있는 것과 동일한 요소가 있다는 사실만 알려져 있을 뿐이다.

이베로모루시안[21]과 나투프인 사이에는 분명히 유전적 연관성이 있다. 두 개체군 사이에는 문화적 공통점이 있었다. 이베로모루시안들도 약 1만 5000년 전에 이미 정착생활을 했다는 최초의 특징이 나타났기 때문이다. 이들은 곡식 가루를 생산했고 이것으로 빵도 구웠던 것으로 보인다. 이를 위해 이들은 곡식이 아니라, 피스타치오와 아몬드 이외에 남부 위도 지방에서 자라는 쓴맛이 없고 너트와 비슷한 풍미를 가진 여러 종의 도토리를 이용했다. 고고학적으로 이베로모루시안은 장신구와 도구를 제작했다는 점에서 나투프인과 유사점이 있다.

오리엔트의 비밀

이베로모루시안의 공예품은 나투프인들보다 수천 년 더 오래되었다. 두 개체군을 연결하는 '유전자 다리'는 비옥한 초승달 지대의 모로코인 확산으로 설명할 수는 없다. 그렇다면 나투프 인에게서도 이베로모루시안이 가지고 있는 사하라 이남 지역의 DNA가 확인되어야 하기 때문이다. 하지만 실제로는 그렇지 않다. 반면 이베로모루시안은 사하라 이남의 요소 외에 절반은 완전한 나투프인의 DNA를 가지고 있다. 나투프인들이 자신들의 유전자를 서쪽으로 확산시켰다는 설명은 그럴 법하지만, 시기적으로 불가능한 일이다. 나투프 문화는 이베로모루시안의 문화가 시작되고 한참 후에 발생했기 때문에 나투프인은 그 지역 사람들의 조상이 될 수 없다. 두 문화를 잇는 유전자 다리는 어딘가 다른 곳에 위치할 것이다.

유전적·고고학적 꼭짓점은 다음 시나리오로 가장 쉽게 연결할 수 있다. 모로코와 이스라엘 사이의 어딘가에 나투프인의 조상들이 살았고, 이들이 동쪽과 서쪽으로 진출했다는 것이다. 동쪽에서 이들은 빙하기 이후에 인간이 거의 없는 비옥한 초승달 지대로 왔는데, 이 지역은 다른 개체군과의 혼혈 없이 확산이 일어난 곳이었다. 반면 서쪽으로 간 이들은 아프리카의 수렵·채집인을 만났다. 그들은 이베로모루시안 이전에 특히 지금의 모로코와 알제리에 걸쳐 나타났던 수렵·채집 문화를 갖고 있던 아테리아인Atérian이었다.

모든 것은 미스터리한 기저 유라시아인들이 북아프리카에도 정착했을 가능성을 시사한다. 이들은 절반은 나투프인에게서 유래하고 나중에 농경문화 확산을 통해 DNA를 남긴 유령 개체군이었다. 이를테면 아주 비옥한 이집트 등지에서 말이다. 이 곳에서 이 시대 사람들의 골격은 발견되지 않았지만 충분히 그럴 만한 이유가 있다. 나일강 삼각주의 수 미터 두께의 암석 퇴적물에서 고고학적 흔적을 찾기란 거의 불가능한 일이기 때문이다. 하지만 기저 유라시아인들이 거주했던 곳에서 나중에 현생인류와 네안데르탈인의 혼혈 개체군이 나투프인으로 통합되었는지에 관한 수수께끼가 풀리지 않고 있다는 사실에는 변함이 없다. 이집트에서 아라비아반도에 이르는 지역에 기저 유라시아인들이 정착했을 가능성이 더 높다고 하더라도, 정착 지역이 모로코 동부에서 이란에 이를 가능성도 있다. 이것은 나투프인에게도 마찬가지다. 이들의 기원은 아주 방대한 지역, 아프리카 내부는 물론이고 외부에서 찾아야 할지도 모른다.

하얀 피부

빙하기는 저물고 농경문화는 점점 꽃을 피웠다. 이 문화는 갑작스레 발생한 것이 아니었고 인간은 서서히 농경을 시도해왔다. 기온 상승으로 밀, 보리 등의 곡물 재배지가 여러 곳에 개간되었다. 농경 사회는 여전히 근동 지방에 병행적으로 존재했던 수렵·채집 사회보다 결코 우월하지 않았다. 오히려 정반대였다. 정착생활을 하려면 주거지의 노동력을 전부 동원해야 했고, 다음 수확기뿐만 아니라 이듬해 파종을 망칠 수 있는 악천후와 건기가 항상 위험 요인으로 따라다녔다. 농경민의 삶에는 다모클레스의 검처럼 항상 존재의 위협이 도사리고 있었다. 게다가 최초의 농경민들은 가축을 키우지 않았다. 수백 년 후 가축 사육을 시작했을 때 이들은 우유를 생산하는 데 가축을 이용했다. 이 목적으로 가축을 사용할 수 없을 때에만 도축했다. 그만큼 인간에게 필요한 양식도 부족해졌다.

인간은 다시 사냥에 몰두하면서 수만 년에 걸친 진화를 통해 발전한 고기에 대한 탐욕을 채울 수 있었다. 농경을 시작한 지 몇 세대 지난 시점은 노하우를 얻기에는 아직 부족한 시간이었다. 인간은 자연에 접근할 통로를 잃었다. 당연히 농경이 제공하는 이점도 있었다. 그렇지 않았더라면 농경이 전 세계로 확산되는 일도 없었을 것이다. 농경문화에서는 고된 노동을 통해 식량을 얻을 수 있었고, 대체로 예측 가능했으며, 끊임없이 떠돌이 생활을 하지 않아도 되었고, 편안한 안식처에 머물 수 있었다.

예측 가능성, 집, 안정적인 생계. 이것은 오늘날에도 많은 사람들이 가정을 꾸리는 이유다. 근동 지방의 농경민들도 마찬가지였다. 이들에게는 끊임없이 새로운 활동 공간, 새로운 주거지, 새로운 방목지가 필요했다. 비옥한 초승달 지대에서 출발해 농경민들은 사방으로 퍼져나갔다. 이들은 유라시아의 넓은 지역뿐만 아니라 아프리카의 유전자 구조까지 변화시켰다. 세계의 다른 지역에서도 나중에 완전히 독립적인 농경이 정착되었고 곳곳에서 수렵·채집 문화를 밀어냈다. 이제 이 문화는 완전히 새로운 생활양식이 가져다줄 약속에 맞설 도리가 없었다.

인류가 농경을 시작한 신석기시대의 특징적인 기술은 토기였다.

유럽의 수렵·채집인은 나중에 이주해온 농경민에 비해 훨씬 어두운 피부를 가지고 있었다. 네안데르탈인에게 물려받은 색소 침착 유전자는 우리 조상들의 피부색에 어느 방향으로 영향을 끼쳤는지 아직 정확하게 규명되지 않았다.(Tom Björklund)

토기는 뼈, 먹을 것과 마실 것을 담는 용기이자 보존을 위해 제작되었다. 비가 충분히 내리고 햇빛이 많은 이상적이고 새로운 환경 조건에서는 수확물이 풍성했고, 저장할 것들이 꽤 많았다. 게다가 가축화를 위한 인간의 노력은 동물권에도 바로 수용되었다. 약 1만 년 전에 가축화가 시작된 양, 염소, 소, 돼지의 야생종들이 전부 비옥한 초승달 지대에 살고 있었기 때문이다. 신석기 장비와 품종별 곡물 재배에 관한 지식을 갖춘 농경민들은 다른 지역의 수렵·채집 사회만큼 이동이 많지 않았기 때문에 자연 정복은 중요한 일이었다.

처음에는 유럽에서 이런 경향이 강하게 나타났다. 아나톨리아에서 시작해 이곳에서 약 8000년 전 신석기인들이 확산되었다. 처음

수렵·채집 사회에서 농경 사회로 이행하는 과도기에는 노동 강도가 높았고 종종 영양실조가 나타났다. 그럼에도 농경문화의 승리 행렬은 전 세계에서 멈추지 않았다.(Tom Björklund)

에 이들은 발칸에 정착했다. 그다음에 도나우강과 지중해를 따라 중부 유럽, 서부 및 남부 유럽의 비옥한 지역으로 이동했고, 약 6000년 전에는 스칸디나비아와 영국제도에도 진출했다. 이들의 세력이 팽창하면서 수렵·채집인의 어두운 피부색은 점점 이주민들의 밝은 피부색에 자리를 내주고 영원히 사라졌다. 피부색이 밝아진 것은 농경과 어쩌면 육식을 부족하게 섭취한 데서 원인을 찾을 수 있다. 이 것은 근동 지방에서 최초의 신석기 생활양식과 함께 시작되어 결국에는 북반구 전역에서 나타나고 강화되었다. 밝은 피부색은 여러 차례의 돌연변이로 인해 생겼다. 아마 이 방식으로만 피부를 통해 햇빛을 충분히 흡수해 생존에 필요한 비타민 D를 충분히 생산할 수 있고, 긴 수명과 돌연변이를 자녀에게 물려줄 수 있기 때문일 것이다. 수렵·채집인에게는 이러한 우회적인 방법이 필요하지 않았다. 육류와 어류를 마음껏 먹었던 이들은 비타민 D를 충분히 섭취할 수 있었기 때문이다.

반면 사하라 이남 아프리카에서는 중앙아메리카와 남아메리카처럼 농경문화가 정착한 후에도 밝은 피부를 가진 인간들이 누렸던 자연선택의 이점을 경험하지 못했다. 이 지역은 햇빛이 강렬하게 쏟아지므로 돌연변이가 일어나지 않아도 햇빛을 충분히 흡수해 체내에 비타민 D를 유지할 수 있었기 때문이다. 적도를 따라 아프리카에서 동남아시아, 그리고 아메리카까지 농경생활 양식이 도입되거나 시작된 후에도 우리 조상들의 원래의 어두운 피부색이 나타났다.

새로운 것들의 우세

농경민들은 북서부에서 유럽뿐만 아니라 아프리카, 심지어 이 거대한 대륙의 남쪽까지 진출했다. 신석기 혁명은 동쪽에서는 인도 아대륙까지, 북쪽에서는 캅카스에서 유럽의 스텝 지대까지 확산되었다. 고고학적으로 이러한 팽창은 오래전부터 알려져 있었고, 어떤 방식으로 진행되었는지에 관해 지난 수십 년 동안 유전자 데이터를 통해 훨씬 더 완벽한 그림을 그릴 수 있었다.

그때까지 특히 유럽의 관점에서 신석기 시대, 즉 신석기인들의 확산과 관련해 답을 찾기 위한 논쟁이 치열했다. 신석기시대가 확대

된 것인가, 아니면 신석기인들이 확산된 것인가? 유럽의 수렵·채집인이 정착 생활양식을 수입한 것인가, 아니면 이웃에게 밀려난 것인가? 이 질문의 답을 찾는 데에 유전자 데이터만큼 명확한 것은 없다. 유럽의 수렵·채집인은 우위를 빼앗겼고 옆으로 밀려났다. 그것도 불과 수백 년 사이에 말이다. 신석기 팽창 이전에 유럽에 살았던 사람들은 유전적으로 농경민들과 완전히 다르다. 이들의 뼈에서는 당시 아나톨리아 거주자들과 동일한 DNA가 발견되었다.

우리 조상들이 나타났을 때 유럽에서는 네안데르탈인의 땅을, 아시아에서는 데니소바인의 땅을 차지했다. 이와 유사하게 최초의 농경민들에게 이 팽창이 얼마나 공격적으로 진행되었는지는 알 수 없다. 어쨌든 이들의 생활양식과 더 많은 후손을 낳을 수 있는 기회는 수렵·채집인보다 수적으로 우세함을 의미한다. 하지만 축출에 반드시 몰살이 뒤따른다는 의미는 아니다. 수렵·채집인은 덜 비옥한 땅, 특히 유럽의 북부 지역으로 후퇴했을 가능성이 있다. 유전자 데이터는 이 방향을 가리키고 있다. 결국 수렵·채집인 DNA는 스칸디나비아인과 발트족에게서 가장 많이 나타나는데, 농경민 유전자와 거의 동일한 비중을 차지한다. 반면 독일 중부와 프랑스 남부에 펼쳐진 비옥한 지대에서는 신석기 혁명의 출발점에 가까워질수록 수렵·채집인 요소가 훨씬 적게 나타난다.[22] 유럽에서 기존의 정착민과 새로운 이주민의 혼혈기는 거의 2000년 동안 지속되었다. 아주 오랜 기간 동안 토착 수렵·채집인과 아나톨리아 이주민의 후손들이 서로를 잘 피하며 지내왔던 듯하다.

정확하게 말하자면 근동 지방에서는 두 차례의 신석기 혁명이 서로 독립적으로 동시에 발생했다. 이로써 빙하기 말에 이 지역이 얼마나 비옥해졌는지 다시 한번 입증된 셈이다. 아나톨리아와 레반트 지역의 농업혁명 이외에도 '이란의 신석기시대'가 있었다. 명칭에서 알 수 있듯이 이 시대는 지금의 이란, 아나톨리아와 바로 이웃한 지역에 살았던 사람들로부터 시작되었다. 하지만 이들은 아나톨리아인과 유전적으로 완전히 달랐다. 두 개체군은 틀림없이 수십만 년 이상 꽁꽁 얼어붙은 산맥과 사막 등 넘을 수 없는 장벽에 의해 분리되어 있었을 것이다. 이것 말고는 유전적 차이를 설명할 방법이 없다. 이란 농경민들의 유전자는 오늘날 북인도에 있는 사람들의 게놈에까지 나타난다. 이들이 언제 어떤 경로로 여기까지 흘러들어왔는지는 아직 명확한 결론이 없다.

신석기 문화가 인도 아대륙에서 자생적으로 발생했는지, 아니면 이란에서 오늘날의 아프가니스탄과 파키스탄을 거쳐 그곳까지 확산되었는지에 대해서는 여전히 논란이 있다. 가장 최근에 이루어진 고대 DNA 검사 결과는 사실상 자생적 발전임을 암시한다. 하지만 그 시대에 이란인들의 유전자가 캅카스를 거쳐 유라시아 스텝으로 확산된 것은 틀림없다. 이 지역에서 이주민들은 그곳에 정착하고 살았던 수렵·채집인들과 혼혈을 했다. 나중에 이러한 혼혈 개체군 내에서 얌나야Yamnaya 문화가 탄생했다.[23]

농경민들은 먼저 위도가 비슷한 지역으로 확산되었고, 예전의 수렵·채집인이 그랬듯이 시베리아 북부처럼 멀리까지 진출하지 않았다. 신석기시대에 진입한 지역들과 농경민들의 원래 근거지의 기후 조건은 별반 차이가 없었기 때문이다. 중부 독일은 아나톨리아에서 수천 킬로미터 북쪽에 위치했고, 캅카스는 더 가까웠다. 위도는 토양의 특성 외에 신석기시대의 팽창에서 성공을 좌우하는 중요한 요인 가운데 하나였다. 다른 지역으로 이주하는 농경민은 재배종으로 길들여진 식물들을 가져갔고 그곳에서 재배에 성공할 때에만 새로운 고향에 정착할 수 있었기 때문이다. 기온, 토양, 강수량, 혹은 계절 변화 주기의 차이가 뚜렷했다면 수입 품종의 곡물이 버틸 기회가 적었을 것이다. 유럽의 경우는 달랐다. 빙하기에 유럽에서 생성된 황토질 토양에서는 수입된 초기 형태의 밀과 보리가 잘 자랐다. 캅카스와—이쪽으로 이주가 있었다면—인도 북부 사이에 살았던 이란의 신석기인들에게도 마찬가지다.

고대 이집트인들이 남아 있던 곳

유라시아의 대부분은 팽창을 원했던 근동 지방의 농경민에게 이미 끝난 경작지였다. 이들의 팽창 의지가 아프리카, 지중해의 남부 해안까지 뻗친 것은 크게 놀랄 일은 아니었다. 약 1만 년 전 사하라 사막에 풀이 자란 후 이곳은 농경에 이상적인 조건이 갖춰졌고, 이주민들에게는 현재의 모로코로 갈 수 있는 길이 열렸다. 따라서 비옥한 초승달 지대의 DNA는 유럽인과 북아프리카인을 연결하는 유전자 다리인 셈이다.

하지만 이 지역에서 신석기 이주민 유전자의 영향이 얼마나 컸는지는 판단하기가 까다롭다. 잘 생각해보면 나투프인들의 뿌리가 이

나일강 삼각주는 신석기시대가 시작될 때 가장 비옥한 지역 가운데 하나였다. 지금도 북부 이집트인들은 다른 몇몇 지역처럼 밀집해 살고 있다. 심지어 우주에서도 이 모습을 볼 수 있다. 밤마다 환하게 반짝거리는 나일강 삼각주.(Alamy)

지역에 있었을 가능성이 있고, 북아프리카로 오는 농경민은 이들의 DNA를 갖고 있었다. 이들의 고고학적 흔적은 시나이반도에서도 찾을 수 있다. 염기 서열 해독이 가능한 고대 DNA가 부족하기 때문에 근동 지방의 어떤 요소가 7000년 전에 북아프리카로 오게 되었는지, 어떤 요소가 이미 그곳에 있었는지 판단하기 어렵다. 유럽에서처럼 신석기인들이 오랫동안 정착해왔던 수렵·채집인을 몰아냈는지에 대해서도, 그나마 몇 개뿐인 유전자 데이터를 분석해도 결론을 내릴 수 없다.

어쨌든 오늘날 이집트의 나일강 삼각주가 북아프리카 농경의 진원지임은 확실하다. 나일강 삼각주는 벨기에의 크기에 못 미치는 면적이지만 오늘날 이곳에는 여섯 배나 많은 약 6000만 명의 이집트인들이 산다. 이 비옥한 골짜기는 세계에서 인구 밀도가 가장 높은 지역 가운데 하나다. 이곳의 농경 조건은 이미 이상적이었고, 신석기시대 초기에는 아마 유럽보다 좋았을 것이다.

이집트에서 가장 오래된 DNA는 이곳에서 가장 유명한 사자死者, 즉 미라에서 채취되었다. 2017년 약 100개의 이집트인 표본에서 채취한 미토콘드리아 DNA가 해독되었고, 그중 3개는 게놈까지 해독되었다. 연구 대상이었던 개체들은 3400년 전부터 1500년 전까지 살았고, 전부 지금의 이집트 중부의 아부시르 엘멜이라는 마을에 매장되어 있었다. 이 시신들은 마치 우리가 요청이라도 한 것처럼 매우 이상적인 상태로 보존되어 있었다. 고대 이집트인들은 로마 통치기까지 시신을 미라로 만들어 매장하는 방식을 널리 사용하고 있었다. 개, 고양이, 다른 가축들도 미라로 만들어 장사를 치렀다. 해독된 개체들이 살았던 오랜 기간에는 이집트 문명의 최고 전성기, 소위 신왕국을 비롯해 누비아인, 아시리아인, 그리스인, 로마인에 의한 다양한 이민족 통치 시대가 포함되어 있었다. 놀랍게도 어떤 미라에서도 다른 지역과의 유전자 혼합이 없었다. 1만 5000년 전 북아프리카에 살았던 이베로모루시안과 달리 표본에서 사하라 이남 DNA가 확인되지 않았다. 고대 이집트의 전성기까지 대륙 남부로부터 측정할 만한 유전자 흐름이 없었던 듯하다.

오늘날 이 지역에 살고 있는 사람들에게서는 전혀 다른 양상이 나타난다. 이집트인들은 5분의 1 정도의 사하라 이남 DNA를 갖고 있다. 이처럼 고대 후기에 유전자 흐름이 나타났던 것은 이주와 남부와의 교역이 강화되었기 때문이다. 7세기에 이집트로 이주한 아랍인들에 의해 노예무역이 지나치게 성행한 것에서 원인을 찾을 수 있다. 대략 600만~700만 명의 사람들이 남아프리카에서 북아프리카로 끌려갔던 것으로 추산된다.

목축민들의 재교육

사하라 사막이 역사시대까지 동아프리카 남부와 북부의 모든 유전자 흐름을 막는 동안 결국 나일강은 통로가 되었다. 유라시아로 대이동을 했던 시기에 식량원 부족으로 이 척박한 지역에서 버티지 못했던 아프리카의 수렵·채집인과 달리, 레반트의 농경민은 훨씬 더 좋은 도구를 가지고 있었다. 목축, 더 정확하게 표현하면 '유목'이 바로 그것이다. 유목은 자연적으로 자란 초원 및 관목 지대의 풀을 먹이기 위해 가축 떼를 몰고 이동하는 형태의 동물 사육법이다. 이 방법으로 근동 지방 사람들은 약 4000년 전부터 나일강과 그레이트리프트밸리를 따라 양과 염소를 데리고 현재의 수단에서 에티오피아까지 이동했다. 북부에서와 달리 이주민들은 그 지역에 정착해 살고 있던 수렵·채집인 개체군을 축출하지 않았다. 확산 직후 이 시기에 살았던 개체군의 유전자에서 유목민의 비중은 약 5분의 1에 불과했다.

주로 아나톨리아에서 재배된 곡물에 의존했던 유럽과 아시아의 농경민과 달리 유목민의 경제 기반은 완전히 무너졌다. 이들은 조상들이 길들인 재배 작물을 아프리카 밖으로 가지고 나오는 데 실패했다. 남부로 확산될 때 많은 위도와 다양한 기후대를 극복해야 했기 때문이다. 아프리카에서 데리고 온 소중한 가축은 유목민들에게 경제의 근간이었다. 게다가 이동에 의존하는 유목민들은 수렵·채집인과 동등한 모델을 따라 살았고 기존의 주민들을 축출하지도 않았다. 이주민이 유일하게 농경 정착에 성공한 지역은 에티오피아 고원이었다. 이곳에서는 기장의 일종인 테프가 재배되었다. 글루텐이 없는 이 곡물은 지금도 전 세계인들의 수요가 많다.

유목민은 남아프리카까지 확산되었고, 이들의 유전적 특성이 오늘날 이 지역의 많은 개체군에게서 확인된다. 특히 나미비아, 남아프리카, 보츠와나, 앙골라에 살고 있는 코이산족에게서 발견된다. 코이산족의 몇몇 조상은 지금은 개체군이 더 이상 존재하지 않을 정도로 아주 이른 시기, 20만 년 이상 오래전에 현생인류의 계통에서 분화되었다. 1500년 전에 이들은 북부에서 온 유목민들과 통합되었고, 현재 이러한 이주민들의 유전자 비중은 약 10퍼센트다. 다양한 코이산족 집단의 구성원들은 더 밝은 피부색 등 표현형에서 이웃한 민족들과 큰 차이가 있다. 하지만 이것이 반드시 근동 지방에서 유래한 특성은 아니다. 대부분 남아프리카인들의 피부가 더 어두운 것은 계속된 신석기 혁명, 이른바 반투 팽창에서 원인을 찾을 수 있다.

반투 팽창은 약 4500년 전 서아프리카, 오늘날의 나이지리아와 카메룬에서 출발했다. 근동 지방의 신석기인들과 달리 반투족은 무엇보다 위도를 따라 이동할 때 밭작물을 기본으로 하는 농경을 배울 수 있다는 점에서 유리했다. 아마 약 4000년에서 3000년 전까지 그들이 속해 있는 지역의 위도를 따라 우간다 고원에서 남수단을 거쳐 동아프리카 방향으로 계속 이동했을 것이다. 이곳에서 이들은 근동 지방에서 온 목축민들을 만났고, 육류와 우유 공급원으로 길들인 가축들을 데리고 사바나를 이동한다는 아이디어를 기꺼이 받아들임으로써, 철저하게 교육을 받은 목축민이자 농경민이 되어 남쪽으로 진출할 수 있었다.

2억 명의 언어 사용자와 약 500가지 형태가 있는 반투어족은 현재 남아프리카의 절반을 차지하고 있다. 이 지역의 남서부에서는 코이산어가 계속 사용될 수 있었지만 무시당했다. 어쨌든 서아프리카의 반투족과 함께 유입된 유전자가 현재 이 대륙의 절반 인구에서 뚜렷하게 나타난다. 이에 따르면 반투족 농경민은 과거 유럽의 아나톨리아인과 비슷한 문화적 우세를 보인다. 현재 이 지역에 살고 있는 사람들의 게놈이 입증하듯이 이주는 남자들이 추진했다. 이를 확인하려면 성별에 따른 DNA 단편을 잘 살펴봐야 한다. 부계 유전인 Y염색체는 대개 반투 팽창을 통해 그 지역으로 유입된 반면, 모계 유전인 미토콘드리아 DNA는 그곳에 살던 수렵·채집인 여성들을 통해 훨씬 자주 물려받았다. 바꿔 말하면 이주해온 농경민 남자들과 토착민 여자들 사이에서 아이가 태어난 것이다. 반면 수렵·채집인 남자들과의 사이에서 태어난 아이는 거의 없는 듯하다. 이러한 과정에서 폭력이 어떤 역할을 했는지는 유전자 데이터로는 유추할 수 없다. 하지만 정착민 남성들이 자발적으로 후손을 포기했을 리는 없을 것이다.

고고유전학 지도의 맹점은 콩고 지역으로, 이곳의 많은 것들은 복잡한 정치와 전쟁에 의해 촉발된 논쟁 때문에 악화된 조건들과 관련이 있다. 지금까지는 이 지역에서 고고학 표본을 가져오는 것이 거의 불가능했다. 게다가 습한 열대 기후는 뼈의 DNA가 잘 보존되기에 좋지 않은 조건이다. 하지만 그사이 많지는 않지만 고대 DNA가 해독되었다. DNA 분석 결과는 대부분이 우림으로 뒤덮인 이 지역의 수렵·채집인이 농경민에게 밀려나지 않았음을 암시한다. 지금도 수렵·채집 생활을 하며 우림에 살고 있는 부족들은 유전적으로 반투 개체군과 뚜렷한 차이를 보인다. 이와 유사하게 탄자니아 북부에 살고 있는 불과 몇천 명 수준의 수렵·채집인 집단인 하즈다 부족에게서도 고대 아프리카의 유전자 혼합이 나타난다. 반면에 반투족이 확산된 거의 모든 지역에서 고대 아프리카의 수렵·채집인의 DNA는 사라졌다고 봐야 한다.

4000년 전에 살았던 동아프리카인들은 근동 지방 유목민에게서 유래한 DNA를 분명히 갖고 있었지만, 이 DNA는 수천 년이 지나면서 아주 희미해졌다. 이러한 특성은 이 지역에 진출한 반투족에 의해 거의 완전히 전사傳寫되었다. 근동 지방으로 이주한 유목민들의 일부를 떠올려보면 알 수 있듯이, 모순적이게도 남아프리카의 코이산족은 유전적 특성에 반투 팽창이 남아 있는 동아프리카인보다 아나톨리아인과 훨씬 가깝다. 최초의 유럽인들이 17세기에 남아프리카를 차지하기 전에 아프리카 외부에서 이곳에 이르는 유전자의 흔적이 오랫동안 있었다. 지구상에 살았던, 가장 오래된 인간의 개체군의 흔적 말이다.

영원한 중국

인간과 다른 동물군의 공진화는 수십만 년 동안 지속되었다. 그 결과 아메리카는 경제 동물을 가축화하는 데 훨씬 좋지 않은 환경이 되었고, 이곳의 신석기인들은 매우 불리한 입지적 조건에서 신석기 혁명이라는 경주에 뛰어들었다. 반면 극동 지방은 비옥한 초승달 지대보다 조금 늦은 시기에 농경을 도입했지만 탄탄하게 정착시켰다. 지금의 중국 땅에서도 신석기 혁명은 초기부터 곡물 재배에 의존했다. 근동 지방의 유프라테스 및 티그리스 지역과 아주 유사하게 중국 북부의 황허강과 더 남쪽에 있는 양쯔강은 오늘날까지 세계에서 가장 비옥한 지역 가운데 하나다. 신석기 혁명은 약 1만 년 전 황허강에서 아시아의 야생종 기장을 재배종으로 길들이면서 시작되었다. 더 남쪽 지방에서는 거의 같은 시기에 벼농사를 지었고, 수백 년 내에 두 지역에는 인구 밀도가 높은 주거지가 형성되었다.

농경 발달 외에도 비옥한 초승달 지대와 중국의 신석기 혁명에는 공통점이 있다. 이곳에서는 서로 다른 수렵·채집인 개체군이 이웃하며 농사 기술을 습득했기 때문에 중국의 신석기시대가 시작될 무렵 황허강과 양쯔강 유역에 살았던 사람들의 게놈도 서로 다르다. 물론 근동 지방처럼 그 차이가 뚜렷하지는 않다. 마찬가지로 과거에 각 지역에 살았던 수렵·채집인과 유전적 연속성도 있다. 이는 중국의 신석기시대도 자생적으로 생겨난 고유한 발명품이었다는 의미다.

북부와 남부의 농경민 중 더 우세한 쪽은 없었던 듯하다. 시간이 지나도 유전자 흐름이 양방향으로 균일하게 나타난 것을 보면 유전자 축출은 없었던 것으로 보인다. 두 개체군은 아마 평화로운 관계를 유지하며 서로 교역을 했을 가능성이 크다. 고고학 발굴물이 입증하듯이 어쨌든 나중에 기장은 북부에서 남부로 확산되었고, 반대로 쌀은 남부에서 북부로 전파되었다.[24]

이 지역에서는 오랫동안 채식과 영양실조에 걸릴 수 있는 생활양식이 주를 이뤘고, 한참 후에야 가축 사육이 시작되었다. 동아시아에는 양과 염소는 없지만 물소와 돼지가 많았고, 늦어도 9000년 전에 가축화한 물소와 돼지는 중국 농경민들에게 재산이 되었다. 사람들이 가장 많이 먹는 음식이 된 가축의 원산지도 동남아시아다. 닭은 지금도 이 지역에 나타나는 적색야계의 후손이다.

지중해 지역과 유사하게 비옥한 땅인 중국에서 오늘날 대부분의 중국인들이 살고 있는 도시 지역인 남동부는 문화가 꽃피고 성장하기에 이상적인 조건이었다. 기원전 1세기에 지중해 주변에 고도의 복합적인 여러 문화가 발생한 이후 중국은 약 2300년 전 이 발전을 뒤따라갔다. 고대 그리스, 이집트, 로마 제국은 나중에 전부 멸망한 반면, 중국 제국은 수천 년 동안 숱한 문화적 변혁에도 불구하고 중국 최초의 왕조가 등장한 약 2200년 전부터 20세기의 마지막 제국인 청나라에 이르기까지 놀라울 정도로 안정을 누렸다. 로마 제국이나 고대 이집트에 견줄 만한 수준이었다. 중국의 이러한 지속성은 오늘날 중국 인구의 90퍼센트 이상을 차지하는 한족의 유전학적 특징에서도 나타난다. 이들의 뿌리는 중국의 중부 및 동부의 초기 거주자들과 마찬가지로 최초의 신석기인에게서 찾을 수 있다.

유전적 연속성은 자연적 경계와 관련이 많다. 중국을 둘러싸고 있는 장벽 때문에 다른 유라시아 지역의 이주 움직임으로부터 거의 영향을 받지 않았다. 중국의 서부와 남부의 고비 사막과 히말라야산맥은 넘기 어려운 장애물이었다. 이러한 장벽은 중국을 보호해주는 동시에 중국 신석기 문화의 서쪽 진출을 가로막았다. 유일하게 남아 있는 길인 북쪽의 스텝 지대는 이동하기에 너무 추웠다. 결국 동아시아의 신석기인들도 고향을 떠났고, 인류 역사상 가장 위험천만했던 이주 물결은 지구의 절반까지 전파되었다. 이를 가능하게 했던 세계의 관문은 동쪽의 태평양 해안에 있었다.

거래에 능한 아메리카인들

아프리카와 유라시아의 신석기 혁명의 특징은 우월한 농경민에게서 시작된 이주와 축출 움직임이었다. 아나톨리아인들은 이 방식으로 유럽, 근동 지방, 남아프리카 일부 지역의 유전적 특성을 형성했다. 이란의 신석기인들은 동쪽으로, 아마도 멀리는 인도까지, 그리고 아시아의 스텝 지대로 전진했다. 오늘날 반투 유전자는 남아프리카의 거의 모든 지역을 지배하고 있다. 그리고 중국의 농경민들은 거대한 제국의 모든 비옥한 평야로 퍼져나갔다. 빙하기 말부터 세계의 다른 지역과 고립되어 있던 아메리카의 신석기 혁명은 전혀 다른 양상을 보였다. 이곳의 신석기 혁명은 이주한 농경민의 우세를 암시하는 유전자 이동과 관련이 없기 때문이다. 오히려 북아메리카와 남아메리카 원주민의 살아 있는 후손들이 약 1만 2000년 전 이곳에 살았던

테오신트(위), 옥수수-테오신트 잡종(중간), 오늘날의 옥수수(아래)를 비교한 모습. 아마 6000여 년 전에 재배되었던 테오신트에서 옥수수가 나왔던 것으로 것으로 보인다.(Wikimedia Commons)

이들과 유전적으로 동일하다.

6000여 년 전에 최초의 아메리카인들은 현재의 멕시코와 로키산맥 남부에서 볼품없는 야생 곡물을 재배하기 시작했던 것으로 보인다. 테오신트는 지금도 존재하며 매우 빈약한 외형과 이삭의 낱알이 적은 것이 특징이다. 약 3000년 전에 야생종인 테오신트를 인간이 길들여 재배한 작물이 옥수수다. 오늘날 옥수수는 비옥한 초승달 지대가 원산지인 밀과 중국에서 발달한 쌀과 더불어 지구에서 가장 많이 소비되는 3대 곡물 품종이다. 현재 연간 생산량이 2억 톤에 달하고 가장 많이 재배되는 채소 품종 중 하나인 토마토도 원산지가 아메리카다. 근대 유럽에 안정적인 식량 공급의 기틀을 마련한 감자도 마찬가지다. 하지만 이 모든 발명의 주역이었던 아메리카 대륙의 개체군에게 농작물 재배는 우세한 현상이 아니었다.

이와 관련해 가장 먼저 떠오르는 설이 있다. 북아메리카와 남아메리카를 따라 종축이 형성됨으로써 농경민들이 신석기 도구를 가지고 다른 지역으로 퍼져나가기 어려웠다는 것이다. 하지만 신석기 혁명 이후 옥수수뿐만 아니라 감자, 토마토, 각종 꼬투리 열매는 남아메리카 전역으로 빠르게 전파되었고, 그 외에 다양한 기후대에 강한 식물 종이 그렇게 많지 않았던 듯하다. 물론 두 대륙에는 수렵·채집인이 이주한 후 기록적인 속도로 북부에서 남부로 횡단하는 데 심각한 걸림돌이 될 만한 자연 장벽도 없었다. 따라서 미국의 신석기 혁명에 관한 시나리오는 다른 이유에서 유라시아 및 아프리카와는 뚜렷한 차이가 있어야 한다. 우리는 다양한 재배 작물의 원산지가 어디인지 모른다. 옥수수의 경우 증거는 아주 많지만 원산지를 알 수 없고 추측만 할 뿐이다. 하지만 중앙아메리카의 여러 장소에서 동시에 재배에 성공했다는 증거가 많다. 이러한 상황은 서로 이웃한 개체군 간 교역의 물꼬를 트는 강력한 동기가 되었을 가능성이 있다. 드디어 인간은 여러 개의 토마토나 감자만 가지고 있을 때보다 토마토 한 개와 감자 한 개로 훨씬 더 많은 것을 시도할 수 있게 된 것이다.

개별 개체군들 중에서 특정 개체군이 우세하지 않았다는 증거로 가축화한 동물이 거의 없었다는 점을 꼽을 수 있다. 북아메리카의 대초원에는 근대 유럽인이 나타날 때까지 물소밖에 없었다. 어쩌면 물소 고기를 거의 무한정으로 획득할 수 있는 환경이었기 때문에 이 지역 사람들은 야생 동물을 가축화하려는 시도를 하지 않았는지도 모른다. 나중에 가축화된 라마와 알파카는 역용동물이자 양모 제공의 역할이 우선이었고, 식용으로 사육한 기니피그도 한 집단이 다른 집단에 대한 압도적인 우월성을 보여주는 대상으로는 그다지 적합하지 않았다. 지금의 과테말라와 멕시코 남부의 일부 지역까지 뻗쳐 있던 마야 제국 역시 1세기에 눈부신 문화로 부상했지만, 아메리카 대륙 내에서 유전자 이동은 거의 없었다. 근동 지방 주변이나 아프리카의 반투족에게서 이들을 확인할 방법은 없다. 농경은 다음 수천 년에 걸쳐 북아메리카와 남아메리카에서 들불처럼 번져나갔다. 두 대륙의 유전자 구조는 중앙아메리카에서 남아메리카로의 유전자 흐름이 약간 보이는 것을 제외하면 거의 변화가 없다. 카리브해에서만 타이노Taino 문화에서 이주한 농경민들이 그곳에 살고 있는 수렵·채집인을 밀어냈다.

수렵·채집인의 지속적인 쇠퇴

아메리카 전역에 신석기 문화가 정착된 후 세계는 거의 농경생활권에 진입했다. 유일하게 오스트레일리아 대륙만 유럽인들이 도착할 때까지 이 대열에 끼지 못했다. 오스트레일리아에 이웃한 섬으로 세계에서 두 번째로 큰 섬인 뉴기니에서는 혼합형 농사를 짓고 있었다. 이것은 7000년 전에 그곳의 정착민들이 발전시킨 방식으로 화전과 바나나 경작을 주로 한다. 세계의 다른 지역처럼 이곳에서도 수렵·채집인은 자신들만의 최소한의 생태적 틈새에서 살아남았고,

수십 년 내에 이 집단들이 몰락할 것은 불 보듯 뻔한 일이었다. 농경민이 부상한 동시에 급속도로 인구가 증가한 이유는 소수의 동물 개체군들이 극적으로 성장한 것과 관련이 있다.[25] 우리 인간의 발전은 주로 이러한 개체군에 대한 착취를 바탕으로 이뤄졌다. 1만 년 전 인간과 가축화된 동물의 비중은 지구에 살고 있는 포유동물의 약 1000분의 1에 불과했지만 지금은 무려 95퍼센트에 달한다. 이처럼 놀라운 인구 성장은 가축 덕분이었다.

전 세계의 수렵·채집 사회는 수십만 년 이상 흙에서 얻을 수 있는 공급량이 제한되어 있었던 반면, 우리의 조상인 농경민들은 아주 짧은 시간 내에 무한해 보이는 성장 가능성을 마주했다. 농경민은 자신들이 원하는 대로 동식물을 극대화하는 법을 나날이 터득했다. 그 옛날부터 야생에 존재했던 위험은 문명화의 힘으로 울타리가 쳐졌다. 새로운 땅을 차지하겠다는 욕망은 한도 끝도 없었다. 중국에서 시작해 결국 인간은 파라다이스를 정복했다. 인간이 도착하자마자 파라다이스는 더 이상 과거의 상태로 돌아갈 수 없었다.

8장

지평선 너머

5000년 전, 인류는 비좁은 중국과 타이완에서 나와
인도양과 태평양으로 왔다.
섬을 하나씩 정복할 때마다 자원은 고갈된다.
우리는 신분의 상징을 위해
목숨을 건 우리와 마주하게 된다.

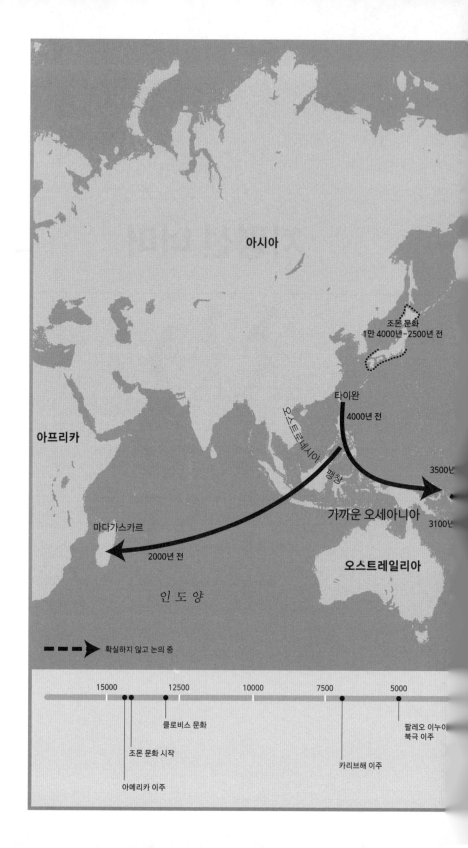

조몬 문화
1만 4000년-2500년 전

타이완
4000년 전

아시아

아프리카

오스트로네시아
팽창

3500년

마다가스카르

2000년 전

가까운 오세아니아

3100년

오스트레일리아

인 도 양

- - - ▶ 확실하지 않고 논의 중

15000   12500   10000   7500   5000

클로비스 문화

조몬 문화 시작

아메리카 이주

카리브해 이주

팔레오 이누이
북극 이주

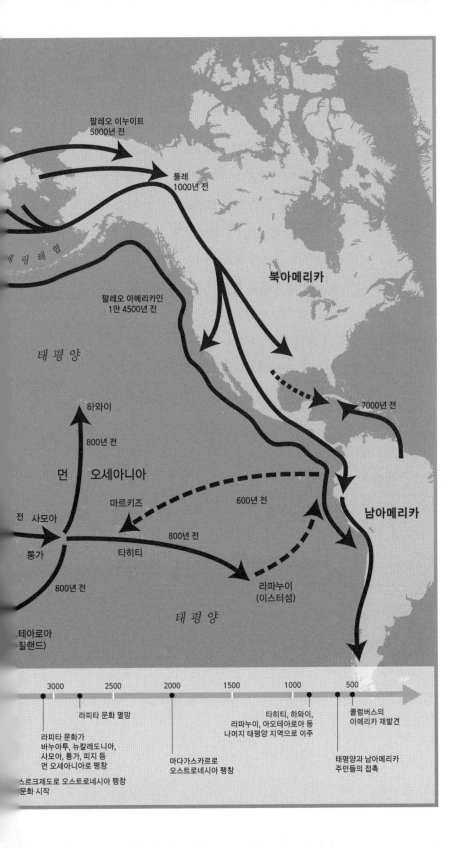

팔레오 이누이트
5000년 전

툴레
1000년 전

북아메리카

베링해협

팔레오 아메리카인
1만 4500년 전

태평양

하와이

800년 전

먼　오세아니아

7000년 전

마르키즈

600년 전

전　사모아

800년 전

통가

타히티

남아메리카

800년 전

라파누이
(이스터섬)

태평양

테아로아
(질랜드)

3000	2500	2000	1500	1000	500

라피타 문화 멸망

타히티, 하와이,
라파누이, 아오테아로아 등
나머지 태평양 지역으로 이주

콜럼버스의
아메리카 재발견

라피타 문화가
바누아투, 뉴칼레도니아,
사모아, 통가, 피지 등
먼 오세아니아로 팽창

마다가스카르로
오스트로네시아 팽창

태평양과 남아메리카
주민들의 접촉

스르크제도로 오스트로네시아 팽창
문화 시작

대양의 가축 운반선

아나톨리아와 마찬가지로 중국에서도 농경문화가 번성했고 농경에 사용할 수 있는 경작지는 빠르게 감소하고 있었다. 중국의 초기 농민들은 약 6000년 전 지금의 태국과 베트남으로 이주한 다음 수마트라로 진출했다. 소위 호아빈Hoabinhian 문화의 수렵·채집인이 사라지고 있었던 것이다. 그 증거로 보르네오와 자바 지역까지의 DNA에 나타난 중국 남부 농경민의 특성을 들 수 있다. 북부에서도 같은 일이 벌어졌다. 처음에 농경민은 한반도로 이동했고, 약 3500년 전에는 배를 타고 일본의 섬들로 건너갔다. 그곳에서 농경민은 고도로 발달한 수렵·채집 문화를 만났다. 이 문화는 수천 년 전 근동 지방의 나투프인들의 정착생활과 매우 흡사하다. 일본의 원주민들이 초기 형태의 농경을 했는지에 대해서는 논란이 많지만 말이다. 어쨌든 조몬繩文 문화권에 있던 사람들은 1만 5000년 전에 이미 토기를 제작했던 세계 최초의 도공으로 여겨진다. 조몬 문화 후기 토기에서는 놀라운 예술적 기교가 나타났다.

하지만 이들은 중국 대륙에서 밀려들어온 이주민들을 이기지 못했다. 조몬 문화는 새로운 이주민들이 정착해 수백 년에 걸쳐 일본 전역의 섬으로 확산된 후 사라졌다. 수렵·채집인은 밀려났다. 일본의 최북단과 최남단의 섬에서는 고대 일본의 수렵·채집인의 DNA 비중이 가장 높다. 오늘날 일본인에게서 이 비중은 평균 10퍼센트이고, 북부에서는 두 배 이상 높다. 조몬 유전자 비중은 최후의 수렵·채집인의 후손들인 아이누족에게서 가장 높게 나타났다. 이들은 일

농경이 중국에서 일본의 섬들로 전파되었을 당시 그곳에서는 이미 고도의 복합적인 수렵·채집 문화가 발달해 있었다. 조몬 문화권 사람들은 세계 최초의 도공들로 여겨진다. 이들은 1만 5000 년 전에 이미 화려한 장식의 토기를 제작했다.(Wikimedia Commons)

본 북부의 섬 홋카이도에 살고 있으며, 이들 중에는 조몬 유전자를 50퍼센트 이상 보유하고 있는 사람들이 많다.

일본과 마찬가지로 중국 남동부에 위치한 섬 타이완은 빙하기에 아시아 대륙의 일부였다. 약 5000년 전에 이주한 동아시아인들이 이 섬을 차지하기 전에는 이곳에도 수렵·채집인이 살았다. 대륙과의 상호작용이 거의 없었던 일본에는 농경민이 이주한 후 놀라울 정도로 동질적인 유전자 구조가 정착되었다. 반면 타이완은 인류의 마지막 대팽창 행렬의 교두보였다. 수천 년의 세월이 흘러 동아시아 유전자는 지구의 절반, 즉 아프리카 해안의 인도양 최서단에서 태평양의 아메리카 해안까지 확산되었다.

최대 90퍼센트가 물로 덮여 있는 반구를 수반구라고 하는데, 수반구의 모든 군도를 인류는 커다란 돛이 달린 쌍동선 형태의 배를 타고 정복했다. 이 배에는 돼지, 닭, 쥐, 옛 고향에서 재배종으로 길들여진 경제 식물이 실려 있었다. 지구에서 이용 가능한 마지막 땅을 찾아 발견자들은 배가 어디로 가고 있는지도 모르는 채 수백 수천 킬로미터를 항해했다. 전설의 '오스트로네시아 팽창'의 유전자 흔적은 마다가스카르에서 뉴질랜드를 거쳐 하와이와 이스터섬을 향했다. 특히 태평양의 작은 섬들에서 인류의 정복은 모든 가용 자원을 착취한다는 의미였다. 정착민들은 다른 섬을 발견해야 이러한 자원의 유한성을 피할 수 있었다. 더는 발견할 섬이 없고 성장 지향적 생활양식이 많은 지역은 파열되고 있었다.

아일랜드 호핑

오스트로네시아어족은 현재 1150개의 분파가 있고 약 3억 명의 사용자가 있다. 마다가스카르 원주민의 말라가시어와 뉴질랜드 마오리족의 언어가 이 어족에 속한다. 약 5000년 전 한 갈래였음을 암시하는 언어 분석 결과에 따르면 모든 오스트로네시아 언어의 기원은 타이완 제어이며, 타이완인의 약 80퍼센트가 현대화된 타이완 제어를 사용하고 있다. 당시 돼지, 닭, 벼와 함께 눈부신 농경문화를 발전시켰던 타이완인들에게 자신들이 살고 있는 섬은 너무 비좁았을 것이다. 하지만 오스트로네시아 팽창이 타이완에서 9500킬로미터 떨어진 마다가스카르나 1만 8000킬로미터 동남쪽에 있는 이스터섬에 가기 위해, 돌발적으로 세계 곳곳으로 떠난 무모한 항해자들에 의해 시작되었을 것이라고 생각해서는 안 된다.

인류가 태평양의 군도를 정복한 방식은 그보다는 아일랜드 호핑 island hopping(이 섬에서 저 섬으로 이동하기)에 가깝다. 쉽게 말해 먼저 가장 가까운 섬으로 이주했다가, 몇 세대 지난 후 나눠 쓸 땅이 없으면 이동 지역을 계속 넓혀가며 조상들이 살던 세계를 떠나는 방식이다. 이러한 팽창은 확고하게 확립된 입문 의식에 포함되어 있을 것이다. 이들은 먼 곳에 있는 섬을 발견하기 위해 자녀들을 보내고, 목숨을 건 여행을 위한 엘리트 계층이 형성되었을 것이다. 섬을 발견하는 데 실패한 가족은 실종된 자식을 애도하고, 운이 좋아 성공하면 발견자들은 가족과 사람들을 이끌고 새로운 고향으로 가서 우두머리가 되어 섬의 통치자로 살아갔다. 깊은 바다의 어둠 속에서 생을 마감할 위험과 전설이 되어 역사적 연대기에 오를 가능성이 팽팽하게 대립하고 있었다. 오스트로네시아 팽창은 맹목적으로 행운을 좇는 모험가들에 의해 추진되었다.

이 위대한 여정은 약 2000개의 작은 섬들로 이뤄진 열대의 군도 미크로네시아에서 시작되었다. 태평양 서부에 속하는 이 지역은 약 700만 제곱킬로미터로 둘러싸여 있고, 필리핀 동쪽으로 약 4000킬

오스트로네시아 팽창 당시 인간이 태평양 동부를 정복할 때 탔던 배를 재구성한 그림. 이들은 쌍 동선을 사용했고, 짐칸에는 새로운 고향에서 새출발을 하기 위한 경제 동물과 씨앗이 실려 있었 을 것이다.(Museum of Natural History, Hawaii)

로미터의 폭까지 뻗어 있다. 오스트레일리아의 동쪽인 남쪽에는 더 작은 섬인 멜라네시아가 이어진다. 그리고 미크로네시아의 동쪽에 는 하와이와 이스터섬에 이르는 거대한 폴리네시아의 군도와 대양 이 펼쳐진다.

이 지역에서 가장 큰 땅은 아직 인간의 발길이 닿지 않았지만, 멜 라네시아에 속하고 뉴기니에서 동쪽으로 뻗어 있는 비스마르크 해안 만은 예외였다. 이곳에는 이미 수렵·채집인이 살고 있었고 수렵·채집을 할 수 있는 땅이 충분했기 때문에 이들은 섬을 벗어나지 않았다. 그래서 너무 작은 땅은 버려져 있었다. 땅을 찾을 때 신석기인들은 이러한 제약을 개의치 않았다. 이들은 작은 섬에 농경을 전파시킬 수 없었지만 물고기를 잡으며 넉넉한 삶을 살았다.

섬이 작을수록 적은 세대가 형성되기 때문에, 새 가정을 위해 땅을 주고 나면 다른 젊은이들이 새로운 땅을 찾아 나서야 하는 압력도 크지 않다. 옛 항해자들이 탁월한 항해 지식을 갖고 있었다는 사실은 말할 필요도 없다. 하지만 가장 탁월한 항해자의 재능도 때로는 20미터를 넘는 태평양의 파도 앞에서는 무기력했다. 그리고 이 파도에 희생당한 사람들은 아마 오늘날 오세아니아 거주자들의 조상이 아닐 것이다.

남자들의 교역

비스마르크제도는 빙하기에 육지였고 사홀로부터 약 30킬로미터 떨어져 있었으며 지금의 파푸아뉴기니에 속해 있었다. 어쨌든 수렵·채집인에게 비스마르크제도는 폐쇄된 곳이었다. 수십만 년 동안 이들은 이곳에서 방해받지 않고 일상에 전념했다. 어느 날 갑자기 낯선 사람들이 돛이 달린 괴물을 타고 짐칸에는 신기하게도 말을 잘 듣는 짐승들을 실은 채 지평선에 나타나기 전까지는 말이다. 오스트로네시아 농경민들은 아마 40~50세대 전 조상들이 타이완을 떠나 비스마르크제도에 도착했을 것이다. 소위 라피타Lapita 문화를 입증하는 가장 오래된 증거들이 이 지역의 것이며 대략 3600년 되었다.

라피타 시대에 남태평양 최초의 농경문화가 시작되었다. 400년 후 이 문화는 솔로몬제도를 통해 600킬로미터 떨어진 바누아투 열도까지 확산되었고, 100년도 채 되지 않아 동쪽으로 2000킬로미터 떨어진 통가까지 전파되었다. 라피타 문화는 면적이 약 400만 제곱킬로미터로 유럽연합의 크기에 육박하며 거의 물로 뒤덮인 지역에 뻗쳐 있었다.[26]

어떻게 사람들이 타이완에서 남태평양까지 확산되었는지, 언어와 문화가 동남아시아의 열도에서 어떤 경로로 이동했는지에 대해서는 논란이 많다. 어떤 가설에서는 북부에서 남부까지 편안한 주거지였고, 이주민들이 정착한 일부 섬에는 이미 수렵·채집인이 살고 있었으며, 몇 세대 후 다시 새로운 정착민들이 다른 섬을 개척했다고 한다. 오늘날 바누아투와 주변 섬의 거주자들의 유전자 구성이 이 추측을 뒷받침한다. 이들이 동아시아뿐만 아니라 뉴기니 DNA를 갖고 있는 것은 열도를 통해 서서히 확산되고 수렵·채집인과의 혼혈이 이뤄졌다는 증거일 수 있다.

2016년에 이 가설은 유전자 조사를 통해 문제가 제기되었다. 당시 연구 대상이었던 DNA는 2800년 전 바누아투에 살았던 개체에서 채취한 것이었고, 이 DNA는 새로운 추출 방식 덕분에 얻을 수 있었다. 인간의 신체에서 가장 딱딱한 뼈인 두개골의 측두엽에 있는 측두골상암부의 뼈의 DNA가 특히 잘 보존되어 있다는 사실이 밝혀짐으로써, 열대의 넓은 지역에 고고유전학적 방식을 적용할 수 있는 길이 열렸다. 바누아투와 2000킬로미터 동쪽에 위치한 통가의 라피타 문화의 초기 농경민 연구는 전혀 예상치 못했던 결과를 얻었다. 이 DNA는 완전히 동아시아에서 유래한 것이었고, 동남아시아 수렵·채집인 개체군들의 혼혈은 발견되지 않았다. 이것은 오스트로네시아 팽창이 이미 살고 있던 큰 섬들을 거쳐서가 아니라 멀리 떨어진 곳에서 원주민과의 교류 없이, 그것도 매우 빠른 속도로 일어났을 것이라는 주장을 뒷받침한다.

또 다른 유전자 분석 결과도 초기의 확산에서 눈에 띄는 혼혈이 나타나지 않았음을 의미한다. 동아시아인의 DNA는 약 1500년 전, 즉 오스트로네시아 팽창이 시작된 지 한참 후에 뉴기니에 유입되었다. 이 DNA가 수렵·채집인의 DNA를 몰아낸 것이 아니었다. 오히려 정반대였다. 농경민은 세계에서 두 번째로 큰 이 섬에서 기반을 잡지 못했던 듯하고, 오늘날 고원지대 주민들의 유전자에도 이들의 흔적이 남아 있지 않다. 모든 것은 이 지역에서 수렵·채집인과 농경민이 공존했을 가능성을 암시하며, 교역을 통해서도 공존 관계가 형성되었을 것으로 보인다. 드디어 뉴기니 사람들은 재산 목록에 바나나를 포함시킬 수 있게 된 것이다.

놀랍게도 현재의 바누아투 주민들은 2800년 전에 살았던 조상들과 전혀 다른 유전적 특성을 지니고 있다. 이들은 유전적으로 더 이상 완벽한 동아시아인이 아니며 겨우 5퍼센트의 동아시아인 DNA를 보유하고 있을 뿐이다. 나머지 95퍼센트는 현재 비스마르크제도와 뉴기니 고원지대 원주민의 DNA와 일치한다. 유전자 이동에서 관찰된 사실은 농경민 문화가 항상 수렵·채집인의 문화를 몰아냈다는 인류사와 완전히 상반된다. 바누아투도 마찬가지다. 시간이 흐

를수록 동아시아인의 DNA는 뉴기니에 유리하게 감소했을 뿐만 아니라, 라피타 문화에 대한 고고학적 증거도 2600년 전에 끝났다. 실제로 수렵·채집인이 농경민을 몰아낸 것일까? 이들이 교류를 하면서 문화적 기교를 습득한 후에? 이것은 남태평양의 섬에서 여전히 오스트로네시아 언어가 우세하다는 사실과 상반된다. 게다가 바누아투에도 이미 200개의 언어가 있었다. 일반적으로 유전자 축출은 우세한 이주민들이 모든 문화에서 가장 중요한 표현 수단인 언어도 함께 들여오는 것과 연관된다.

추측컨대 완전한 축출이 아니라, 비스마르크제도와 이웃한 더 작은 바누아투의 섬들 사이에 지속적인 유전자 흐름이 있었을 것이다. 수백 년, 아니 수천 년 동안 아주 작은 섬들과 아주 큰 섬들 사이에 일정하고 상당히 동등한 교류가 있었다고 가정할 경우 작은 섬이 큰 섬의 유전자 구조에 적응하는 반면, 큰 섬에서는 아무 일도 일어나지 않는다는 것이 논리적인 추론이기 때문이다. 모집단이 큰 경우 이주민 수가 적으면 오랜 기간이 지나도 차이가 없지만, 모집단이 작은 경우에는 그 차이가 크다.

비스마르크제도와 뉴기니에서 이웃 섬 주민과 결혼한 사람들은 대개 남자였을 것이다. 어쨌든 그것은 우세한 Y염색체가 나타내는 것이다. 반면 작은 섬의 남자들이 뉴기니에서 가정을 이루기 위해 떠났다는 증거는 없다. 태평양 남자들의 교류는 유전적으로 확인할 수 없다. 오늘날 통가와 사모아 주민의 게놈에서는 이러한 모든 영향을 확인할 수 없다. 이런 섬들은 지속적인 인적 교류가 가능한 거리에서 너무 멀리 떨어져 있었기 때문이다.

유전자 데이터는 비스마르크제도와 바누아투 사이에 아주 오랫동안 존재했고 양측에 사용되었던 유전자 다리가 있었고, 이 다리가 30~40세대 전까지 존재했음을 입증한다. 한편 2600년 전 라피타 문화가 서서히 저물어갔고, 이 문화권 사람들에게는 이 시기의 고고학적 특성에서 중요한 토기 제작 기술이 없었다. 이 사실은 섬의 개체군 크기에서 확인할 수 있다. 현대인이 모두 IT 전문가가 아니듯 오스트로네시아 팽창 시기에 모든 사람들이 토기 제작에 몰두했을 리는 없다. 세대가 지날수록 전통 수공품을 제작하고 기술을 전수하는 사람들은 점점 줄어들었을 것이다. 예술적 기교가 뛰어난 토기로는 얻을 수 있는 것이 많지 않았기 때문에 생존에 중요한 미래 기술인 건조建造에 집중하는 사람이 점점 늘었을 것이다.

대양에서의 실험

우리는 이제 오스트로네시아 팽창에서 인류의 동반자가 어떤 형상이었는지 꽤 정확하게 알고 있다. 복잡한 배의 형태를 재구성하는 데 참고할 고고학 발굴이 없음에도 말이다. 이때 실험고고학이라는 학문 분야는 중요한 역할을 했다. 이 특수한 고고학 분야는 19세기 말에 탄생했다. 일반적인 고고학적 방법으로 설명할 수 없거나 설명하기 어려운 질문에 실험의 형태로 답하기 위해 만들어졌다. 바꿔 말해 해저와 태평양의 섬에서 인간을 다른 섬으로 데려다줬던 배를 발견할 수 없다면, 그 당시에 가능했던 방식으로 당시의 재료, 기술, 도구로 배를 만들어 섬에 가는 시도를 해보는 것이다. 이런 방법으로 우리 조상들이 했던 것처럼 배를 지을 수 있으리라 기대를 한다. 물론 이 작업은 완전히 무의 상태에서 시작하는 것이 아니다. 역사적으로 유명한 배들을 모범 삼아 옛 조상들의 모형을 유추하는 것이다.

현재 우리는 인류가 태평양 너머의 세계로 건너올 때 탔던 화려한 쌍동선의 형상을 개략적으로나마 알고 있다. 이는 실험고고학과 문자 기록과 구술 전승 덕분이다. 가장 많이 알려진 몇몇 고고학 실험들은 노르웨이의 토르 헤위에르달Thor Heyerdahl이 했던 것이다. 고고학자이자 인종학자로 2002년에 작고한 그는 이 연구 분야를 대중에게 널리 알렸다. 1947년에 그는 발사나무로 만든 뗏목인 콘티키호를 타고 리마에서 태평양까지 갔다. 이 지역에 아메리카에서 이주한 사람들이 살고 있다는 자신의 가설을 증명하기 위해서였다. 이 여행은 성공적이었고 나중에 영화로 만들어지기도 했지만, 이런 실험의 타당성의 한계가 밝혀지는 계기가 되기도 했다. 이런 실험들이 오늘날 성공한다고 할지라도 예전과 동일한 방식으로 진행되었다는 의미는 아니기 때문이다. 그럼에도 이것은 당시 태평양 정복자들이 어떤 난관을 헤쳐 나가야 했는지 이해하는 데 도움이 된다. 실험고고학자들은 이런 것들을 직접 체험한다.

실험고고학의 또 다른 인상적인 사례인 호쿨레아Hōkūle'a는 1976년 폴리네시아 항해협회가 4000킬로미터 떨어진 타히티로 항해할 때 탔던, 돛이 2개 달린 쌍동선을 제작하고 폴리네시아 팽창 당시의 항해술을 이용한 것이다. 이후 호쿨레아는 미크로네시아, 미국의 태평양 연안, 일본 항해에 사용되었다. 알려진 바와 같이 이 배는 태평양의 이주 역사를 실험적으로 재구성하는 것 외에도 하와이 및 폴리네시아 조상들의 문화적 관계를 활성화시키기 위해 제작되고 사용되었다.

신분의 상징에 대한 불길한 집착

오스트로네시아 팽창 당시 항해자들은 생존에 필요한 것도 함께 가져왔다. 개, 돼지, 닭, 그리고 쥐까지. 특히 쥐는 바다를 건너는 여행에서 저항력이 있기 때문에 영양원으로서 가치를 인정받았던 듯하다. 코코야자도 인류와 함께 남태평양으로 건너왔다. 물론 섬들, 특히 미크로네시아의 아주 작은 섬들에서는 유라시아나 아메리카에도 있었고 신석기 문화를 가능하게 했던 농경이라는 선택지에 한 번도 접근할 기회가 없었다. 지금도 오스트로네시아 팽창에 해당하는 전 지역에서 대형 농경지는 거의 볼 수 없고, 뿌리채소 경작이나, 닭과 돼지 등 방목지가 필요 없고 단순 분해자 역할을 하는 짐승 사육이 주를 이룬다.

섬 주민들도 훌륭한 음식 재활용자로 발전했던 것으로 보인다. 더 멀리 떨어진 섬으로 팽창을 시도할 때마다 인류는 확산에 성공했던 듯하다. 음식 재활용자라는 단어에는, 에너지를 저장하고 분해한다는 두 가지 뜻이 담겨 있다. 인간의 신진대사 체계가 지방과 에너지를 비축해두었다가, 수십 일에서 수 주가 걸리는 여행 동안 분해할 수 있게 되었다는 것이다. 탐사 여행에서 긴 굶주림의 시기를 견디고, 새로운 섬에서 처음에 농경의 기반을 다지는 시기를 극복해야 할 때, 유전자는 생존에 유리한 혜택을 제공했다. 당시에 이 유전자는 축복이었다.

반면 당, 지방, 단백질 결핍에 시달릴 일이 없는 오늘날의 후손에게 이것은 저주가 될 수 있다. 비만증에 걸리기 쉬워 건강을 해칠 위험성이 매우 높고 평균 수명이 감소할 가능성이 크기 때문이다. 현재 세계 10대 비만증 국가 중 8개국이 태평양의 군도에 있다. 오스트로네시아 팽창의 유전적 병목 현상에서 그 원인을 찾을 수 있다. 이와 관련 있는 '절약 유전자'가 아직까지 밝혀지지 않았을지라도 말이다. 세계 20대 비만증 국가를 살펴보면 태평양 연안 국가 외에 8개국은 아랍 지역에 있다. 대부분이 지난 수천 년 동안 반복적으로 찾아오는 오랜 가뭄과 기근을 이겨내야 했던 지역이다. 20대 국가 중 이러한 지리적 분류에 어긋나는 국가는 미국이 유일하다.

오늘날의 피지제도, 사모아, 통가는 농경지로 사용할 수 있는 면적이 많지만, 약 1200년 전에는 충분하지 않았던 듯하다. 늦어도 이 시기에 오스트로네시아 팽창의 마지막 대이동기가 시작되었기 때문이다. 400년 만에 인류는 2400킬로미터 동쪽에 위치한 타히티와 약 1400킬로미터 떨어진 쿡제도로 이주했다. 북쪽에서는 폴리네시아에서 하와이까지, 동쪽에서는 이스터섬까지 진출했다. 5000만 제곱킬로미터에 육박하는 면적에 북아메리카와 남아메리카를 합친 것보다도 더 큰 폴리네시아의 주거지는 기적에 가까운 곳이었다. 토착민들이 라파누이라고 부르는 이스터섬까지 가려면 최소 2000킬로미터의 대양을 건너야 했지만, 이주민들이 마주한 땅은 고작 24킬로미터밖에 되지 않았다.

이스터섬 발견자들의 후손은 숭배 대상에 대한 집착이 컸던 것이 분명하다. 자신들의 조상이 이 믿을 수 없는 여행을 떠난 후, 초자연적인 힘과 신에게 길을 인도하고 자신들을 보호해달라고 간구해야 할 이유가 충분했던 것이다. 수백 년의 세월이 흐르고 주민들은 화산암을 깎아 사치스러운 석상을 만들었고, 이 석상들은 밧줄과 나무줄기, 특별히 설계된 길을 통해 배포되었다.

1000개에 달하는 모아이 중 가장 큰 것은 높이가 무려 10미터이고 무게는 평균 12톤이다. 이스터섬의 고고학 발굴물은 예술품이 각 마을과 혈족에게 신분의 상징으로 통했다는 증거다. 당시 사람들은 서로 더 좋은 것을 만들기 위해 애썼던 듯하다. 모든 모아이의 기원이 된 라노라라쿠 화산의 경사면에는 이제 막 만들기 시작한 것처럼 보이는 한 표본이 있다. 완성되어 마지막 사명을 찾아 이곳을 떠난 석상들처럼 그 표본은 무언가를 기다리며 누워 있다. 높이가 21미터인 표본은 완성되지 않고 옮겨지지도 않은 채 그 자리를 지키고 있다.

달콤한 꿀이 흐르는

누워 있는 이 거인은 이스터섬에서 발견할 수 있는 가장 먼 지점까지 도달한 인류의 운명을 상징한다. 정작 그곳에서 인류가 느낀 것은 유한한 행성에서 무한을 추구하는 종의 한계였다. 잘 생각해보면 이스터섬은 인간이 이주하기 전에는 숲이 무성한 파라다이스였다. 18세기에 유럽인들이 이 땅을 밟았을 때는 척박한 스텝 지대만 있었다. 인간이 이스터섬으로 이주한 지 800년이 채 안 되었을 것이기 때문에 괴물 같은 석상들의 보호를 받으며 원시림을 단작이 가능한 농경지로 정비하는 데 몇 세대밖에 걸리지 않은 셈이다. 이러한 남벌 과정과 관련해 현재 다양한 이론이 존재한다. 섬 주민들이 자신의 생활기반을 개척했을 때 섬이 이미 파괴되기 시작했다는 데 학자들의 의견이 일치한다.

특히 새로운 정착민들은 그들이 이주하기 전에 대략 1600만 개의 표본이 있었다고 추측되는 칠레와인야자에 도끼를 대기 시작했다. 이주자들은 농경지가 필요했고, 또 한편으로는 나무를 얇게 베면 영양분이 풍부하고 달콤한 즙이 나오므로 나무 자체가 수익성 있는 경제 식물이었기 때문이다. 심지어 거대한 모아이를 옮기는 데 나무줄기가 필요해서 나무들을 과도하게 벌목했다는 이론도 있다. 두 이론에 따르면 예전에 숲이 울창했던 땅이 무방비 상태로 열대 지방의 비에 방치되면서, 비옥한 땅이 침식되고 씻겨 내려갔을 가능성이 있다. 이러한 환경이 서서히 문화적 몰락을 초래해 급격한 인구 감소로 이어졌을 것이다.

많은 학자들의 추측에 따르면 유럽인들이 이 섬에 왔을 때 남아 있던 인구는 이주 전성기 때의 10분의 1 정도였을 것이라고 한다. 이에 따르면 이스터섬의 문화적 전성기였던 16세기의 인구 규모에는 두 번 다시 도달하지 못했다. 유럽인에 의한 착취와 감염병 유입은 19세기 말 이 섬의 인구 감소를 재촉해 원주민은 100명도 채 남지 않았다. 오늘날 라파누이에는 나무가 거의 없고 800명의 주민이 주로 관광 수입으로 생계를 유지하고 있다. 주민들에게 필요한 대부분의 물자는 수입된다.

과거 유럽과 아시아의 넓은 지역이 흑사병에 대한 공포로 마비되었던 시절에 남태평양에서는 교역이 번성했다. 이러한 환태평양 경제권이 가장 활발했던 시기는 13세기와 14세기로, 모든 섬이 발견되고 사람들이 이주했지만 아직 착취가 시작되지 않았던 때였다. 교역 루트는 하와이와 타히티 사이, 서로 4000킬로미터 떨어져 있고 한눈에 봐도 경유지로서의 가능성만 보이는 곳이었다. 하지만 1400년에 활발한 해상 왕래도 끝났고, 섬 주민들은 스스로 후퇴했다. 작은 섬들이 전부 발견되고 분배되어 있어서 새로운 이주민들이 비집고 들어올 틈이 없었다. 이런 세계에서 힘겹게 생명을 무릅쓴 뱃길을 떠나 지평선 너머 약속의 땅에 가야겠다는 동기는 사라진 지 오래였다.

모든 노력은 섬에서 마지막 남은 것까지 전부 가져오는 것에 집중되었다. 17세기와 18세기 유럽인들이 정복했던 군도는 여전히 먼 곳을 동경하는 북반부 거주자들에게 꿈의 장소였다. 이제 인간의 손이 닿지 않은 파라다이스는 한곳도 남아 있지 않았다. 태평양에서 인류는 아마도 아프리카를 떠난 후 처음으로 고향 땅에 아무것도 남지 않을 때까지 철저히 착취하기 시작했을 것이다.

15대의 카누를 타고 뉴질랜드로

오스트로네시아 팽창은 뉴질랜드에서 대단원의 막을 내렸다. 약 750년 전 인간은 북쪽으로 약 2000킬로미터 거리에 있는 쿡제도로 항해했다. 폴리네시아의 작은 섬들과 달리 뉴질랜드의 정복자들에 게는 훨씬 더 큰 땅이 기다리고 있었다. 스스로 마오리라고 부르는 이주민들과 태평양 쥐들이 함께 실려 왔다. 인간과 쥐는 이 섬에 처음 발을 내딛은 육지 포유류였다. 뉴질랜드는 4000만 년 전부터 줄 곧 물로 둘러싸여 있었다. 이 시기에는 거의 모든 생태적 틈새를 날 지 못하는 새인 모아와 같은 조류가 차지하고 있었다. 모아는 인간 이 등장한 후 얼마 되지 않아 멸종되었다. 키가 무려 3미터인 뉴질 랜드의 독수리도 모아를 먹고 살았는데, 이들도 모아처럼 인간이 들 어온 후 오래 버티지 못했다.

마오리족 언어로 '아오테아로아Aotearoa'라고 하는 뉴질랜드의 자 연은 새로운 정착민들을 본격적으로 초청하는 계기가 되었을 것이 다. 오늘날까지 이곳의 동식물은 생존에 불리한 오스트레일리아의 환경과 완전히 대조적인 것으로 알려져 있다. 이곳에는 인간에게 적 응하지 않고 경계하지 않는 조류를 쉽게 잡거나 죽일 수 있을 뿐만 아니라, 독을 가졌거나 다른 이유로 위험한 동물이 전혀 없었다. 오 스트레일리아와 달리 육지 포유류 없이 온화하고 습한 기후만 있었 기 때문에 생물에게 극한의 방어 메커니즘으로 표현되는 진화의 이 점이 필요하지 않았다.

조상이 15~20세대 전에 이 섬으로 온 마오리족의 구전 전승에 따르면 당시 정착민은 15대의 아우트리거 카누를 타고 이주했다고 한다. 각각의 카누는 각각의 마오리 부족을 대표했다. 19세기 중반 뉴질랜드에서 '머스킷 전쟁'이 일어났고, 이 부족들 중 많은 이들이 서로 대립하여 대략 2만 명의 마오리족이 사망했다. 이 분쟁에서도 섬의 천연자원을 이용하는 통로가 문제였다.

오늘날 뉴질랜드에는 약 70만 명의 마오리족이 살고 있다. 이들은 뉴질랜드 인구의 약 15퍼센트를 차지하며, 태평양권에서 폴리네시아 이주민 출신들 중 가장 큰 집단이다. 1990년대 이후 뉴질랜드로 온 아시아계 이민자의 비중은 10퍼센트다. 뉴질랜드의 유전자 용광로에서는 유럽계 이민자들의 비중이 가장 높다. 인구 분할 비중과 관련해 이와 유사한 이동은 하와이에서도 나타나며, 현재 10명 중 1명이 하와이 원주민에서 유래한다. 미국인의 40퍼센트는 아시아, 25퍼센트는 유럽에 뿌리를 두고 있다.

닭과 함께 전래된 고구마

오스트로네시아 팽창이 남아메리카 연안까지 뻗칠 수 있었을까? 역사적으로 유럽인은 태평양권에서 우세했기 때문에 이 질문에 대해 불확실성이 제기된다. 이를 뒷받침하는 많은 의견들이 있지만 가장 확실한 증거 가운데 하나는 신중하게 받아들여야 한다. 예를 들어 오늘날 태평양 전역에 널리 퍼진 고구마는 정확하게 아메리카의 신석기시대에 기원을 두고 있는 작물이다. 이것은 태평양권과 중남미

서부 해안의 원주민들이 교역을 했다는 의미로 해석할 수 있지만, 사실 고구마는 스페인 사람들을 통해 전파되었다. 16, 17세기에 스페인 사람들이 함대를 타고 전 세계의 대양을 정복했을 당시 지금의 멕시코에서 타이완에 해당하는 적도 태평양을 따라 집약적인 교역 루트가 있었다.

안타깝게도 이러한 교역에 관한 문자 기록은 거의 전해지지 않는다. 고구마가 오세아니아로 전래된 것이 스페인 사람들을 통해서인지, 수백 년 전부터 아메리카와의 교류가 있었기 때문인지는 알 수 없다. 오스트로네시아 팽창 당시 태평양·아메리카의 관계를 입증하는 또 다른 증거가 닭의 뼈다. 칠레 해안에서 고고학자들이 발견한 이 뼈의 연대는 13세기로 추정된다. 닭은 동아시아가 원산지이고 이 시기에 아메리카에서는 먹지 않았을 것이므로 그전에 배를 통해 수입되었을 리는 없다. 하지만 여기에서도 연대가 불확실하기 때문에 스페인 사람들이 들여왔을 가능성이 크다.

지금까지 태평양 지역과 아메리카 사이의 교류를 입증하는 가장 설득력 있는 증거는 타히티 북부에 있는 마르키즈제도에서 확인되었다. 현재 그곳에 살고 있는 사람들의 게놈에 최소한이지만 측정 가능한, 초기 남아메리카의 혼혈이라고 해석할 수 있는 유전적 흔적이 있다. 여기에서 이스터섬으로 우회한 최소한의 연결 고리를 찾을 수 있을지 모른다. 라파누이에서 미지의 동쪽 지역으로 떠나는 모든 탐사 여행의 종착지는 남아메리카였을 것이다. 이를 위해 장장 4000킬로미터를 항해해야 했을지라도 말이다. 돌아오는 항로에서 남아메리카 해안을 따라 움직이는 훔볼트 해류(페루 해류)가 몇몇 뱃

사람을 북부로 이동시켰고, 이들은 남아메리카에서 폴리네시아 군도를 거쳐 적도 근방에 도착했다. 어쩌면 이들이 아메리카에서 알게 된 여자들과 오늘날 마르키즈제도에서 확인할 수 있는 유전자도 함께 데리고 갔는지 모른다. 물론 이 여정에서 남자들도 선원들과 함께 모험심, 결핍, 아메리카에 대한 동경으로 태평양 군도로 이주했을 가능성이 있다.

하지만 이것은 남아메리카 유전자가 6000킬로미터 이상 떨어진 마르키즈제도까지 이동하게 된 경위 중 한 가지 가능성에 불과하다. DNA 흔적으로는 아주 산발적인 교류가 이뤄졌다는 사실만 알 수 있고, 이 교류는 폴리네시아 전 지역에서 나타나지는 않았던 것 같다. 어쨌든 서폴리네시아나 하와이의 원주민에 대해서는 이러한 유전자 연구 결과가 없다. 과거에 이 지역과 관련해 반복적으로 제기되었던 가설은 남아메리카에서 일부가 태평양권에서 나와 거주했다는 것이다. 지금까지 알려진 가장 오래된 게놈은 타히티에서 나왔는데, 이 게놈에서는 초기에 남아메리카와 북아메리카 사이의 교류 흔적을 확인할 수 없다.

오스트로네시아 팽창에서 최남단, 즉 마다가스카르로 인도한 길에 대해서는 오늘날까지 알려진 것이 거의 없다. 하지만 이 사실은 여러 차례 입증되기도 했다. 약 2700만 명의 마다가스카르인 중 현재 대다수가 사용하는 말라가시어는 오스트로네시아어족에서 가장 서쪽에 위치한 분파다. 현재 섬 주민들의 DNA도 유전자 시계에 따르면 약 2000년 전에 있었을 것으로 추측되는 이주가 사실임을 입증한다. 평균적으로 마다가스카르인의 게놈은 절반이 아프리카에서, 나머지 절반은 동아시아에서 유래한다. 둘 다 대략 같은 시기에 코모로를 통해 아프리카로 연결된 이 섬으로 왔다.

유감스럽게도 지금까지 이렇게 오래된 마다가스카르 DNA는 없고, 오스트로네시아 팽창 루트를 추리할 수 있는 인도양에서의 흔적도 적다. 북동부에 위치한 세이셸, 몰디브, 스리랑카는 마다가스카르로 항해할 때 반드시 거쳐야 하는 중간 지점일 것으로 추측되지만 이 지역에는 오스트로네시아 언어가 존재하지 않는다. 이 섬들에는 고고학적 흔적도 없고, 지금까지 고대 DNA도 발견된 적이 없다.

오스트로네시아의 뱃사람들은 바닷길을 통해 마다가스카르에 올 수 없었을지도 모른다. 동아시아인 유전자는 인도, 아라비아, 아프리카 해안을 따라가는 길을 선택했을 가능성을 암시한다. 이 가설이 옳다면 아프리카와 동아시아의 DNA가 동시에 이 섬에 왔어야 한다. 이 가설의 마다가스카르 이주 역사가 사실이라 해도 계속 육로를 통해 확산되었다고 보기는 어렵다. 이렇게 되려면 더 많은 시간이 필요하기 때문이다. 동아시아인 유전자는 정착되어 있던 교역 루트를 통해 동아프리카까지 왔고, 여기에서부터 오스트로네시아·아프리카 혼혈이 코모로를 통해 마다가스카르까지 쏟아져 들어왔을 가능성이 있다.

카리브해에 봉쇄되어

이 시기에 인류는 태평양과 인도양의 해상 생활권뿐만 아니라 중앙아메리카의 해안까지 정복했다. 2020년 처음으로 고대 카리브해 주민들의 DNA를 다량 해독하는 데 성공했다. 유전체는 분석된 개체들의 두개골 중에서도 특히 안정적인 측두골상암부에서 나온 것이었다. 300개 이상의 표본은 카리브해의 여러 섬들로 이뤄진 대앤틸리스제도, 특히 쿠바, 히스파니올라, 푸에르토리코에서 발견된 것으로 연대는 3200년에서 400년 사이였다.

최초의 수렵·채집인은 7000년 전에 카리브해에 도착했는데, 어느 길로 왔는지는 알 수 없다. 이들은 새로운 도약을 할 때마다 엄청나게 긴 구간을 이동해야 했고, 150킬로미터의 구간도 이동했다는 것만 확실할 뿐이다. 이는 오스트로네시아 팽창 당시의 이동 거리와 비교하면 하찮아 보일지 모르겠다. 하지만 여기에서도 훨씬 전에 있었던 이주 물결이 나타났다. 당시 인간은 돛이나 쌍동선 같은 것은 알지도 못했고 기껏해야 단순한 카누를 이용하는 정도였다. 이들은 나무줄기를 꽉 껴안고 몇 날 며칠을 카리브해를 표류하면서 조류에 휩쓸리거나 육식어에게 잡아먹히지 않기만을 바라며 저 먼 섬까지 헤엄쳐 갔는지도 모른다. 인간이 단순히 재미 삼아 육지를 떠났을 리는 없다. 어쩌면 이들은 남아메리카 해안에서 물고기를 잡고 채집할 장소를 찾기 시작했거나, 사주沙柱에서 사주로 다녔는지도 모른다.

카리브해의 3200년 된 측두골상암부 표본은 오랜 정착생활을 하던 수렵·채집인뿐만 아니라 농경민의 DNA에서도 채취되었다. 이들은 약 2800년 전에 이곳에 왔다. 남부의 오리노코 삼각주에 뿌리를 두고 있는 이들은 몇백 년 만에 푸에르토리코와 소앤틸리스제도, 동카리브해 전역으로 확산되었다. 여기에서부터 현재 아이티와 도

약 2800년 전에 최초의 농경민이 카리브해로 왔다. 이곳에는 수천 년째 수렵·채집인이 터를 잡고 살고 있었다. 이들은 새로 나타난 이주민들에게 자신의 영역을 내주지 않았다. 두 개체군의 혼혈은 거의 없었다.(Tom Björklund)

미니크공화국이 나눠 소유하고 있는 히스파니올라까지 사실상 더이상 대규모 이동은 없었다. 한때 유럽의 아나톨리아 농경민이 겪었던 것과 유사한 유전적 변화가 소앤틸리스제도에서도 나타났고, 농경민들은 히스파니올라에서 극복할 수 없는 장벽에 부딪혔다. 이 장벽으로 인해 이들은 오랫동안 멀리 떨어져 있었다. 고고학자들은 오래전부터 이 장벽이 수렵·채집인 개체군을 의미할 수 있으며, 히스파니올라에서 우세했고 포화 상태였기 때문에 새로 나타난 농경민들이 이 섬에 정착할 기회가 없었다고 추측해왔다. 최근의 유전자 데이터도 이 추측을 뒷받침한다.

약 1800년 전 신석기인들은 히스파니올라에 정착하는 데 성공했다. 과거와 달리 소앤틸리스제도에서는 수렵·채집인이 이주민에게 굴복하지 않았다. 두 개체군은 아주 오랜 기간 완전히 분리된 상태로 있었고, 유전자 표본도 신석기 문화가 히스파니올라로 확산된 후 수백 년 동안 혼혈이 거의 이루어지지 않았다는 것을 입증한다. 11세기까지 히스파니올라와 쿠바에는 카리브해의 수렵·채집인 집단의 전형적인 특징을 지닌 개체들이 있었다. 두 개체군은 서로 강하게 배척하는 성향이 있었지만, 각 개체군의 크기는 매우 작았다. 새로운 유전자 분석 결과는 수렵·채집인, 농경민을 다 합쳐도 1000년 전 히스파니올라와 바하마의 인구가 1만 명을 훌쩍 넘을 수 없었다는 증거다. 서로 다른 섬에 사는 두 개체군에게 강한 친척 관계는 있었지만 혼혈은 없었던 것이다.

크리스토퍼 콜럼버스는 1492년 히스파니올라에 도착한 후 수백만 명의 원주민들이 살고 있다고 묘사했지만, 이것은 유전자 분석을 바탕으로 개체군의 규모를 계산한 결과와 완전히 반대되는 수치다. 그가 신세계 탐사 비용을 더 많이 받아내기 위해 스페인 궁정에 터무니없이 부풀려 보고했을 가능성도 있다. 어쨌든 유럽인이 도착한 후 아메리카의 원주민 수는 급격히 감소했다. 수많은 질병이 유입되고 많은 원주민들이 노예가 되거나 학살당했기 때문이다.

정복, 착취, 식민화의 역사는 오늘날 카리브해 주민들의 DNA에 새겨져 있다. 특히 부계 유전인 Y염색체는 쿠바인들의 경우 대개 유럽에서 유래한다. 모계 유전인 미토콘드리아 DNA만 유럽인이 도착하기 전에 살았던 사람들에게서 30퍼센트를 물려받았다. 원주민 남성은 새로운 이주민의 개입으로 후손을 낳지 못했던 것으로 보인다.

아메리카-러시아 축

새로운 생활공간을 찾겠다는 인간의 의지는 태평양 전역을 넘어 카리브해뿐만 아니라, 전혀 다른 방식으로 생명의 위협을 받는 지역으로 이동했다. 바로 북극에서 인간은 탐사를 시작한 것이다. 알다시피 우리 조상들은 유라시아의 추운 북극 지방을 차지하려고 선봉에서 싸운 최초의 인간들이었다. 시베리아 북부 정복은 궁극적으로 1만 5000년 전에 시작된 아메리카 개척 성공의 발판이었다.

알래스카 북부와 지금의 캐나다 북부로의 이동은 약 5000년 전에 소위 팔레오 이누이트에 의해 시작되었다. 이들은 중앙아시아, 정확하게 말하면 베링 해협에서 서쪽으로 5000킬로미터 떨어진 지역에 뿌리를 두고 있다고 오래전부터 학자들은 추측해왔다. 이러한 이론은 언어적 다리를 바탕으로 한다. 이 다리는 북아메리카의 많은 원주민들이 사용하는 나데네어족과 예니세이어족 사이에 있으며, 현재 유일하게 존재하는 분파는 케트어다. 케트어는 정확하게 현재 러시아의 중앙에 위치한 중부 예니세이 계곡에 사는 100여 명의 주민들이 사용하고 있다.

이들의 조상은 사향소와 순록 사냥에 정통했고, 유라시아의 동부와 서부에서 신석기 문화가 전진하던 시기였던 약 5000년 전부터 베링 해협까지 확산되었던 것으로 보인다. 당시 베링 해협은 1차 이주 물결 때처럼 말라 있지 않았지만, 팔레오 이누이트가 이동하는 데 큰 걸림돌은 아니었다. 고향의 동쪽과 서쪽 해안을 개척해 바다를 건너 이동할 때보다 훨씬 활발한 교류가 있었다. 당시에 알래스카 남부의 알류산 열도로도 이주했다. 알래스카에서 이 지역은 얼어 있지 않고 러시아의 툰드라 지대와 비슷해 팔레오 이누이트의 생활 공간으로 많이 사용되지 않았다. 어쨌든 이 시기에 정착된 주거 구조가 이곳에는 거의 없었다. 북아메리카가 오히려 확장된 수렵 구역으로 적절했고, 자원이 부족한 북극 지방을 대체했을 가능성이 있다. 팔레오 이누이트는 약 4000년 전에 그린란드를 조심스럽게 탐색하기 위해 떠났지만 이곳에서도 일종의 계절노동자로 활동했다. 어쨌든 이 시기에 지속적인 주거 구조는 이곳에 없었다.

고고유전학에서 팔레오 이누이트는 특히 중요한 의미를 갖는다. 당시 최초로 분석된 고인류의 게놈이 이들에게서 나왔기 때문이다. 이 게놈은 2010년 네안데르탈인의 게놈보다 먼저 발표되었다. 해당 표본은 4000년 된 머리카락에서 추출되었고 분석 결과는 엄청난 파장을 일으켰다. 어쨌든 당시 학자들은 현재 북아메리카 원주민들이 팔레오 이누이트에서 기원하지는 않았을 것이라고 생각하고 있었는데, 분석 결과 사실로 입증된 것이다. 이 연구는 그린란드가 자치령으로 속해 있는 덴마크의 학자들이 주도했기에 더 큰 파문이 일었다. 당시 연구에서 유피크, 이누피아트, 현대 이누이트가 속해 있는 캐나다 북부의 원주민 집단의 조상인 '네오 에스키모'의 이주 물결은 완전히 다른 양상을 띠었고, 과거 그곳에 살았던 팔레오 이누이트와 전혀 상관이 없다는 가정은 실제 유전자 분석을 바탕으로 한 것이었다. '덴마크'의 바이킹은 기원후 1000년 이후 이미 아이슬란드에서 그린란드로 이주했고, 네오 에스키모는 13세기나 14세기가 되어서야 이곳에 도착했기 때문에 이 가정에 따르면 덴마크인들이

5000년 전 인류가 알래스카와 지금의 캐나다 북부 지역으로 진출했을 때 새로운 수렵 및 생존 전략이 개발되었다. 그들의 기술 중 일부는 현재 이 지역에서 고래와 기각류 잡이에 사용되고 있다.(Tom Björklund)

세계에서 가장 큰 섬을 가장 먼저 차지한 셈이 된다.

　유전적 타당성을 근거로 국가의 영토권을 주장할 수 있다는 것이 잘못된 조언이라는 사실을 제외해도 당시의 DNA 분석 결과는 받아들이기 어렵다. 실제로는 800년 후에 현재 북극에 살고 있는 이누이트와 유피크가 그 지역에 왔을 것으로 보이기 때문이다. 하지만 이들은 부분적으로 팔레오 이누이트의 초기 개체군에 뿌리를 두고 있다. 이는 이미 2019년 선사시대와 오늘날의 알래스카·알류샨·캐나다에 살고 있는 사람들의 유전자 데이터를 비교한 결과 입증된 사실이다. 원주민의 유연관계는 미국의 남부뿐만 아니라 러시아 쪽 베링해협을 아우르는 전혀 새로운 모델을 취했다.

　이에 따르면 지금의 아메리카 북극 지대뿐만 아니라 러시아의 추크치반도 원주민도 팔레오 이누이트에 뿌리를 두고 있다. 이누이트와 유피크의 조상은 베링 해협을 세 번 건넜을 것이다. 첫 번째는 5000년 전에 이들이 팔레오 이누이트로 처음 알래스카로 이동해 그 지역에 살던 사람들과 혼혈을 했던 때다. 두 번째는 이들이 추크치 반도에서 고대 베링해 문화를 건설하고 이곳에서 수천 년 이상 지역 집단들과 혼혈을 했던 시기다. 마지막 세 번째 이동에서 이들은 약 1200년 전에 다시 바다를 건너고 빙하를 따라 알래스카와 캐나다 북부로 갔다. 이 사람들은 800년 전 그린란드에 도착했을 때 '네오 에스키모'를 연상시키는 툴레Thule 문화를 이곳으로 들여왔다. 이들은 처음 염기 서열이 분석된 4000년 된 팔레오 이누이트와 뚜렷한 유전적 차이를 보이지만, 일부는 이 개체군에 뿌리를 두고 있다.

바이킹은 한때 자신들이 이름을 지어주었던 '녹색의 땅' 시대에서 후퇴했다. 소빙기가 찾아와 그린란드는 황량한 땅이 되었기 때문이다. 네오 에스키모는 완전히 달랐다. 그사이 이들은 얼어붙은 땅에 완벽하게 적응했고 심지어 이곳에서 일시적으로 나타난 기후 냉각화에서도 살아남을 수 있었다. 특히 이들은 고래잡이에 탁월한 전문가가 되었다. 오늘날에도 이들의 몇몇 후손들은 고래잡이를 한다. 초기의 북극 주민들은 보트를 타고 날카로운 작살, 돌이나 동물 뼈로 만들어진 돌도끼를 던져 크고 작은 고래를 잡았다. 그들이 한 번 작살을 던지면 고래는 빠져나갈 수 없었다. 탈진한 고래가 수면 위에 떠오르고 위로 끌어올려지자마자 바닷물은 완전히 피로 물들었다. 수렵인들이 잡은 고래를 육지로 끌어올리면 고래잡이는 끝이 났고, 이것으로 며칠에서 몇 주 동안 주민들이 먹고 살았다. 매일 바다에서 잡은 생선과 기각류가 밥상에 오르기도 했다.

저 멀리 보이는 낯선 배들

북극을 정복하면서 우리 조상들의 팽창은 대단원의 막을 내렸다. 800년 전 세계의 대양은 인간 문명의 일부가 되었다. 북극의 빙하도 마찬가지였다. 조만간 인류가 남극에 도달하게 될지 모를 일이었다. 남극은 1만 년째 아메리카 최남단으로 이주한 사람들이 살고 있는 티에라델푸에고제도에서 겨우 80킬로미터 떨어져 있었다. 하지만 마지막 도약은 더 이상 오지 않았다. 그러기에는 시간이 너무 부족했다.

500년 전 북아메리카와 남아메리카 사람들에게 갑자기 무언가 나타났다. 괴물 같은 배가 지평선을 넘었다. 콜럼버스는 카리브해를, 마젤란은 티에라델푸에고제도 주변을 항해했고, 결국 유럽인들은 태평양권도 정복했다. 이에 비하면 아주 작은 땅 유럽에서는 어둡고 정체되었던 중세가 끝났다. 이제 세계를 정복하러 떠날 때가 되었다. 지구의 작은 점에 불과한 이 땅에 신석기 문화의 전성기가 시작되었다. 아시아 문화의 영향을 배제하고 이 전성기는 상상할 수 없는 것이었다. 진보는 아시아에서 시작해 서양으로 넘어왔다. 무기와 기술을 자랑하는 유럽 세력은 치명적인 전염병과 함께 모든 자연의 제약으로부터 고삐가 풀린 채 전 세계를 누비기 시작했다.

9장

스텝 하이웨이

청동기시대, 아시아의 스텝 지대에서
기마 민족이 동쪽과 서쪽으로 진출했다.
중국은 봉쇄했고, 유럽은 무너졌다.
페스트가 전파되고 역사의 흐름을 바꾼다.
유럽은 고통 받고 이 고통을 퍼뜨린다.

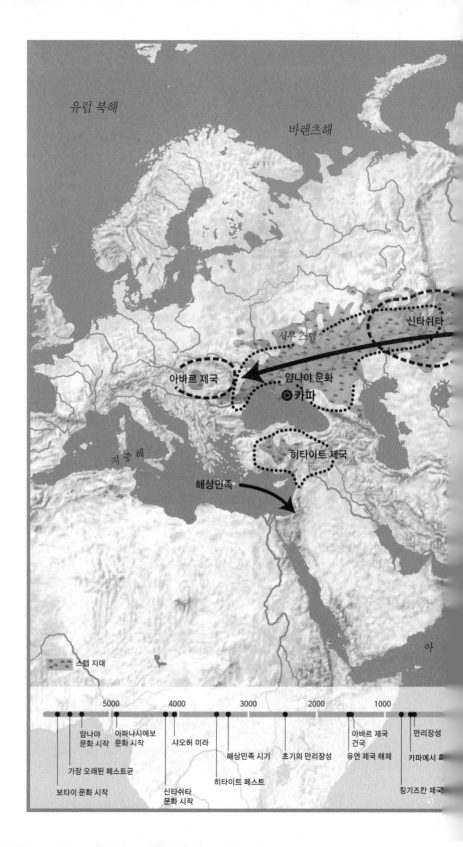

유럽 북해

바렌츠해

신타쉬타

서부 스텝

아바르 제국

얌나야 문화

⦿ 카파

히타이트 제국

지중해

해상민족

아

🌿🌿🌿 스텝 지대

5000   4000   3000   2000   1000

얌나야
문화 시작

아파나시에보
문화 시작

샤오허 미라

아바르 제국
건국

만리장성

가장 오래된 페스트균

해상민족 시기

초기의 만리장성

유연 제국 해체

카파에서 흐

보타이 문화 시작

신타쉬타
문화 시작

히타이트 페스트

칭기즈칸 제국

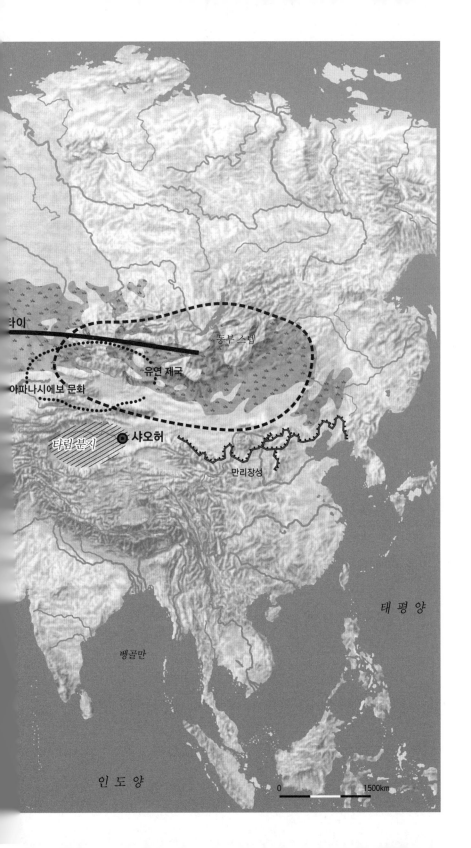

알타이

동부 스텝

유연 제국

아파나시에보 문화

타림 분지

⊚ 샤오허

만리장성

태평양

벵골만

인도양

0   1500km

아웃사이더의 기회

오스트로네시아 팽창 시기에 태평양 전역과 인도양 일부로 이주한 인간은 우리 종이 배출한 가장 재능이 뛰어나고 대담한 뱃사람들이었을 것이다. 하지만 이들의 여정은 섬에서 끝이 났다. 이들은 고기잡이를 하러 떠났으나 여기에서 해상국가가 탄생하지는 않았다. 건조建造에 필요한 천연자원이 부족했기 때문이다. 15세기와 16세기에 세계 대양의 정복자로 부상한 자들은 스페인과 포르투갈 사람들이었다. 불과 100년 만에 이들은 중남미를 정복해 유전자 지도를 완전히 뒤바꿔놓았다. 17세기 초반 영국이 뒤를 이어 주도적인 해상세력이 되었고, 이후 수백 년 동안 세계적인 제국을 건설해 전 세계를 주름잡았다. 아메리카 북부에 잇달아 서유럽인의 DNA가 새겨졌고 이곳에서도 원주민들이 축출되었다. 이 대목에서는 학살이라는 표현이 자주 등장한다. 이후 노예무역의 과도한 성행으로 아프리카 요소가 신세계에, 특히 아메리카 북부에, 이어서 중부와 남부에까지 도달했다. 현재 아메리카는 아프리카 외에 유전적 다양성이 가장 많이 나타나는 대륙이 되었다.

　모든 면에서 유럽이 잇달아 세계적 강국을 배출하게 되리라고 짐작할 수 없는 상황이었다. 오스트레일리아 다음으로 작은 대륙인 유럽은 유라시아 대륙의 변두리에 위치해 있다. 초기 인류사에서는 서유라시아에서 왼쪽으로 이동하는 경향이 짙게 나타났다. 아프리카에서 시작해 일반적으로 동아시아 방향, 한때 네안데르탈인이 오랜 기간 유럽의 주도권을 장악했던 곳으로 움직였다. 기후적으로도 유럽은 오랫동안 살기 어려운 곳이었다. 어쨌든 이러한 단점은 풍부한 사냥터를 통해 보완되었다. 북아메리카에서 비옥한 초승달 지대, 인도 아대륙에 이르기까지 기후의 혜택을 입은 위도 지역에서만 신석기 문화의 번성과 그에 따른 농업 강국의 출현이 일어난 것은 당연한 일이었다.

유럽과 마찬가지로 아시아에서 신석기 문화는 아프리카에서 포식자 인간과 공진화하여 더이상 개선될 것 없이 완성된 동물권과 마주했다. 끝이 없는 듯한 유라시아 대륙에서는 기후가 비슷한 위도 지역을 따라 야생 상태에서 길들여진 경제 식물의 확산이 가능했고 수천 년 동안 끊임없이 새로운 경작지와 팽창 가능성이 제공되었다. 신석기 문화가 발달하면서 자연적 한계가 현저히 줄어들어 인구가 증가함으로써 잉여 자원이 생기고 가용 노동력도 늘어났다. 그 결과 분업이 가능해졌고 수공 기술은 물론이고 전쟁 기술도 세분화될 수 있었다.

약 5300년 전 근동 지방에서 아연과 구리를 합금해 사용하기 시작하면서 청동기시대가 열렸고 전쟁 기술도 급격히 발전했다. 3000여 년 전에 시작된 철기시대도 아시아의 남서부 끝이자 유럽의 관문인 이곳에서 출발했다. 이처럼 끊임없이 진보할 수 있었던 이유는 교역이 활발했기 때문이다. 사람들이 많이 찾는 원료는 대륙에서도 축복받은 몇몇 지역에서만 구할 수 있었고, 한곳에서 모든 것을 얻을 수는 없었다. 상품 외에 지식도 교류했다. 이것은 신석기시대 초기에 서로 거리를 두고 있던 유라시아의 개체군의 유전자 동질화와 관련된 이동이었다. 경쟁하고 협력하는 시스템으로 기술적 중무장을 해야지만 이웃 제국에게 정복당할 위협을 피할 수 있는 상황에서 필수적인 이동이었다.

물론 이 모든 것 역시 이후 유럽이 세계 권력 구조에서 선두를 차지하게 된 이유를 설명할 수 없다. 아대륙이 지리적 특성 덕분에 최상의 조건을 제공한 것은 틀림없는 사실이다. 이 지역은 바다로 둘러싸여 있고 사방으로 길이 열려 있었다. 하지만 다른 곳에도 바다가 있었고, 동아시아가 해상 국가의 출발점이 되기에 적합했다는 사실은 오스트로네시아 팽창을 통해 확실하게 입증되었다. 실제로 중국 제국은 15세기 초반에 유럽인들보다 훨씬 먼저 대형 교역 함대를 갖고 있었다. 전해지는 역사와 달리 8개의 돛대는 120미터가 아니었고, 나중에 스페인, 포르투갈, 네덜란드, 영국에서 사용한 배보다 훨씬 컸다. 정화 장군이 이끄는 전설의 함대에는 상품뿐만 아니라 병사들도 타고 있었다. 300척 이상의 배와 대규모 병력을 갖춘 대함대는 이동하면서 힘을 과시했다. 중국의 무역 지대는 서태평양에서 동아프리카 해안까지 뻗어 있었는데, 11세기에 이미 나침반을 발명했던 중국은 목적지까지 정확하게 항해할 수 있었다. 전승에 따르면 11세기 말 이보다 훨씬 더 작은 배들이 해안에 도착했을 때 동아프리카 사람들은 별로 놀라지 않았다고 한다. 아마 이들이 중국인들을 통해 알고 있던 배보다 돛대가 훨씬 초라했을 것이기 때문이다. 어쨌든 포르투갈인 바스쿠 다 가마가 발견했던 인도로 가는 항로는 아대륙으로 통하는 최초의 교역 루트가 아니었다.

그럼에도 나중에 대양의 끝에 있는 신세계를 재발견한 것은 중국이 아니었다. 해상 패권 장악 프로젝트는 15세기 중반이 되자 중국의 통치자로부터 지원이 끊겼다. 경쟁하는 상인 엘리트 세력의 부상을 통치자들이 견제하려 했다는 것이 일반적인 해석이다. 더 이상 값비싼 건조 비용을 지불하지 못할 만큼 재정이 악화되었기 때문이라는 주장도 있다. 어쨌든 중국은 해상 무역에서 점점 뒤처졌고 중무장 함대 건조를 포기할 수밖에 없게 되었다. 한편 유라시아의 끝에서는 정반대의 상황이 펼쳐지고 있었다.

마침내 콜럼버스가 아메리카에 도착했을 때, 바스쿠 다 가마는 희망봉 주변을 항해하고 있었고 마젤란은 태평양을 여행하고 있었다. 중국이 인도양에서 주도권을 차지할 틈은 더 이상 없었다. 두 세대가 지나기도 전에 중국 제국은 해상 패권을 장악하겠다는 야망을 포기해야 했다. 당시 동아시아에서 다른 발전이 있었다면 세계사가 어떻게 흘러갔을지 모른다. 중국이 아메리카까지 항해하고 유럽에 도착하거나 대양에서 포르투갈의 갤리선과 전쟁을 하고 있었을지도 모를 일이다. 이로써 인류 역사의 흐름이 단순히 우연이 아니라, 때로는 상황에 좌우될 수 있다는 사실이 입증된 셈이다. 어쨌든 유럽은 세계 패권 경쟁에서 유력한 후보는 아니었지만, 결국 아메리카에서 오스트레일리아까지 유전자 구조를 바꿔놓았다. 이미 결론은 났고 돌이킬 수 없었다.

아름다운 미라와 치즈

중국인 유전자의 역사는 독특하다. 동쪽의 제국이 고전고대 이후 실크로드를 통해 유라시아 전역과 교역을 했음에도 중국인은 거의 묻혀 있는 존재였다. 동아시아 최초의 신석기인 중 하나인 한족漢族은 이 지역 DNA의 비밀을 푸는 실마리다. 이 DNA는 히말라야산맥과 고비 사막이라는 자연 장벽의 혜택을 누렸고, 7세기부터는 중세에 건축되어 만리장성의 전신으로 여겨지는 축성까지 철통방어를 했다. 수백 년에 걸쳐 완성된 이 건축물은 북부 스텝 지대의 호전적인 기마 유목민 집단과 어느 정도 거리를 유지시켜주었을 것이다. 유전자에 침입의 흔적은 거의 남아 있지 않았고, 오늘날의 한족에게서도 아주 작은 흔적만 찾을 수 있다. 반대 방향의 상황은 이미 달랐다. 나중에 동아시아인들의 DNA는 오스트로네시아 팽창 경로뿐만 아니라 유라시아 대륙 서쪽까지 확산되었기 때문이다.

기원전 1세기에 현재 중국 서부의 신장 위구르 자치구는 처음으로 중국 제국의 통제를 받았고, 이후 통치자들이 계속 바뀌었다. 이런 상황은 오늘날 이 지역 주민들의 유전자 구조에 그대로 반영되어 있다. 이들은 서유라시아인과 가까운 유연관계에 있지만 '동서 격차'를 보인다. 신장의 DNA 지도는 중앙아시아에서 유래한 이주 경향이 나타나며, 주민의 대부분이 유전적으로 유라시아 서부 지역과 관련이 있다. 이러한 통찰에 정치적 암시가 담겨 있는 것은 자명한 사실이다. 신장은 다수가 무슬림인 위구르족의 자치구역이기 때문이다. 과거에 이 지역은 중국 정부로부터 (문화) 동화에 대한 압박을 자주 받았고 무력이 개입되기도 했다. 그사이 한족은 신장 인구의 40퍼센트를 차지하게 되었고, 튀르크어를 사용하는 위구르인은 46퍼센트 정도다.

당시 서양에서 신장으로 오는 이주민들에게 관문 역할을 했던 곳은 타림분지였다. 타림분지는 동쪽 방향을 제외하면 고산 지대에 둘러싸여 있고 약 1200킬로미터에 걸쳐 길게 뻗어 있다. 척박하고 일부는 사막인 이 지역은 약 4000년 전에는 호수 지대였다. 홀로세가 시작된 이후 히말라야의 빙하가 녹아 내린 물이 호수를 채웠다. 분지에서 이 물은 밖으로 배수되지 않았다. 갠지스강에서 인도양으로 흐르는 남쪽과는 달랐다. 홀로세 이후 사람들은 이 분지와 물이 풍부한 물가에 정착해 다양한 형태의 삶을 꾸렸다.

2004년 타림분지 동쪽에서 발견된, 세계에서 가장 오래된 '건조 상태의 미라'가 이를 입증한다. 이 미라는 약 5000년 전에 매장되었지만 건조한 기후 덕분에 보존 상태가 매우 좋다. 심지어 아주 특별한 부장품도 잘 보존되어 있다. 그것은 다름 아닌 치즈 한 조각이다. 단백질 분석 결과 '샤오허小河의 미인'의 목에 걸려 있던 이 부장품은 발효된 유제품으로 밝혀졌다. 타림분지의 초기 정착민들에게 우유 가공은 생활에서 중요한 요소였던 것으로 보인다. 반면 곡물 재배 흔적은 나타나지 않았다. 우유 가공 외에 물고기잡이가 이 지역에서 중요한 역할을 했다.

2021년 타림분지의 미라에서 채취한 DNA가 해독되었다. 이로써 한편으로는 과거 이곳에 살던 수렵·채집인과의 유전적 연속성이 입증되었다. 지역적 자급자족 체제를 갖추었고 유목생활도 했다는 주장을 뒷받침하는 이 분석 결과는 이란이나 중국의 신석기인들로부터 영향을 적게 받았다는 방증일 것이다. 다른 한편으로는 현재 이 지역에 살고 있는 사람들에게서 유전적 단절이 확인되었다. 이것은 미라를 통해 입증된 요소이지만 그 비중이 매우 작다.

타림분지 사람들의 치즈 애호는 나중에 서쪽에서 넘어온 스텝 지대 사람들의 영향을 받은 특성이다. 이들에게 고산 지대는 극복 불가능한 장애물이 아니었을 것이다. 소위 아파나시에보Afanasievo 문화권의 사람들은 수천 년 이상 지속된 발전을 처음 주도한 선구자들이었다. 이것은 유라시아 대륙 전역에서만 나타나는 특성이 아니었다.

신석기 혁명이 접근하기 어려웠던 추운 스텝 지대에서는 5000여 년 전에 가축 사육을 통해 막강한 유목민 문화가 발전했다. 이들에게 가장 큰 재산은 대부분의 지역에서 가축화를 거부했던 말이다. 말은 고가였고 인간의 동반자였다. 또한 1차 세계대전까지 가장 중요한 전쟁 도구 중 하나였다. 황량한 유라시아 대륙의 한복판은 줄기차게 유럽으로 돌아갈 길을 찾았던 수많은 기마민족들의 고향이 되었다. 동쪽 몽골에서 시작해 서쪽 헝가리의 푸스터에 이르는 '스텝 하이웨이'를 따라서 말이다. 잘 길들인 말을 소유한 자에게 끝이 보이지 않는 초원 지대는 그야말로 끝없이 말을 탈 수 있는 공간이었다. 카르파티아산맥과 우랄산맥 외에 극복해야 할 장애물은 거의 없었다.

말을 타고 땅속에서

5000년 전 아파나시에보 문화의 기수들이 중국 서부로 진출했을 때 그들은 이미 장거리를 달려온 상태였다. 이 진출은 지금까지 경험하지 못했던 속도로 진행되었다. 과거 다른 문화권 사람들의 이주 경향과 달리 이들은 스텝 지대에서 여러 세대에 걸쳐 서서히 확산된 것이 아니었다. 오히려 이들은 수천 킬로미터 동쪽 지역에서 유목민으로 정착하는 데 스텝 지대라는 고속도로를 잘 활용했던 듯하다. 오래전부터 학자들은 아파나시에보 문화와 얌나야 문화 사람들이 가까운 유연관계가 있다고 추측해왔는데, 최신 분석 결과는 이 가설을 뒷받침한다. 이들은 같은 시기 흑해의 폰틱 스텝 지대로부터 북쪽에 있었고, 유전자 데이터가 두 문화권의 구성원들이 아주 가까운 유연관계에 있다는 사실을 입증했다. 결국 카자흐 스텝 지대와 알타이산맥 사이의 아파나시에보 문화권 사람들은 서양에 뿌리를 두고 있는 셈이다. 이에 따르면 흑해에서 출발해 3000킬로미터 동쪽에 위치한 알타이산맥에 도착하기까지 불과 2~3세대밖에 걸리지 않았다. 이처럼 유례없는 엄청난 이동 속도는 말을 탈 때만 가능한 일이었다.

사실 약 5700년 전의 보타이 문화권 사람들이 이보다 앞서 야생마를 가축화하는 데 성공했다. 보타이Botai 문화라는 명칭은 지금의 카자흐스탄 북부에 있는 고고학 발굴지의 이름을 딴 것이다. 1980년대에 발견된 이 움집들은 다른 선사시대 주거지를 통해서도 알려진 것이지만 스텝 지대의 흔한 건축 방식의 집이었다. 보타이 문화의 주거지는 땅속에 있었다. 집을 높게 지으려면 나무가 필요한데 스텝 지대에는 나무가 부족했기 때문이다. 보타이 주거지 발견 이후이 문화는 집중 연구되었다. 약 100개의 주거 시설과 그 주변에서 수만 개의 뼈들이 발견되었으며, 거의 대부분이 말의 것이었다. 보타이 문화권 사람들도 말에 의존해 살았던 듯하다. 이들은 양 떼도

키웠다. 오늘날에도 마유를 이용한 음료 '쿠미스'는 카자흐스탄에서 미식으로 여겨진다. 따뜻할 때 신속하게 진행되어야 하는 특별한 발효 과정 때문이다. 이 쿠미스는 요거트 케피르와 비슷하지만 1~3퍼센트의 알코올이 함유되어 있어 맥주 맛도 약간 난다.

보타이 문화의 주거지들은 평균 150~200킬로미터씩 떨어져 있어 밧줄로 묶은 짐승 떼와 함께 이동하는 유목민들은 서로 방해되지 않았다. 젖을 짤 수 있는 짐승을 사육하기 위한 넓은 땅을 개척하고 통제하길 원한다면 말에 의존할 수밖에 없었다. 시간이 갈수록 사람들은 말과 하나가 되는 방법을 이해했다. 그래서 어린아이들의 교육에 말 타기 훈련이 포함되어 있었는지 모른다. 스텝 지대의 자손이라면 늦어도 10대에는 자유자재로 말을 다룰 줄 알아야 했다. 후대 기마 유목민들을 위해 킬러 애플리케이션이 될 수 있는 능력 말이다. 세상에서 가장 빠른 이동 수단을 소유하고 이것을 타고 활과 화살로 죽일 수 있는 능력을 소유한 자야말로 당시에는 가장 무서운 전쟁 도구였다.

보타이 문화는 아직 이러한 혁신적 도약을 이루지 못했다. 결국 이들의 흔적은 5000여 년 전, 그러니까 스텝 하이웨이를 따라 동쪽에서 서쪽으로 대팽창을 하기 전에 사라졌다. 기마술은 폰틱 스텝 지대에서 탄생해 보타이 문화보다 훨씬 오래 지속된 얌나야 문화권 사람들을 통해 얼마 후에 완성되었다. 얌나야 문화에서도 유목민의 생활방식은 계속되었다. 이들에게 말은 다른 어떤 가축보다 중요한 존재였다. 말은 무리를 보호할 뿐만 아니라 걸어서 갈 수 없는 먼 지역으로 진출하는 데 이용되었기 때문이다.

침입

중국 서부에서 아파나시에보 문화에 점령된 곳은 스텝 확산이 시작되는 동쪽 지류들 중 하나에 지나지 않았다. 거의 같은 시기에 유목민들은 유럽으로 진출했다. 이것은 아대륙의 유전자 구조를 영원히 바꿔놓은 물결이었다. 오늘날 이 같은 대변혁을 일으키려면 100억 명의 낯선 DNA를 가진 사람들이 유럽으로 와야 하고, 그중 이주 지역이 독일이라고 한다면 10억 명이 이동해야 한다. 폰틱 스텝과 우크라이나 사이에 있는 지역에서 이주민들이 서쪽으로 이동했고, 불과 몇백 년 만에 다시 완전한 유전자 이동이 일어났다. 이것은 유럽에서 농경이 시작되면서 관찰할 수 있었던 현상에 버금가는 수준이었다. 지금으로부터 4900년 전에 시작해 오늘날의 벨라루스에서 라인 지역까지 발달했던 매듭무늬 토기 문화와 약 400년 후 영국제도에서 중부 유럽을 거쳐 이베리아반도에까지 나타났던 종형 토기 문화를 가진 사람들의 DNA는 대부분 이러한 이주 물결에서 유래한다.

물론 스텝 지대에서 유럽으로 와서 이 대륙에 정착했던 사람들은 새로운 환경에 자신들의 생활양식을 적응시켰다. 유럽 동부에서 청동 수공품을 들여온 기마 유목민들은 불과 몇 세대 후에 농사를 짓기 시작해 농경민이 되었다. 이들은 자신들이 갖고 있던 인프라를 다시 활용하곤 했다. 가장 잘 알려진 예로 영국의 스톤헨지를 꼽을 수 있으며, 스텝 지대 이주민들에게 일종의 신전으로 계속 사용되었다. 이들의 조상들이 중앙아시아에서 가축화했던 말들 중에는 풀려난 것들도 있었다. 아마 이들은 야생으로 방사된 것으로 보인다. 이

약 4000년 전에 존재했던 우랄산맥 산중턱의 신타쉬타 문화(아르카임 유적지)의 주거지 복원도. 안쪽과 바깥쪽 링 안에 수십 개의 '연립주택들'이 있고, 주거지 가장자리에 5미터 높이의 흙벽이 에워싸고 있다. 이 주택에는 최대 2000명을 수용할 수 있는 공간이 있었다.(Rüdiger Krause)

렇게 재도입된 말이 현재의 프셰발스키다. 프셰발스키는 학자들이 오랫동안 추측했던 것과 달리 유럽의 야생마가 아니라, 유전적으로 스텝 지대의 보타이 문화에서 가축화된 말들의 후손이다. 유럽에서 이주민들은 이곳의 농경 조건에 더 잘 적응했기 때문에 말을 타던 습관을 버리지 않고 오히려 동유럽의 말들을 길들였던 듯하다.

이주한 유목민들의 새로운 정착생활로 스텝 하이웨이에 제동이 걸린 것은 아니었다. 스텝 하이웨이는 더 이상 일방통행로가 아니었을 뿐이다. 청동기시대에는 스텝 지대라는 통로를 통해 교역이 번성하면서 중부 유럽의 유전자 요소가 동쪽으로 다시 흘러들어가기 시작했다. 이 유전자들은 중앙아시아를 거쳐 드디어 알타이산맥까지 도달했다. 이 산맥은 향후 수천 년 동안의 확산 움직임에서 동쪽 방향으로의 이동을 가로막는 경계인 것처럼 보였다.

이렇게 서쪽에서 동쪽으로 역이동을 하면서 인류는 유럽에서 중앙아시아로 왔고, 최소 4100년 전에 이들에 의해 발달한 신타쉬타Sintashta 문화는 지금의 러시아 남부 지방에서 카자흐스탄까지 확산되었다. 이 문화권 사람들은 구리를 가공하고 교역을 했다. 이렇게 금속 수요가 많았던 근동 지방 제국들과 긴밀한 경제 관계가 형성되었다. 나중에 유목민의 특성이 반영된 신타쉬타 문화에서 안드로노보Andronovo문화가 탄생해, 3000년 전까지 카스피해에서 지금의 몽골까지 뻗쳐 있었다. 안드로노보 문화에서 농경이 활발했다는 증거는 없다. 주거지는 드문드문 흩어져 있고, 집을 지탱하는 부분은 1미터 아래 흙 속에 묻혀 있고 지상 부분은 점토와 끈으로 엮어 만든 움집이 몇 개 있는 정도였다. 이 시기에 다른 지역에서도 흔했던 이 건축 구조는 딱히 인상적이라고 보기는 어렵다. 주거지는 평생 대부분의 시간을 말 등에서 보내는 목동들의 초라한 잠자리와 다를 바가 없었다.

기수들의 우세

동유럽으로부터의 이동은 과거의 많은 경우가 그러했듯이 남성의 주도로 강력하게 추진되었던 듯하다. 아마 이주민 열 명 중 여덟 명은 남성이었을 것이다. 유럽에서 X염색체, 즉 성염색체의 분포에 따르면 그렇다. X염색체는 남성에게는 1개, 여성에게는 2개가 있고, 평균적인 X염색체는 나머지 염색체에 비해 스텝 요소 비중이 훨씬 적고, 토착 농경민 여성에게 훨씬 빈번하게 유전되었던 듯하다. 오늘날 유럽인 남성의 Y염색체(남성적 특징을 결정짓는 염색체)에서도 남성들을 통해 이동이 추진되었다는 사실이 입증되었다. 예를 들어 영국과 아일랜드 등 대륙의 일부 지역에서 Y염색체의 80퍼센트 이상이 스텝 지대에서 유래한다. 반면 모계 유전인 미토콘드리아 DNA에는 그러한 이동이 나타나지 않았다.

이 모든 것은 같은 방향을 가리킨다. 이 시기 유럽 여성들은 정착한 지 얼마 안 되는 새로운 이주민 남성들과의 사이에서 아이를 낳았다. 하지만 토착민의 Y염색체가 어떻게 사라졌는지는 알 수 없다. 확실히 무력 분쟁에서 무장한 기수들은 토착 농경민보다 훨씬 우세했다. Y염색체는 미미하고 성별 구분 외에는 딱히 큰 의미가 없지만, 바로 이 유전자 위치에 경쟁 상황의 결말이 아주 명확하게 드러나 있다. 반면 오늘날 평균적인 유럽인의 나머지 게놈에서는 스텝 요소가 그렇게 우세하지 않다. 이주민들이 처음 도착한 유럽의 동부와 북부에서 스텝 요소는 50퍼센트 정도이고, 남부로 내려가면 신석기 요소에 유리하게 스텝 요소가 감소한다. 스텝 DNA가 마지막으로 상륙한 이베리아반도에서 이런 현상이 두드러지게 나타난다. 세 번째 요소인 유럽 수렵·채집인의 '원래' DNA는 유럽의 모든 지역에서 세 번째 기둥이지만 일반적으로 그 비중이 가장 작다.

상속받을 것은 없고, 얻어야 할 것은 전부다

안드로노보 문화의 대규모 확산은 스텝 지대가 영구적인 정착을 원하는 이들에게는 얼마나 자극이 되지 못했는지, 그리고 인생을 개척하려는 자들이 가족과 동료 유목민과 함께 말을 탈 수 있는 환경 가까이에 얼마나 쉽게 새로운 거처를 찾을 수 있는 곳이었는지를 다시 한번 확인시켜준 셈이다. 이처럼 방목지가 넘쳐나는 환경에서 고되고 장소의 제약을 받는 농경은 당연히 매력적인 대안이 아니었을 것이다. 하나 이것이 농경을 시도하는 사람들이 아예 없었다는 뜻은 아니다.

특히 스루브나Srubna(팀버그레이브) 문화권 사람들이 이러한 경우에 해당한다. 이 문화는 폰틱 스텝에 걸쳐 있었고 이웃한 안드로노보 문화와 매우 유사했다. 이 지역에는 얌나야 말기 이후 약 800년 동안 농경 구조가 정착되었다. 절반은 땅속에 묻혀 있는 움집이 특징인 주거지에 스루브나 문화 사람들은 곡물을 저장했다. 하지만 이 시대는 약 3200년 전에 막을 내렸다. 이것은 스텝 지대에 신석기 전통을 정착시키려고 했던 마지막 진지한 시도였지만 이 실험은 이후 유럽과 아시아 역사의 흐름에 치명적인 결과를 초래했다.

스루브나 문화와 신타쉬타 문화처럼 스텝 지대의 다른 문화들은 오래가지 못했다. 일부는 겨우 몇 세대만 유지되었다. 반면 근동 지방처럼 아프리카에도 신석기 혁명으로 폭발적인 부를 축적해 장기간 지속되었던 제국들이 이집트와 메소포타미아에 먼저 생겼다. 이러한 신석기 문화권 제국들은 고고학자들에게 스텝 지대의 흙에 세

위진 주거지의 초라한 흔적보다 훨씬 더 많은 놀라움을 안겨준다. 이것이 스텝 지대 사람들이 의미 있는 문화적 성과를 이루지 못했다는 의미는 아니다. 특색 있는 최초의 청동 수공품, 말의 가축화, 전차 개발, 인상적인 분구묘 등 수많은 스텝 문화의 특징들이 이를 입증한다. 유럽의 띠무늬 토기 문화와 종형 토기 문화에도 청동기와 봉분이 일관성 있게 나타났다. 여기에서 유래해 나중에 중부 유럽에서 탄생한 우네치체Unetice 문화처럼 말이다. 우리에게 이 문화는 세계적으로 유명한 4000년 된 유물 네브라 스카이 디스크Nebra Sky Disc〔우주 현상을 아주 구체적으로 묘사한 청동 원반으로 역사가 가장 오래된 유물〕를 통해 알려져 있고 현재 작센안할트 지방에 남아 있다.

스텝 지대의 척박한 환경을 고려하면, 수천 년에 걸쳐 그곳에 거주했던 이들과 특히 나중에 칭기즈칸의 대제국이 빠른 속도로 일궈낸 성과는 그저 놀라울 따름이다. 물론 이 모든 것은 농경문화와 풍부한 지하자원을 기반으로 이뤄진 것이 아니었다. 스텝 지대에서 무언가를 얻으려면 지평선 너머를 내다볼 줄 알아야 했다. 눈앞에서 풀을 뜯는 가축을 감시하는 것이 아니라, 새로운 삶에 대한 기대가 있어야 했다. 스텝 지대 거주자들은 유럽인이나 나일강 삼각주의 농경민과는 근본적으로 다른 곳에서 삶의 기쁨을 느꼈다. 200년 전에 말과 수레를 타고 끝없이 펼쳐진 광활한 아메리카를 건너 태평양에 도달한 사람들과는 달랐다. 스텝 지대 사람들은 정말로 자극이 없는 환경에서 자랐고, 스스로가 삶의 개척자로 성장할 수밖에 없었다.

부모의 유산으로 무언가를 이루는 경우는 드물었다. 첫째, 스텝 지대에는 농경이라고 언급할 만한 문화가 없었고, 둘째, 토지의 부족도 없었기 때문이다. 당시에 거주자들이 집중적으로 몰리는 핫스팟이 이미 형성되었던 신석기 문화와 달리, 스텝 지대에서는 가장 막강한 통치자도 땅을 축적함으로써 왕조를 설립하는 경우는 드물었다. 스텝 지대에서 이러한 재화는 무한한 만큼 특별한 가치가 없었다. 물론 스텝 지대에서도 구리와 청동은 가치가 있었다. 깊은 인상을 주는 개인의 봉분만 보아도 이곳에서도 부의 과도한 축적이 있었음이 틀림없다. 어쩌면 다른 지역보다 더 심했는지도 모른다. 이런 것은 영주의 지위가 아니라, 살아 있을 때 모을 수 있는 물질적이고 손에 쥘 수 있는 재화였다. 이것들은 후손이 소유할 수 없도록 대부분이 언덕 모양의 과시용 무덤으로 들어갔다.

반면 그 시대에 유럽에는 가부장적 사회구조의 조짐이라고 해석할 수 있는 체제가 이미 정착되었다. 이것은 청동기시대 초부터 독일 남부 레히강 가에 형성된 여러 주거지에 매장되어 있던 100명 이상의 개체에 대한 유전자 분석을 통해 입증된 사실이다. 무덤에서 채취한 유전자 데이터에 따르면 그곳에 묻혀 있던 여성들의 대다수가 이 지역 출신이 아니었고, 남성은 단 한 명만 타 지역에서 온 사람이었다. 청동기시대 유럽의 생활을 대표하는 이 지역에서 여성들은 10대에 고향을 떠나 다른 곳에서 결혼했다. 반면 남성들은 가능하면 아버지의 농가를 물려받았던 듯하다. 주거지의 무덤에서는 자신이 태어난 농가에서 성장한 딸은 단 한 명도 없었던 반면, 아들은 수십 명이 발견되었다. 기혼 및 토착민 여성은 친족 관계 없이 이주해온 이방인들보다 훨씬 여유로웠다. 어쩌면 이들은 노동자나 노예였을지도 모른다. 이 모든 것이 가부장을 중심으로 모여 사는 주거

가부장적 사회 형태가 시작되었음을 암시하는 유전적 증거는 중부 유럽의 초기 청동기 문화에서 나왔다. 많은 것들이 당시 여성들이 10대에 가족을 떠나 다른 농가에서 결혼했음을 입증한다.(Tom Björklund)

및 가족 구조였음을 의미한다.

물론 스텝 지대에서도 살아가는 데 필요한 도구를 부모로부터 물려받은 자녀들이 출발점에서 유리했다. 특히 힘센 말, 가축 무리, 수공 기술이나 기마술이 그런 것들이었다. 그러나 다른 어떤 곳보다 이곳에서는 자신의 운명을 극복하고 인생에서 성공하는 것이 개인의 의지에 달려 있었다. 용기만으로는 부족했다. 당시 태평양에서 사람이 살지 않는 섬을 찾아 떠났던 오스트로네시아의 정복자들과 달리 스텝의 기수들은 동쪽이든 서쪽이든 남쪽이든 사람의 손길이 전혀 닿지 않은 영역으로의 진출이 애초부터 불가능했다. 이곳에서 홀로 저녁 하늘을 보며 말을 타는 사람은 자신이 나타났을 때 겁을 주고 빨리 목숨을 빼앗을 수 있도록 머릿속으로 모든 것을 계산할 줄 알아야 했다.

수천 년의 세월 동안 스텝 지대에서 사방으로 진출하려는 시도는 반복되었다. 이러한 탐사 여행에서 우세한 병력은 필수 조건이었다. 카리스마 넘치는 지도자들은 땅을 차지하겠다는 의욕으로 불타오르는 젊은 병사를 모집하기 위해 이 마을 저 마을을 돌아다녔고 기회를 얻었다. 스텝 지대 사람들은 서로 멀리 떨어져 살았기 때문에 청동기시대 이후 다른 유라시아 지역과 꾸준히 교류해왔고, 청동제 무기, 전차, 빠른 화살과 말의 조합이 얼마나 치명적인 위력을 발휘하는지, 그리고 이를 통해 어떤 재산을 거머쥘 수 있는지 잘 알았다. 빛나는 전사가 어떤 약속을 내세웠든지 간에 사람들은 그가 겨우 이길 수 있다는 것을 알고 있었다.

인도의 엘리트들

4900년 전 유럽을 뒤집어놓은 스텝 주민들의 이동은 수적 우위를 바탕으로 했다. 이것은 현대인의 게놈에 쓰여 있으며 부인할 수 없는 사실이다. 이러한 우위는 띠무늬 토기 및 종형 토기 문화가 정착되는 과정뿐만 아니라 유럽 언어에서 뚜렷하게 드러난 문화적 우세와도 관련이 있다. 이전에 사용되던 거의 모든 언어를 몰아낸 인도유럽어족은 스텝 지대에서 유래한 것으로 보인다. 조상언어가 7000여 년 전에 신석기 혁명과 함께 이베리아반도로 왔을 것으로 추정되는 바스크어만 유일하게 살아남았다. 언어 축출은 문화적 헤게모니를 장악하고 있다는 가장 확실한 증거 중 하나로, 거의 모든 구어와 문어에 이런 표현이 있다. 그렇지 않다면 외국의 정복자들이 토착민의 언어를 수용했다는 역사적 사례가 존재할 것이다.

인도의 사례에서 이것은 아주 독특한 방식으로 나타난다. 가장 최근의 유전자 데이터에 따르면 스텝 팽창은 안드로노보 문화의 전성기였던 약 3600년 전에 인도 아대륙에 상륙했다. 현재 인도 북부에는 인도유럽어족 계통인 산스크리트어에서 기원한 힌디어가 우세한 반면, 인구 13억 명의 국가인 인도의 남부로 내려갈수록 인도유럽어족 계통에 속하지 않는 드라비다어의 비중이 높아진다. 스텝 DNA의 비중도 같은 방식으로 감소한다. 북부에서는 스텝 DNA의 비중이 평균 30퍼센트인 반면, 남부에서는 5퍼센트 미만이다.

인도의 북부와 남부뿐만 아니라 계층들 간에도 스텝 요소 비중이 다르게 분포되어 있다. 하필 사회적 특권 계급, 즉 전통적으로 힌두교 승려가 많은 '카스트'의 최상위 계급인 브라만의 경우 북부와 남부에서 동일하게 스텝 DNA 요소가 평균 이상으로 높게 나타났다. 카스트의 다른 계급에서는 인구 단면도에 걸맞게 DNA의 스텝요소 비중이 북쪽에서 남쪽으로 갈수록 감소한 반면, 브라만의 경우에는 북쪽에서 이동한 유전자들이 인도 아대륙 전역을 관통하고 있었다.

이러한 유전자 연구 결과가 최소한의 사실을 입증하는 것일지라도 정치적으로는 단순한 문제가 아니다. 카스트 제도는 인도의 공식적인 신분 제도가 아니라 하더라도 출생해서 결혼하고 사망할 때까지 현실의 삶에 여전히 나타나고 있기 때문이다. 힌두교 전통에서 브라만에게는 가장 높은 계층으로서 특별한 역할이 주어진다. 이들은 구전으로 전승되던 종교 텍스트를 책으로 편찬한 경전《베다》를 가르치는 선생이나 학자다. 이러한 전승 문헌에서도 이주민들이 북쪽에서 인도로 정확하게 약 4000년에서 3500년 전에 이주했다고 기록하고 있다. 또한 이 이주민들을 '인도아리아인'이라 불렀다는 기록이 있다. 이로써 더 하얀 피부로 인해 다른 인도인과 차이가 나는 브라만들의 위치가 무엇을 함축하고 있는지 명확해진 셈이다.

새로운 유전자 연구 결과는 브라만이 구별된 계층이 아니라, 이주민을 통해 유입된 DNA 요소가 평균 이상으로 우세함을 입증할 뿐이다. 그럼에도 이 연구 결과는 많은 전통주의자들이 최신 생명공학의 분자 데이터를 제시하며 시대착오적인 카스트 제도의 정당성을 주장하는 빌미를 제공할 수도 있다. 브라만의 대부분이 남아시아에 유전적 뿌리를 두고 있다는 사실만은 변함이 없다.

치명적인 돌연변이

인도의 경우와 달리 유럽에는 스텝 대이동 시대에 관한 구전은 물론이고 문자 기록도 없다. 게다가 고고학 발굴물도 없기 때문에 초기 스텝 이주민들의 고대 DNA도 없다. 4900년 전의 유럽은 아직 미지의 땅이었기 때문이다. 어쨌든 150년간 지속된 시대임에도 이 시기의 골격 잔해도 거의 없고, 주거지 유물도 많지 않다. 동쪽에서 온 이주민들은 중앙아시아에서 인적이 매우 드문 지역을 통해 말을 타고 들어왔다. 이주민들이 마주쳤던 소수의 사람들과 무슨 일이 벌어졌는지 우리는 알 수 없고, 대량 학살의 조짐도 보이지 않는다.

뭔가 다른 것이 나타난 것이 틀림없었다. 가장 날카로운 청동 검, 가장 빠른 말보다 훨씬 치명적인 존재는 다름 아닌 석기시대 페스트였다. 2017년에 지금까지 가장 오래된 것으로 알려진 페스트균이 해독되었다. 이 균은 4900년 전 스텝 주민 이주의 출발점이었던 지역, 즉 폰틱 스텝 지대의 땅속에 묻혀 있던 뼈에서 추출되었다. 실제로 중부 및 동부 유럽에서 발견된 석기시대의 박테리아 균주에 대한 새로운 유전자 분석 결과가 계속 발표되면서, 동쪽으로부터 이주민들이 들어오기 직전에 석기시대 페스트가 같은 경로를 통해 확산되었다는 의심은 확증이 되어가고 있다. 그리고 3600년 전에 석기시대 페스트는 이주민들의 후퇴 움직임과 더불어 알타이산맥에 도달했다. 이 모든 것은 페스트로 인해 이주민들이 길을 열었다는 증거다. 150년 동안의 암흑기에 유럽의 주거지가 갑자기 사라진 이유는 그전에 폰틱 스텝 지대와 지금의 불가리아 지역 사이에서 산발적 접촉을 했기 때문이며, 이는 유전자를 통해 입증된 사실이다.

유전자 분석 결과가 입증하듯이 석기시대 페스트에는 박테리아 게놈의 중요한 구성 요소가 없었는데, 이것이 이후 6세기의 유스티니아누스 페스트와 14세기의 흑사병에서 치명적인 위력을 발휘했다. 아마도 석기시대 페스트의 병원체가 폐페스트를 유발해, 감염자가 기침을 할 때 폐에서 배출된 작은 입자가 기도를 통해 다른 사람들에게 퍼졌던 것으로 보인다. 반면 이후에 발생한 선페스트의 전파 경로는 훨씬 효율적이었다. 당시 어디에나 있었던 벼룩은 설치류와 인간 사이를 오갔다. 선페스트균의 많은 독성 유전자들에 돌연변이가 일어나, 감염된 피를 빼는 벼룩을 통해 위는 박테리아 덩어리로 폐색된다. 벼룩이 새로운 숙주에게서 피를 흡수할 때마다 이 한 방울의 피는 페스트균에 감염되고, 바로 새로운 숙주에게 토해진다. 피에 굶주린 벼룩이 미친 듯이 새로운 희생자를 찾아 감염시키는 이 과정은 죽을 때까지 끊임없이 반복된다.

사람들이 밀집해 있고 설치류가 함께 사는 곳은 선페스트가 발생하기 쉬운 환경이었다. 당시의 위생 환경에서 사람들은 벼룩을 관리할 필요가 없었기 때문이다. 2018년에 가장 오래된 것으로 알려진 선페스트 게놈이 발표되었다. 3800년 된 이 게놈은 러시아 남부의 도시 사마라 지역에서 나온 것이었다. 즉 스루브나 문화권 사람들이 곡물 재배를 시작했던 지역과 시대였다. 곡물 재배 후에는 저장을 해야 했고, 저장된 곡식들에는 설치류가 숨어들었을 것이다. 선페스트 자체는 폐페스트보다 덜 치명적이지만 전파력은 훨씬 강하다. 지금까지 선페스트균은 중앙아시아의 설치류 개체군에 가장 끈질기게 남아 있는 박테리아 가운데 하나다.

선페스트가 발생한 직후 스텝 지대의 문화들도 멸망했다. 가장 먼저 무너진 것이 스루브나 문화였다. 선페스트균이 이후 수백 년 동안 스텝 하이웨이를 통해 유라시아 대륙의 다른 지역에서도 살 길을 찾았다는 것을 짐작할 수 있는 정황이 많다. 이를 입증할 오래된 뼈를 찾는 것은 이제 시간문제다. 특히 서쪽 지역으로의 확산을 입증할 명백한 증거가 당시 권력의 중심이었던 근동 지방에 있다.

중앙아시아에서 최초의 선페스트가 창궐했던 시기에 유프라테스와 티그리스에는 아시리아 제국, 레바논까지는 이집트 신왕국, 아나톨리아에는 히타이트 제국, 에게해에는 미케네 문명과 미노스 문명이 있었다. 3300년 전 이곳은 불안, 즉 패닉 상태였다는 사실을 동시대의 기록에서 많이 찾아볼 수 있다. 여기에는 바다를 건너온 적들, 즉 오늘날 고고학에서 '해상민족'이라고 불리는 이들이 반복적으로 언급된다. 그리고 3200년 전에 히타이트 제국이 멸망했다. 멸망의 물결이 밀려오기라도 한 듯 이후 수십 년 사이에 이웃 제국들도 줄줄이 무너졌다. 이 시대의 기록에 '히타이트 페스트'도 언급된다. 유럽에서 스텝 지대로의 이주 시대와 유사하게 근동 지방에서도 모든 것이 무너졌다. 약 150년의 기간 동안 역사 서술도, 문서도 없고 파괴된 도시와 국가만 있었다.

2019년 레바논과 이스라엘에서 발견된 DNA 분석 결과는 해상민족들의 습격에 관한 동시대의 묘사를 뒷받침하며, 페스트 팬데믹과 연관이 있다는 의심에 확신을 심어준다. 이에 따르면 해상민족들이 도착한 후 그곳에 급격한 인구 변화가 일어났다. 이들이 등장한 후 그곳에 살던 사람들에게서 그동안 레반트 지방에 없었던 새로운 유전자 요소가 나타났는데, 유럽 남부에서 유래한 것이었다. 아마 이곳에서도 페스트가 전파되었고, 기존의 정착 인구가 급격히 감소해 새로운 주거지를 찾아 떠날 준비를 했을 가능성이 있다.

동쪽에서 실패한 자들

선페스트 이후 스텝 지대에는 수백 년 동안 별다른 큰일이 일어나지 않았다. 지금으로부터 2800년 전에 스키타이족이 지평선에 나타났다. 이들은 일정한 주거지를 완전히 포기하고 단순한 형태의 농사도 짓지 않았던 기마유목민족이었다. 이들의 문화는 이전 스텝지대의 기마유목민보다 훨씬 더 말에 집중되어 있었다. 이들이 말을 타고 개척한 제국은 한때 동유럽에서 알타이산맥까지 뻗어 있었다. 다민족국가를 세웠던 스키타이족은 수백 년 전 스텝 지대에 살던 사람들과는 유전적으로 뚜렷한 차이가 있다. 이것 역시 과거의 인구 감소와 페스트의 연관성을 뒷받침한다. 스키타이족은 15세기까지 끊임없이 유럽을 침입했던 수많은 기마민족 중 하나에 불과했다. 기마민족들이 먼저 서쪽으로 시선을 돌렸던 이유는 지중해 지역의 부와 관련이 있었다. 또 다른 이유는 동쪽의 자연 장벽과 인공적으로 설치된 장벽으로 인해 풍요로운 중국을 뚫고 들어가기 어려웠기 때문이다. 동쪽에서 실패한 이들에게 유럽은 더 쉬운 먹잇감이었던 것이다.

스키타이족이 유럽으로 넘어오고 약 1000년 후에 기마민족 중 하나가 유연柔然의 일부를 이루었던 듯하다. 이들은 중국에 의해 멸망한 후 서쪽으로 이동할 길을 찾았고, 그곳에 아바르 제국을 세웠다. 지금까지 추측에 불과했지만 충분히 타당성이 있던 이 이론을 유전자 데이터가 뒷받침하고 있다.

아바르족은 568년 지금의 헝가리 서부에 있는 카르파티아 평원

6세기에 아시아 기마민족의 일원들이 지금의 헝가리 지역에 전설의 아바르 제국을 세웠다. '너지센트미클로시의 보물'도 아바르족이 남긴 것이다. 당시의 소유 관계는 현재 명확하게 밝혀지지 않았지만 말이다.(Kunsthistorisches Museum Wien, KHM-Museumsverband)

의 통치권을 장악했다. 이후 수십 년 동안 아바르족은 카르파티아와 발칸산맥 사이에서 이웃 제국인 비잔티움과 프랑켄에 공물을 강요하는 방식으로 세력을 확장했다. 아바르족은 축적한 부의 대부분을 무덤까지 가지고 갔다. 반면 당시 유럽인들은 이미 기독교화되어 저세상을 위한 부장품이 있는지도 잘 몰랐다. 아바르족의 매장 의식은 고고학자와 고고유전학자들에게는 뜻밖의 행운이었다. 부장품이 풍부한 덕분에 오늘날에도 매장된 시신들의 신분을 매우 정확하게 알 수 있기 때문이다. 게다가 아바르족은 후손들에게 보존 상태가 양호한 수천 개의 골격을 남겼고, 유골에서 DNA를 추출하는 데 성공했다. 실제로 아바르족은 당시 훨씬 동쪽에 살았던 개체들과 유전적으로 유사하다. 이들은 다름 아닌 현재 중국 동북부의 주민들과 아주 가까운 친족 관계에 있는 유연인이다.

실제로 아바르족이 유연에 뿌리를 두고 있는지, 아니면 이 지역의 다른 민족의 후손인지는 완벽하게 규명되지 않았다. 유전자 분석 결과에 따르면 이들이 압도적인 팽창 속도를 보였다는 사실만은 확실하다. 유라시아 대륙의 동쪽 끝에서 출발해 중부 유럽에 도착하기까지 겨우 10년에서 20년 정도 걸렸던 듯하다. 비잔티움 사람들은 머리 모양이 특이한 아바르족을 보고 매우 이국적이라고 묘사했다. 이들은 몇 세대 동안 묻혀 있듯 살다가 동아시아의 이주민으로서 유럽의 한복판에서 일종의 디아스포라를 형성했다. 이것은 아마 엘리트에게만 해당하는 일이었을 것이다. 특히 부장품이 많은 아바르족의 무덤에서 발굴된 뼈에는 거의 순수한 동아시아인의 DNA가 있고, 부장품이 적은 무덤에는 유럽인과의 혼혈이 많았다. 최고위층의 아바르인은 일반 백성과 달리 다른 민족과의 혼혈이 금지되었던 것으로 보인다.

보스포루스 해협에서의 승리

9세기에 아바르 제국이 멸망하고 이들의 유전자 흔적은 금세 사라졌다. 이들은 유럽인의 거대한 유전자풀에서 희미해져갔다. 이 과정은 이주 후 겨우 몇백 년 동안 그 지역에 살았던 개체들에게 또 하나의 중요한 스텝 민족의 이동으로 여겨진다. 이것은 이 개체에 국한해 입증될 수 있는 정도이지만 말이다. 이러한 흔적 역시 스텝 지대의 최서단, 12세기 후반 헝가리 왕국을 통치했던 벨라 3세의 뼈에서 발견되었다. 벨라는 앞서 300년 전 반달 모양의 카르파티아산맥에 마자르족을 성공적으로 정착시킨 헝가리 최초의 대공 아르파드의 직계 후손이었다. 역사 전승에 따르면 마자르족은 흑해 북부의 어느 지역에서 온 유목민의 후예라고 한다. 그곳에서 이들은 핀-우그리아어족을 들여왔고, 현재 핀란드, 에스토니아, 헝가리에서 이 어족에 속하는 언어를 사용하고 있다.

실제로 DNA 분석을 통해 이러한 혈통 이론, 적어도 벨라 3세에 대한 근거를 제시할 수 있다. 부계로 유전되는 Y염색체는 그의 조상인 아르파드로부터 물려받은 유전자 위치에 있으며 확실하게 중앙아시아에서 유래했다. 이것은 당시 중앙 유럽의 유전자풀에서 어떤 면에서도 차이가 없는 나머지 게놈과는 전혀 다른 양상이다. 우월했던 아르파드 가문은 최초 대공의 통치하에 나중에 마자르족의 대규모 기마 집단을 쫓아 유럽을 침입했지만, 순식간에 주변 개체군들에 통합되었을 가능성이 있다. 왕자들도 중부 유럽의 통치자 가문의 자녀와 혼인 관계를 맺었다. 그래서 Y염색체에만 원래의 유전적 특성이 남아 있고 이후 헝가리 군주들의 용모에서는 확인할 수 없게 된 것이다.

오늘날 헝가리에서는 스텝 지대의 기마유목민족에서 유래했을 것으로 보이는 흔적이 발견되지 않는다. 민족주의적 성향이 짙고 근래에 자주 거론되는 가설에 따르면 헝가리는 훈족의 왕 아틸라에서 기원한다고 한다. 이 경우에도 유전적 증거가 없다. 하지만 훈족은 고립된 개체군이 아니고 여러 기마민족들이 연합한 세력에 가까웠다. 이들은 동유럽으로 이주해 헝가리 제국을 세우고 5세기 아틸라의 통치 아래 로마 제국을 압박했다.

많은 역사학자들이 훈족은 아바르족과 유사한 혈통을 갖고 있을 것이라고 추측해왔다. 이에 따르면 훈족은 1세기 중국 한漢 왕조에 의해 멸망한 북쪽 국경의 흉노 제국의 후예일 가능성이 있다. 스텝 민족 이동과 마찬가지로 이 가설도 거의 입증이 불가능하다.

한편 스텝 민족 이동에 관해 아주 논리적으로 기원을 밝힌 가설이 있다. 이 경우도 입증이 불가능하지만 충분히 타당성이 있다. 현재의 튀르크족은 카자흐 스텝과 중국 북부 지역의 만주 사이에 살던 기마 유목민족들의 느슨한 결합에서 출발했을 것으로 추정된다. 11세기에 튀르크어를 사용했던 정복자들이 아나톨리아로 왔고, 이들의 후예가 막강한 오스만 제국을 세웠다. 현재 튀르크어는 보스포루스 해협에서 중국까지 길게 뻗어 있다. 위구르족도 튀르크족의 확산에 뿌리를 두고 있는 민족이다.

대포와 병원체

유럽의 특징적이고 수천 년 동안 지속된 스텝 민족 이동 시대는 중세 후기에 막을 내렸다. 이것은 공포로 끝난 결말이었다. 11세기와 12세기에 칭기즈칸이 여러 몽골 부족을 통합한 후 그와 후손들은 세계 제국을 세웠다. 이 제국은 지금의 우크라이나까지 뻗쳐 있었을

뿐만 아니라 칭기즈칸의 손자 쿠빌라이 칸은 90년 이상 중국을 지배했다. 원 왕조는 1368년까지 존립했다.

칭기즈칸의 정벌 사업에서 탄생한 또 다른 후속 제국이 시베리아 서부에서 북부 흑해 연안까지 뻗쳐 있는 킵차크칸국(금장한국)이었다. 이 통로를 통해 1346년 페스트 병원체가 유럽에 상륙했다. 유전자 분석 결과에 따르면 이것은 유일한 선페스트균 유입 사례였다. 역사 전승에 따르면 킵차크칸국의 공격자들이 생화학무기로 흑해의 도시 카파 성벽에 페스트 시신을 쏘아 올림으로써, 오랜 기간 창궐했던 이 질병에 대한 방어막이 뚫렸다고 한다. 이 공격은 성공적이었고, 배를 타고 도망치는 주민들과 함께 중세의 가장 치명적인 화물이 중앙아시아에 도착했다. 이후 페스트는 들불처럼 번져 나갔다. 흑사병이라는 파괴적인 팬데믹 이후에도 페스트균은 유럽과 아시아인의 삶의 일부로 끈질기게 남아 있었다. 이후 유럽에서만 중세와 근대에 페스트는 최소 7000회, 가장 마지막으로 2017년 마다가스카르에서 발생했다. 19세기 중반 홍콩에서 시작된 3차 팬데믹을 포함하여 모든 페스트 팬데믹은 약 700년 전에 엄청난 위력으로 확산되었던 박테리아 균주에서 출발한다. 20세기 초에 항생제가 개발된 후 다른 질병을 비롯해 페스트에 대한 공포가 수그러들었다.

청동기시대와 이후의 철기시대는 유라시아 전역을 무기와 전술이 넘쳐나는 대륙으로 만들었다. 바이러스와 박테리아는 같은 특성을 보이면서도 덜 파괴적으로 역사의 흐름을 이끌어갔다. 페스트, 한센병, 결핵, 천연두, 홍역, 인플루엔자, 그외 우리에게 전혀 알려지지 않은 다른 모든 병원체들이 얼마나 많은 희생자를 배출했는지는 현재 더

14세기에 흑사병은 유럽을 두려움과 공포로 몰아넣었고 아주 오랫동안 트라우마로 남았다. 특히 이후 400년 동안 페스트는 파도처럼 인간을 계속 덮쳤다.(Wellcome Collection, London)

이상 재구성할 수 없고 개략적으로도 산출할 수 없다. 하지만 한 가지는 확실하다. 이러한 병원체들과 공진화를 함으로써 유럽인과 아시아인은 신석기시대를 지나면서 단련된 면역 체계를 갖게 되었다는 것이다. 새로운 이주민들이 땅을 정복했을 때 (원주민) 아메리카인, 오스트레일리아인, 오세아니아인에게는 없었던 방패 말이다.

중국 황제가 항해, 무기 제조술, 함대를 포기하는 운명적 결정을 하면서 유럽은 16세기 초반 세계 패권을 장악하는 길을 닦았다. 하지만 가장 위협적인 무기 중 하나는 생명이 있는 미생물(박테리아)과 생명이 없는 분자 덩어리(바이러스)였다. 이들이 활동하는 방식을 인간은 완벽하게 파악하기 시작했다. 그럼에도 이들의 위협 가능성이 21세기 초반인 오늘날에도 우리 삶의 기반을 다시 뒤흔들고 있다.

10장

호모 히브리스

21세기는 환상을 앗아갔다.

우리는 신이 아니다.

바이러스가 지금의 우리를 만들었을까?

우리가 앞으로 가야 할 길에 진화는 도움이 되지 않을 것이다.

이제 우리는 스스로 완성해나가야 한다.

우리 은하에서의 전망은 밝지 않다.

우리 은하와의 거리

방패 - 센 타 우 루 스 자 리 팔

**우리 은하
(은하계)**

직 각 자 리 팔

약 1000억 개의 태양계

● **블랙홀**

태양 ● 오 리 온 자 리

페 르 세 우 스 자 리 팔

바 깥 팔 (새 로 운 나 선 팔)

0   5만 광년

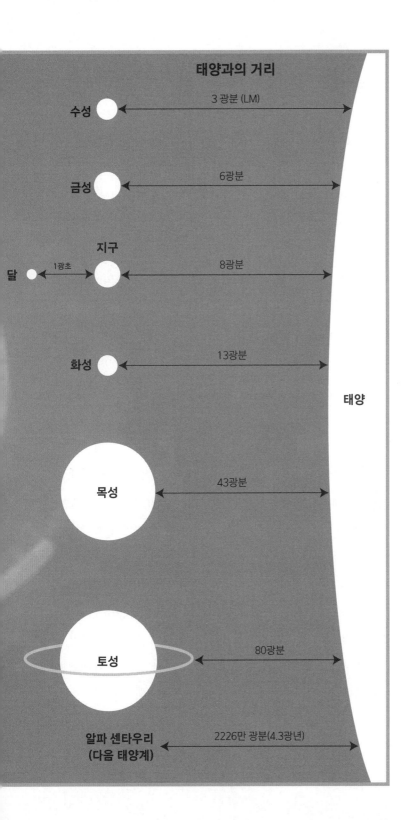

태양과의 거리

수성 — 3 광분 (LM)

금성 — 6광분

지구

달 — 1광초 — 8광분

화성 — 13광분

태양

목성 — 43광분

토성 — 80광분

알파 센타우리
(다음 태양계) — 2226만 광분(4.3광년)

병원체로 된 탱크

천년의 재앙이었던 흑사병은 시대 전환의 밑거름이었다. 최소 3분의 1, 상당수의 추측에 따르면 유럽인의 절반이 흑사병으로 목숨을 잃었다. 팬데믹은 특히 중세의 온난기와 같은 기후 변화를 통한 오랜 성장기를 거쳤다. 한 세기의 끝을 알린 온난기는 약 300년 동안 지속되었다. 특히 북반구의 기온 상승으로 농경 수확량이 증가했고, 한때 바이킹이 그린란드로 이주하기도 했다. 유럽의 많은 지역에서 인구가 폭발했고 비좁은 주거 공간의 비위생적인 도시들이 생겨났다. 전염병이 발생하기 좋은 환경이 조성된 것이다. 흑사병은, 죽음의 기운이 집 앞에 와 있는지도 모른 채 영원히 성장할 것만 같은 착각에 빠져 발전을 향해 내달렸던 유럽인들이 맞이하게 될 필연적인 결과였다.

흑사병이 기승을 부리던 14세기 중반에 온난기는 서서히 저물어 가고 있었다. 바이킹은 그린란드에서 나오기 시작했고, 특히 유럽과 아시아, 아메리카의 북위도 지방에서는 흉작이 잦아져 식량난을 겪었다. 학계에서 기온 하강의 여러 가지 원인을 논의하고 있는데, 태양광선 약화와 대규모 화산 폭발이 대기에 끼친 영향이 원인일 것이라고 보고 있다. 반면 미국의 고기후학자 윌리엄 러디먼William Ruddiman은 다른 상관관계가 있을 것이라고 추측했다. 이에 따르면 팬데믹 이후 인구의 급격한 감소로 농경지 면적이 줄어들고 곡식 수요도 감소했다. 그 결과 수목이 무성해졌고 대기 중 이산화탄소 농도도 감소했다. 19세기까지 대륙마다 다양한 형태의 소빙기가 나타

바이킹을 그린란드로 이주시킨 긴 온난기가 끝나고, 15세기에 소빙기가 찾아왔다. 어느 가설에서는 여기에 인류, 병원체, 기후의 상호작용이 있었다고 주장한다.(National Galleries of Scotland)

낮다가, 다시 온난기로 교체되어 현재 인류는 지구 온난화에 대한 모든 통제력을 상실할 위험에 처해 있다.

물론 러디먼의 이론은 수많은 이론 중 하나에 불과하다. 하지만 페스트가 유럽과 세계사의 흐름을 뒤집어놓을 만큼 영향을 끼쳤다는 것은 반박할 수 없는 사실이다. 팬데믹 이후 노동력이 급격히 줄어들어 노동 가치가 증가한 동시에, 농경지 사용 면적의 과잉으로 토지를 소유한 엘리트의 압박이 감소했다. 한편 화폐 유통량이 증가해 수공업과 교역의 중요성이 커졌다. 도시가 성장했고, 상인들은 한자동맹을 맺었으며, 자의식이 강한 시민 계급은 중세 사회를 근대로 이끌었고, 이 시대에 유럽인들은 전 세계를 누비고 다녔다. 페스트가 고도로 복잡하고 많은 상호작용으로 얽혀 있는 유럽과 아시아의 역사에서 모든 것에 결정적인 역할을 한 것은 아니다. 하지만 이 대륙이 페스트와 같은 재앙이 없었더라면 어떻게 발전했을지는 아무도 짐작할 수 없을 것이다.

다른 팬데믹도 마찬가지다. 페스트균이 원인인 유스티니아누스 페스트는 542년 콘스탄티노플에서 발생해 그 흔적이 영국까지 남았고, 이것은 동로마 제국의 서쪽으로의 확산을 좌절시킨 결정적인 원인이었다. 청동기시대에 발생했던 페스트와 여러 제국의 멸망에도 시기적 상관관계가 있다. 반면 2세기에 로마를 덮쳤던 안토니우스 페스트의 증상은 천연두에 가까웠다고 묘사되어 있다. 이 시기의 무덤에서 페스트균 DNA는 아직 발견되지 않았다. 천연두는 1970년대가 되어서야 백신 덕분에 근절되었지만 인류 역사에서 지금까지 알려진 다른 어떤 질병보다 많은 사람의 목숨을 앗아갔다.

지금까지 박테리아가 원인인 거의 모든 감염병은 고고유전학적으로 재구성될 수 있었다. 반면 바이러스는 재구성이 거의 불가능하다. 유전물질이 DNA가 아닌, 그보다 훨씬 불안정한 RNA로 구성되어 있기 때문이다.[27] 예외는 DNA 바이러스인 B형 간염 바이러스다. 극도로 위험한 이 병원체는 호모 사피엔스의 생태계에 침투해 파괴적이며 대개 돌이킬 수 없는 경과를 나타낸다. B형 간염 바이러스는 전 세계의 수렵·채집인에게서 확인되었다. 가장 오래된 표본은 남아메리카에서 발견된 1만 2000년 전에 사망한 개체에서 나왔다. 계통도 분석 결과에 따르면 이 바이러스는 약 2만 년 전 구세계원숭이(협비원류)로부터 인간에게 감염되었고, 혈액 접촉을 했거나 덜 익은 표본인 원숭이 고기를 섭취한 것이 원인이었다. 전형적인 인수 공통 감염병이다. 이 바이러스는 전 세계로 꾸준히 확산되었고 지금도 계속되고 있다. 전 세계 20억 명이 넘는 사람들이 과거에 B형 간염 바이러스에 감염된 적이 있고 오늘날에도 감염되어 있다. 해마다 100만 명이 B형 간염 바이러스에 감염되어 사망한다. 이 바이러스는 만성 질환을 일으키거나, 급성 혹은 종종 치명적인 폐렴을 유발할 수 있기 때문이다.[28]

현재 우리는 인류 역사상 가장 잔인한 에피데믹과 팬데믹의 정점에 대해서만 확실히 알고 있다. 전염병은 덥고 습한 지역에서 많이 발생한다. 이런 곳은 병원체들이 활동하기에 최적의 조건이지만 쉽게 분해되기 때문에 고고유전학자들이 흔적을 찾는 것이 거의 불가능하다. 지난 수천 년 동안 유라시아 대륙 내는 물론이고 인간의 면역 체계가 이러한 병원체에 적응하기까지 훨씬 더 오랜 시간이 걸린 아프리카에서 온갖 박테리아와 바이러스가 기승을 부렸다. 근대 유럽의 아메리카 정복자들에게 병원체는 아메리카 대륙을 짓밟고 들어갈 수 있는 탱크, 토착민들과의 직접적인 충돌을 줄일 수 있는 수단이었다.

2018년 멕시코 남부의 전염병 희생자 묘지에서 티푸스균이 발견되었다. 이 박테리아는 유럽인을 통해 유입되어 16세기 중반 코코리츨리cocoliztli 대유행 당시 중앙아메리카 인구의 거의 절반을 희생시켰다. 또한 아프리카에서 아메리카로 감염병이 전파되고 아메리카 원주민들이 전염되었다. 유럽인들에 의해 아메리카로 끌려온 아프리카 노예들의 뼈에서 2020년 요오스균이 검출되었다. 이 박테리아는 매독균과 유사한 병원체로, 종종 수십 년 동안 몸속에 잠복해 있다가 면역력이 떨어질 때 치명적인 활동을 개시한다.

중무장된 면역 방어 체계는 완전히 대립된 징후가 나타날 때만, 유럽인과 아프리카인을 연결했다. 이후 유럽인은 남아메리카인을 노예화하고 이들에게 전염병을 퍼뜨려 죽음으로 내몰았다. 따라서 유럽인의 관점에서는 선천적 면역 체계가 구세계의 병원체에 적응되어 있어 저항력이 훨씬 강한 아프리카인이 노예로 더 적합했던 것이다.

다음 팬데믹을 위한 준비

병원체의 파괴적 위력은 지난 수십 년간 서구 전역에서 점점 잊혀간 반면, 소득이 낮고 가난한 나라의 사람들 곁을 계속 맴돌고 있었다. 코로나 팬데믹으로 모든 사람들이 병원체의 위력을 다시금 깨닫게 되었다.

물론 코로나를 흑사병과 비교할 수는 없다. 하지만 언젠가 다시 이 정도의 파괴력을 가진 병원체가 전 세계로 확산될 가능성을 배제하기는 어렵다. 에볼라는 수십 년의 기간을 두고 이미 첫 테이프를 끊었다. 하지만 아프리카 대륙은 북반구보다 물적·인적 교류가 느슨하기 때문에 바이러스를 통제할 수 있었다. 항생제를 남용하는 대량 가축 사육은 항생제에 내성을 가진 새로운 균들을 양산하는 온상이 되었다. 그 결과 매년 약 70만 명의 희생자가 발생하고 있다. 그중 20만 명은 항생제에 내성을 가진 결핵균에 감염되어 목숨을 잃었고, 이러한 사망자는 증가하는 추세다. 도축장은 고기에 대한 인간의 탐욕을 채우기 위한 곳이며, 오늘날 우리는 이것을 위해서라면 모든 것을 다한다. 도축장에서 감염력이 높고 치명적인 병원체가 발생한다면 코로나를 능가하는 팬데믹으로 발전할 수 있다.

그간의 경험과 새로운 항생제 개발에 대한 확신이 있기에, 농업 분야에서 그 효과가 바로 약해지지는 않겠지만, 다음 팬데믹은 바이러스로 인해 발생할 것이다. 가장 큰 위험은 신종 인플루엔자 병원체에서 출발할 가능성이 있다. H1N1는 스페인 독감을 통해 인간에게 전파되었고, 1차 세계대전 때보다 1918년과 1919년에 이 팬데믹으로 인한 사망자가 훨씬 더 많았다. H1N1는 2005년 게놈이 해독된 최초의 바이러스다. 2008년과 2009년의 신종플루 팬데믹 역시 H1N1이 원인이었다. 많은 노인들이 성인이 되어 바이러스 균주와 접촉한 적이 있고 면역 반응이 준비되어 있었기 때문에 신종플루는 무사히 지나갔다. 스페인 독감의 병원체는 1960년대까지 퍼지고 있었던 듯하다. 신종플루 유행 당시 이동성이 훨씬 크고 인구가 더 많기 때문에 팬데믹이 확산되기에 이상적인 조건이었다. 만일 신종플루가 스페인 독감과 유사한 역학으로 발전했더라면 전 세계에서 수억 명의 희생자가 발생했을 것이다. 하지만 사망자는 최대 50만 명 '밖에' 되지 않았다.

잘못된 길로 빠진 네안데르탈인

인류의 역사가 흘러가는 동안 수많은 사람들이 바이러스에 감염되어 목숨을 잃었다. 그렇다면 생명도 없는 분자 덩어리에 긍정적인 힘이 있다는 생각은 잘못된 것이다. 하지만 실제로 바이러스는 긍정적인 역할을 했다. 바이러스가 없었다면 인간의 진화는 아예 불가능했을지 모른다. 어쨌든 신속한 속도로 진행된 것은 아니었다. 바이러스는 복제 메커니즘을 이용해 증식하기 위한 목적으로만 생명체를 덮치는 것이 아니기 때문이다. 바이러스는 신체의 고유한 DNA의 구성 요소가 되기도 한다. 대표적인 예가 사람면역결핍바이러스(HIV)다. 레트로바이러스인 HIV는 인간 세포의 게놈으로 침투하고, 그로 인해 변형된 체계가 신체를 스스로 공격하는 탄환 공장으로 만든다.[29] 반면 다른 바이러스들은 진화하면서 바이러스 캡시드를 만드는 능력을 잃어버렸고, 그 결과 자신의 유전체만 복사하고 낯선 게놈에 삽입할 수 있게 되었다. 이러한 게놈 바이러스를 레트로트랜스포존retrotransposon이라고 한다. 거의 모든 생명체의 DNA는 레트로트랜스포존들로 채워져 있고, 인간의 게놈 중 절반은 레트로트랜스포존에서 유래한다. 하지만 이것은 결코 단점이 아니다.

레트로트랜스포존은 진화를 가속화할 수 있다. 이러한 게놈 바이러스들이 염색체에 도달하면 사건들의 연쇄반응이 일어난다. DNA는 끊임없이 복제되고 재조합되기 때문에 새로운 염기 서열이 침투했을 때 아주 잘될 경우에는 트럼프 카드처럼 작용한다. 게놈도 개체군의 규모에 적용되는 원칙에 따라 작용한다. 변화가 많을수록 진화의 경주에서 더 많은 기회가 주어지는 셈이다.

척추동물의 한 강綱에 속하는 조류는 레트로트랜스포존의 비중이 비교적 적은 편이다. 조류의 게놈 중 겨우 10분의 1만 레트로트랜스포존에서 유래한다. 그렇다고 공중에서의 지배권을 뺏기는 것은 아니다. 조상새, 즉 시조새로 거슬러 올라가면 놀라운 유전적 상수가 나타난다. 조류의 염색체는 지난 1억 5000만 년 동안 변해왔지만, 기본 구조는 초기 상태에서 거의 변하지 않았다. 우리 사람과Hominidae는 완전히 다르다. 사람과는 게놈 바이러스의 비중이 다른 동물보다 훨씬 크다. 게다가 소위 ALU-레트로트랜스포존의 그룹들이 우세하다. 이러한 특성은 게놈 바이러스에서도 터보 충전기의 역할을 하며, 잦은 빈도의 진화 단계와 관련이 있다. 모든 영장류의 게놈에 이런 ALU 인자가 있다. 특히 구세계원숭이에게서는 지난 4000만 년 간 새로운 ALU 인자들이 확산되었다. 원숭이들이 아프리카에서 인간으로 진화할 수 있었던 이유를 여기에서 찾을 수 있을 것이다. 이것은 기후 조건이 마찬가지로 유리해도 진화에 실패한 남아메리카의 신세계원숭이와는 다른 점이다.

하지만 게놈에 많은 변화가 있었다고 반드시 진화에서 승자의 계단을 오를 수 있는 것은 아니다. 자연의 조건에 적응했을 때만 새로운 유전적 특성이 계속 나타나는 데 유리하다. 사람속이 이 경우에 해당한다. 급속한 진화와 북방으로의 확산은 빙하기, 즉 기후 변동이 심하고 최고의 적응력이 요구되는 극한의 시기에 일어났다. 우리가 이러한 성공의 사다리에서 맨 꼭대기에 있기 때문에 이 사실을 안다. 아프리카에 있건, '우도'처럼 알프스 산자락에 있건, 수백만 년에 걸쳐 사람과를 탄생시키고 전부 사라진 계통들이 있었다. 이러한 모든 계통은 진화의 갈래에서 살아남아 계속 존재할 수 있는 작은 기회들이 사라져가고 있다는 증거다. 공통 조상이 탄생한 이후 오랜 시간에 걸쳐 침팬지, 보노보, 현생인류 셋만 이 단계에 도달했다.

이 경우 우리에게는 단순한 것이 더 유리했다. 어쨌든 가장 먼저 혜성처럼 등장한 네안데르탈인은 결국 멸종했다. 그것도 갑작스럽게. 우리의 공통 조상과 네안데르탈인을 보면 우리는 네안데르탈인보다 호모 에렉투스와 유전적으로 훨씬 더 가깝다는 사실을 받아들일 수밖에 없다. 네안데르탈인은 유난히 납작한 머리, 두툼한 안와 상융기, 큰 코, 확장된 부비강 등 골상학적으로 진화에서 인간보다 훨씬 원시 상태로 후퇴하기 시작했다. 빙하기에 빠른 속도로 나타난 돌연변이 덕분에 우리와 사촌 관계에 있는 네안데르탈인은 추운 북쪽 지방으로 진출할 수 있었다. 커다란 몸집과 열손실을 줄여주는 두꺼운 피부로 무장된 튼튼한 체격이 바로 그것이었다.

이 시기 유럽에서 네안데르탈인이 달렸던 진화의 경주는 영원한 얼음 터널을 향해 내달리는 열광주의자들의 행위였다. 이들을 따라갈 자가 아무도 없었다. 모든 방향으로의 적응력과 유연성을 갖춘 네안데르탈인들은 새로운 생활 공간과 사냥터를 정복하자마자 무력으로 짓밟고 쟁취하는 것에만 시선이 고정되어 있었다. 이들은 잘못된 진화의 길을 걸었던 것이다.

인간의 확산이 지닌 힘

우리 조상들은 수십만 년의 세월과 숱한 도전 끝에 네안데르탈인과 데니소바인의 자리를 차지할 수 있었다. 북방의 극한의 조건은 변한 것이 거의 없을지라도 인간은 실패를 거듭하면서도 끊임없이 노력했다. 그렇게 될 수밖에 없던 생물학적 요인에 주목할 필요가 있다. 현생인류는 세계사에서 찰나의 순간에 전 세계로 확산되는 데 성공했다. 왜 네안데르탈인과 데니소바인은 현생인류처럼 실패를 거듭하면서도 다시 도전해볼 생각을 하지 않았을까?

이후 이주에 성공한 인간의 유전자에는 틀림없이 과거에는 없던 무언가가 있었을 것이다. 이를 입증할 확실한 증거를 찾으려면 빙하기 말, 홀로세에 접어들고 세계 곳곳에서 거의 동시에 서로 독립적이지만 동일한 방식의 농경이 발달하기 시작할 무렵으로 돌아가야 한다. 근동 지방에서 인간이 새로운 기후 조건을 이용해 농사를 짓고 동물을 가축화는 데 1000년 가까이 걸렸다. 이 일이 한 장소에서만 일어났다면 우연한 행운이라고 할 수 있을 것이다. 그런데 얼마 후 아시아의 또 다른 지역에서, 그리고 좀 더 시간이 흐른 후에는 아메리카와 아프리카에서 같은 일이 되풀이되었다. 인도와 뉴기니에서도 신석기 혁명이 자생적으로 발생했을지 모른다. 물론 인간의 유전자에 식물 재배에 관한 정보가 명확하게 나타나지는 않는다. 하지만 이러한 '아하'의 순간을 포착할 수 있는 능력은 새겨져 있을 가능성이 있다. 아프리카에서 아메리카에 이르기까지 모든 인간은 이러한 지적 능력을 소유하고 있었다. 그렇다면 이전에는 왜 이런 능력이 없었을까?

　다시 한번 떠올려보자. 12만 6000년 전에 엠 온난기가 찾아오면서 빙하기가 중단되었다. 홀로세가 시작되기 전까지의 이 기나긴 시기는 1만 1000년 동안 지속되었다. 엠 온난기까지 현생인류는 근동 지방에 살았다. 이 시기에는 홀로세보다 세계 평균 기온이 훨씬 많이 상승했고, 지금의 이스라엘 지역까지 농사를 짓기에 최적의 조건이었다. 하지만 1만 1000년이 넘도록 이곳에서는 아무 일도 일어나지 않았다. 인간은 그저 충실한 수렵인이자 채집인이었다. 그들은 땅에 씨앗을 뿌리고 기다리면 무언가 자라난다는 것을 생각조차 하지 못했다.

　만약 그런 생각을 떠올릴 수 있었다면 인간은 당시에 이미 탄탄대로를 걷기 시작했을 것이다. 어쩌면 우리는 21세기가 아닌 115세기의 삶을 살고 있을지 모른다. 우리가 온난기에 수렵인이 잡아온 짐승의 고기에만 길들여져 있었더라면 여전히 수렵·채집인의 생활에서 벗어나지 못하고 어슬렁대며 살았을 것이다. 그리고 1만 1000년 후 홀로세의 기온 상승으로 인류의 문명에 어떤 새로운 선택지가 주어질지 알지 못했을 것이다. 이제 우리에게는 이 모든 것을 가능하게 했던 유전자 지도가 있다.

　우리의 게놈에는 단 몇 개의 돌연변이만 있을 뿐이다. 우리의 DNA에서도 가장 중요한 위치에 나타난 이 돌연변이는 행운이었다. 우리 종뿐만 아니라 지구의 모든 생태계가 지속되려면 엄청난 파급 효과를 지닌 힘의 이동이 있어야 했다. 앞으로도 인류는 전 세계로 계속 퍼져나갈 것이다. 인간은 걸림돌을 만나면 오히려 개발하고 이용함으로써 파괴적인 힘을 아무것도 아닌 것으로 만들었다. 보잘것없던 아프리카의 유인원들이 널리 확산되면서 그 자체가 힘이 되었다.

인간의 정체에 관한 헛된 탐구

아프리카 밖의 거대 동물들에게 인간의 등장은 종말과 다름없었다. 살아남은 동물권은 새 지배자에게 적응하거나 진화의 병목 현상을 겪다가, 결국에는 인간을 위해 일하는 경제 동물이 되었다. 육지와 대양의 구석구석까지 인간은 자신의 흔적을 남겼고, 수백만 년 동안 존재해왔던 숲과 생명체의 찌꺼기들은 이제 석탄과 석유의 형태로 소비되고 있다. 이제 우리는 지구와 그 보호막을 부분적으로는 되돌릴 수 없을 만큼 변화시켜놓았다. 현재 우리가 속한 지질 시대는 인간의 시대라는 의미에서 인류세人類世, Anthropocene라고 불린다. 아직 자연 상태에서 발생한 온난기였던 홀로세에서 인류세로 넘어왔다. 이것이 지구상의 무수히 많은 생명체의 진화를 나타냈던 외적 특성이었다면, 지구의 외형을 되돌려놓을 수 없게 바꿔놓은 종들이 있었다. 마치 2개의 원자가 융합할 때 시작해 최악의 경우 통제 불가능한 힘이 방출되는 원자의 연쇄 반응처럼, 우리 조상들에게서 유전자의 우연한 이동이 만들어낸 상호작용은 진화의 힘으로 발전해나갔다. 이 힘은 이전에 존재했던 모든 것을 평정했다. 그 후로 이들의 통치권에서 벗어날 수 있는 것이 더는 생길 수 없었다.

신석기시대에 접어들면서 혼자만의 힘으로 해낼 수 없다는 믿음이 새로운 영역들로 확대되었고 부, 가부장제, 전쟁을 통한 정복이 시작된 청동기시대가 되자 새로운 정점에 도달했다. 인류를 속절없이 무너뜨린 자연의 위력은 눈에 보이지 않는 것이었다. 무지하게도 인간은 죽음을 가져오는 질병과 유행병을 자신들이 창조하고 상상한 존재들, 즉 신의 형벌로 이해했다. 인간은 죽은 자를 매장하고 저세상으로 부장품을 보내는 인류 최초의 문화에서 이미 다음과 같은 깨달음으로부터 스스로를 방어했다. 인간도 자연 순환의 일부이자, 환경의 혜택에 의존하는 동물 중 하나이며, 최악의 경우 보이지 않는 적들로 인해 죽을 수 있는 존재에 불과하다는 깨달음 말이다.

20세기 전반기에 백신과 항생제가 개발되면서 인류는 새로운 시기로 진입했다. 이 시기에도 인류는 병원체라는 신처럼 보이는 힘을 극복할 수 있다고 믿었다. 일상생활과 의료계에 위생 개념이 도입되고 약리학이 눈부신 속도로 발전하면서 현생인류는 드디어 자연으로부터 해방되었다고 생각했다. 그전까지 두려움의 대상이었던 감염병은 많은 사람들에게 과거의 유물이 되었다. 마침내 의학 연구는 넘쳐나는 식량, 힘든 육체노동의 감소, 독성 기호식품 소비 등 생활습관병 퇴치에 점점 초점을 맞추게 되었다.

인간의 설계도 해독과 유전자 가위로 이 설계도를 고치고 극단적인 경우 장기적으로 바꿔버릴 수 있는 능력은 근래에 의학계가 이룬 쾌거였다. 이로써 지난 수백 년 동안 획기적인 발견이 발표되는 간격은 점점 줄어들었다. 이 모든 것이 인간이라는 생명체의 잠재력을 최대한으로 끌어올린 결과였다. 그사이 게놈 해독은 질병 퇴치에서

원자폭탄 개발로 세계대전의 시대는 막을 내렸다. 이와 동시에 원자폭탄 투하는 세계의 넓은 지역을 삽시간에 인간이 살 수 없는 공간으로 만들고 인류 문명은 종말에 진입할 수 있다.(Charles Levy, U.S. National Archives and Records Administration)

필수적인 요소가 되었고, 조만간 생명체의 능력을 극대화하는 데 사용될 것이다. 우리는 진화는 포기하기에 너무 중요하다고 생각했다.

20세기는 호모 사피엔스를 호모 히브리스*Homo bybris*로 만들었다. 호모 히브리스는 자신의 이성을, 즉 다른 모든 생명체와 두드러진 차이를 만드는 기관을 전보다 더 잘 다룰 줄 안다. 이 기관은 인간을 여기까지 인도했고, 지구를 부하 용량의 한계까지, 무엇보다 이런 의미에서 형성하고 착취하는 한계까지 오는 것을 가능하게 했다. 이제 지구의 한계가 인간의 앞에 놓여 있기 때문에 진화의 특성으로는 더 이상 할 것이 없다. 팽창, 영원한 진보는 인간에게 더 이상 가능한 일이 아니다. 우리는 영리한 종이기 때문에 이것을 깨달았다. 하지만 깨달음만으로는 충분하지 않다.

인간이 결정권을 가진 종으로 우뚝 선 것은 모든 경쟁을 물리친 것과 관련이 있다. 우리 문명의 지속은 신석기시대 이후 자원 경쟁에서 다른 생물보다 우세하고, 그들을 억압하거나 제거한 것과 불가분의 관계에 있다. 인간은 돌도끼를 만들고, 최초로 불을 사용하고, 최초의 동굴 벽화를 그려온 이래로 인간이라는 존재가 거룩해짐으로써 영생을 보장받고, 더 숭고한 목표를 이룰 수 있다는 생각에 사로잡혀 있었다. 지금까지 우리는 고전적으로 표현해 거의 모든 진화 과정을 결정하는 사냥꾼과 먹잇감의 관계의 산물이었다. 최근까지 인류는 일시적인 승자의 자리에 설 수 있었다. 이러한 통치권이 지구라는 행성 전체를 둘러싸고 있다. 이제 우리의 마지막 적은 우리 자신이 되었다.

진화는 살아남은 자들에게, 환경에 가장 적응을 잘한 자들에게,

불가피한 과정이다. 공룡은 1억 5000만 년 동안 생존했지만 가장 영리한 동물이 끝까지 살아남은 것은 아니었다. 가장 날카로운 이빨, 가장 뛰어난 도피반사 능력, 날개가 있어 조류로 진화한 종들이 대량 멸종이라는 재앙에서 살아남아, 지금도 봄과 여름에 아름다운 노랫소리로 우리를 즐겁게 해주고, 가금류가 되어 우리의 수프 속에 들어가기도 한다. 거북이를 비롯한 파충류는 진화 과정을 거치면서 더 영리해지지는 않았고, 단지 등껍질을 두껍게 하거나 사냥 기술을 발달시켰다. 진화를 통해 고유한 특성을 완성한 사례는 동식물군만큼이나 다양하다. 인간의 지능은 그중 하나이고 티라노사우루스의 무는 힘만큼 치명적인 위력을 가진 기관에 불과하다. 그럼에도 우리의 뇌는 공룡의 이빨에 대한 대응물 그 이상의 힘을 지녔다. 인간의 뇌는 6600만 년 전 공룡류를 포함한 대부분의 생명체를 지구상에서 멸종시킨 운석과 등가의 위치를 노릴 만큼 위협적인 존재이기도 하다.

뇌는 매력적인 만큼 두려움을 불러일으킨다. 현재 우리는 실험실에서 뇌를 '네안데르탈인화'하려는 실험을 진행하고 있다. 이 시도는 이처럼 기이하고 숙명적인 기관의 비밀에 한발 다가서는 것에 불과하다. 최근에 연구자들이 수많은 뇌를 관찰하고, 해부하고, 낱낱이 분석하고, 규명하고, 마지막 남은 세포까지 검사했다. 그럼에도 인간의 의식이 만들어지는 곳은 찾아낼 수 없었다. 인간의 의식은 문화 유전자에도 종교 유전자에도 위치하지 않았다. 우리는 어떤 DNA의 위치에 현생인류와 가장 가까운 친척 관계에 있는 네안데르탈인과 차이가 있는지, 명확하게 정해진 염기 서열을 통해 확인하고 있다. 이러한 데이터의 순서를 번역함으로써 무엇이 우리를 인간으로 만들었는지에 대한 답을 찾으려는 것이다. 처음에 이 시도는 아무 성과가 없을 것이다. 그사이 물리학자들은 빅뱅 이후 처음 몇 밀리초 동안 무슨 일이 일어났는지 설명할 수 있게 되었다. 우리 존재의 핵심은 그보다 더 깊은 곳에 숨겨져 있다. 스위스 유럽입자물리학연구소(CERN)에 있는 길이가 27킬로미터에 이르는 강입자 충돌기에서 소립자가 돌고 있듯이, 인류는 태초부터 우리 존재가 무엇으로 구성되어 있는지 끊임없이 질문을 던져왔다.

흥미로운 사고

우리는 벌써 인간의 고성능 뇌로 성취할 수 있는 한계에 도달했다. 우리의 DNA 해독은 이 작업을 안전하게 이동시켰을 때만 가능하기 때문이다. 유전 정보를 읽고 그 안에 들어 있는 중요한 정보를 추출하는 일은 끊임없이 데이터를 읽고, 저장하고, 연결할 수 있는 컴퓨터와 장비가 해준다. 이 데이터들을 해석할 수 있도록 대량생산하여 우리 앞에 가져다준다. 빅데이터가 없었다면 지난 20년 동안 얻은 고고유전학적 통찰은 상상조차 할 수 없었을 것이다. 물리학과 의학 등 다른 분야의 학자들도 마찬가지다. 인류에게 컴퓨터 발명은 주먹도끼와 불의 사용에 견줄 만한 획기적인 사건이다.

　기본적으로 우리는 0과 1, 명확한 정보, 예와 아니요, 플러스와 마이너스 등 분산된 데이터를 컴퓨터에 사용한다. 모든 사람이 직관적으로 이해할 수 있는 이분법 체계일지라도 지금까지 모든 기계는 선과 악, 옳고 그름, 이성과 비이성, 미래에 대한 약속과 자기파괴 등을 구분하는 데 실패했다. 언젠가 빅데이터와 인공지능이 단지 자연과학적 문제에 대한 해결책을 찾는 데 국한되지 않고, 이 시대가 안고 있는 중대한 문제에 답을 줄 수 있을지 누가 알겠는가. 어쩌면 인공지능은 우리가 누구인지 말해줄 수 있을지 모른다. 그리고 우리가 어떻게 될 것인지도 말이다. 인공지능이 한 치의 오차도 없는 정확성으로 모든 것을 계산하게 될지도 모른다는 것은 그야말로 흥미로운 사고다.

아니, 하지만 인공지능은 그런 일을 하지 않을 것이며, 그럴 필요도 없을 것이다. 우리 앞에 놓인 과제들은 현재의 관점에서 풀 수 없지만, 이런 것들은 진화의 논리만큼 사소한 것이기 때문이다. 우리는 우리가 소비해도 되는 자원의 몇 배를 소비하고 있다는 사실을 알고 있다. 우리는 비행기를 너무 많이 타고, 고기를 너무 많이 먹고, 플라스틱을 너무 많이 버리고, 나무를 너무 많이 베고, 컵에 래커칠을 너무 많이 하고, 식수를 너무 많이 오염시키고, 소비를 너무 많이 한다는 글을 지겹도록 접한다. 우리가 지금 느끼지 못하기 때문이 아니라 너무 추상화되어 있기 때문에 자연의 제약에 굴복한다는 혐오감이 뿌리 깊이 박혀 있는 것이다. 하지만 우리는 타고난 본성을 바꿀 수 없다.

이와 동시에 우리는 지구 저편에 있는 수십억 인구에게 식량을 공급할 수 있고, 아름다운 삶이 가능해지리라는 사실도 잘 알고 있다. 책상머리에서는 이러한 세계를 쉽게 설계할 수 있다. 지구의 한계 내에서 사용할 수 있는 원료는 이것을 사용하는 사람들을 통해 분배되고, 자연 순환의 재생 과정이 고려되어야 한다. 어쩌면 이런 일을 하는 데는 컴퓨터 한 대도 필요하지 않을지 모른다. 인간이 단 한 번 이룬 성공의 역사가 독보적인 경쟁력 있는 한 기관, 우리의 양쪽 귀 사이에 있는 뇌 덕분이라면, 인간의 뇌와 이러한 존재의 생물학적 체계는 서로 대립할 것이다. 우리의 본성에는 정의가 존재하지 않는다. '더 높이, 더 멀리, 더 낫게'라는 논리로 움직이는 우리 문화에 정의가 들어설 자리는 많지 않다. 이러한 논리는 인간의 유전자가 진화한 결과이자 전제 조건이기 때문이다.

우주에서 홀로

호모 히브리스는 성장의 한계를 받아들이지 못하는 듯하다. 이것은 자원을 차지하기 위한 끝없고 냉혹한 경쟁뿐만 아니라, 지구를 식민지화한 후 우주로 이전하려는 비전에서도 나타난다. 최초의 인간이 우주 비행을 하고, 얼마 후 또 다른 인간이 이 업적을 누르고 달에 착륙했다. 적어도 이때부터 이미 인간의 문명을 우주로 확산시키겠다는 꿈이 꽃피우기 시작했다. 금세기 초에 일론 머스크는 화성으로 이주하겠다는 목표를 선언하며 스페이스X라는 민간 우주개발 업체를 설립했다. 이후 억만장자인 제프 베이조스를 비롯해 리처드 브랜슨 버진그룹 회장까지 우주개발 경쟁에 뛰어들었다. 2021년 둘 다 몇 분 만에 우주로 날아올랐다. 5500만 킬로미터 떨어진 행성, 지구의 생명체와 비슷한 것이 전혀 없는, 생명체가 살기 힘든 환경으로 이주할 지원자를 충분히 모집할 수 있다는 것이 일론 머스크가 머릿속에 떠올렸던 미션이다. 인류의 역사를 돌아보면 실행 가능성에 대해서는 의심할 여지가 거의 없다. 우리가 지구의 생활 기반을 파괴할 경우 플랜B로서 고려할 만하다. 지능을 가진 존재로서 우주를 정복하는 것이 충분히 가능하다는 걸 알기 때문이다.

노벨물리학상 수상자인 엔리코 페르미는 1950년에 처음 이러한 생각을 밝혔다. 휴식 시간에 나눴던 이 대화는 전해지는 과정에서 전설이 되어, 나중에 페르미의 역설로 압축되었다. 페르미의 역설은 빅뱅 이후 지구뿐만 아니라 수백만 개의 다른 별에 생명체가 생겼다는 가정을 바탕으로 한다. 현재 추산에 따르면 우주에서도 우리 은하를 구성하고 있는 아주 작은 점에만 최소 1000억 개, 최대 4000억 개의 별이 있다. 그중 약 5~20퍼센트는 태양과 비슷한 항성이고, 이러한 항성들의 일부를 지구와 유사한 생명체가 살기 좋은 환경의 행성들이 돌고 있다.

페르미에 따르면 136억 년 전 우리 은하가 탄생한 이후 틀림없이 지능을 가진 생명체가 수백 배, 수백만 배 생겼다. 이 가설에 따르면 첫째, 지능이 있는 다양한 형태의 생명체는 진화의 과정을 거쳐 행성의 한계에 도달했다. 둘째, 우주여행이 발달하면 자연법칙은 필연적으로 다른 태양계에 거주하려는 시도로 넘어간다. 인류가 이미 시도했듯이 말이다. 나이가 약 46억 년인 지구는 우리 은하에서 젊은 축에 속하는 행성일 것이므로, 과거에 이곳에는 이미 무수히 많은 외계인들이 존재했을 것이다. 그러다가 외계인들은 오스트로네시아 팽창 때의 아일랜드 호핑과 유사한 방식으로, 과거의 언젠가 고향

인간은 생각하는 능력을 갖게 된 이후 우리 은하를 바라보며 겸허해졌다. 호모 히브리스는 우리 은하를 정복하길 꿈꾼다. 인간의 역사에서 최초로 우리의 미래는 팽창에 달려 있지 않게 되었다. 우리는 미래를 스스로 재창조해야 한다.(ESO / B. Tafreshi: twanight.org)

행성을 떠나 널리 퍼졌고 생명체가 살기에 이상적인 우리의 지구처럼 석탄을 기반으로 하는 형태의 생명체들이 놀고먹는 세상으로 이주했다고 한다.

페르미의 역설에는 우리를 불안하게 하는 영역이 이렇게 묘사되어 있다. 한편으로는 우리 은하에 지능을 가진 생명체가 존재한다는 결론을 논리적으로 도출할 수 있다. 적어도 이들 중 일부는 수십억 년 동안 우리 은하 전체를 여러 번 이동할 시간이 있었고, 그렇게 했을 것이다. 다른 한편으로 지구에 외계인의 흔적이 없다는 것이다. 이 주장에 대한 결정적인 반증은 이곳에서 자유롭게 진화할 수 있고 진화가 허락되었던 존재가 우리 인간이라는 것이다. 우리가 은하의 이웃 행성을 탐색하는 것은 지능을 가진 생명체가 지구 밖 어딘가에 산다는 증거는 아니다. 우리가 지구 밖으로 신호를 송출하거나 인공위성을 우주로 쏘아 올리는 것도 마찬가지다. 우리가 수십만 광년 거리의 우리 은하에서 유일하게 지능을 가진 생명체이고 과거에도 그러했다는 결론은 계산상으로는 불가능한 것이다. 또 다른 설명은 우리를 소름 끼치게 만든다. 이에 따르면 우리 은하에는 항상 지능을 가진 생명체가 있었다고 한다. 각각의 생명체가 우리와 똑같은 속도로 진화의 길을 따랐다고 한다. 그런데 이들 중 하나도 현재 남아 있지 않다.

130억 년, 태양으로부터 수십억 년, 상상이 불가한 문명들이 계속 꽃을 피웠다. 어쩌면 우리는 우주로 뻗어나가려는 신중한 시도를 한, 유일한 생명체가 아닐지 모른다. 우리는 우리 은하에서 멸망한 문명들이 남긴 조상들의 갤러리에 이제 막 첫발을 디딘 것은 아닐까? 아니면 스스로의 한계를 받아들일 필요가 없다고 믿는 또 다른 종에 불과한 것일까? 호모 사피엔스가 자동 조종 장치 모드로 눈부시게 발전시켰던 신석기시대가 멸망의 길을 걸었던 것처럼 우리의 몰락도 당연한 일일까? 아니면 우리 은하에 지능을 가진 다른 종들이 몰락하지 않았고, 행성의 한계가 의식의 통합적 요소가 된 생활 방식에 이르기까지 필연적인 진화 단계를 깨닫지 못하는 우리의 무능력한 모습에 매료되어서 다음 실험을 지켜보고 있는 것은 아닐까?

완벽에 가까운 설계도

21세기에 인류의 운명은 결정되어 있다. 지구의 천연자원은 조만간 고갈될 것이다. 이제 이것을 분배하고, 다른 것을 요구하는 일만 남았다. 전 지구를 빠른 속도로 장악하고 있는 치명적인 갈등의 잠재력은 향후 몇 년간 증가할 것이다. 원자재, 무역 루트, 영향권을 둘러싼 경쟁은 오늘날 국제관계에 나타나는 특징이다. 전 세계에는 최소 1만 300개의 원자탄두가 장착되어 있다. 한 번 사용할 때 연쇄반응은 피할 수 없고 분별력 잃은 통치자의 버튼은 우리와 멀리 떨어져 있다. 2020년 '지구종말시계'는 12시 100초 전으로 맞춰졌다〔2023년 이 시계는 12시 90초 전으로 앞당겨졌다〕. 이것은 1947년 발명된 이후 가장 높은 수치였다.[30] 기후 변화와 팬데믹의 시작이 지평선에 드리워진 먹구름이라면, 핵무기 중무장은 안전장치가 풀린 채 우리의 관자놀이를 겨누고 있는 리볼버다. 자원을 차지하려는 글로벌 경쟁이 치열해질수록 위험성은 더욱 커진다. 예컨대 지구온난화의 영향을 많이 받는 지역에서 식수를 차지하기 위한 전쟁의 위협이 도사리고 있다.

코로나 팬데믹은 점화경처럼 모든 인간의 운명이 서로 연결되어 있다는 것을 우리에게 보여준다. 팬데믹이 터지자 세계화된 세상에서 최후 수단으로 국경이 폐쇄되었다. 그로 인해 치러야 할 대가는 수치로 나타낼 수 없을 정도지만 말이다. 이보다 더 심각한 다음 위기에서는 이러한 최후 수단 따위는 소용없을 것이다. 세계는 부담금 이상으로 기후에 해를 끼치고 모두에게 위험을 가중시키는 국가들에 어떻게 대응해야 할까? 향후 수십 년간 자연이 약속한 예산이 점점 빠듯해지고 있는 상황에서 소비의 자유를 진정시키는 도전에 민주주의 사회는 어떻게 대처할 수 있는가? 이들은 정부 프로그램, 법률, 국제 협약을 통한 제재 조치 등으로 조만간 구체적인 답을 제시해야 하는 질문들이다.

오늘날 세계 인구 대부분이 회고하는 지속적인 평화의 시기는 문명의 성과이며 우리 종이 지금까지 할 수 있었던 최대의 문화적 성취다. 이것은 제3자와 결국에는 우리 모두에게 피해를 주는 거래를 토대로 이뤄진 것이다. 팽창, 소비, 정복이 DNA에 쓰여 있는 존재가 자원 부족과 통제 과제에 어떻게 대처할지 아무도 모른다. 이미 항공 여행, 육식, 배기량 등의 포기를 외치고 있지만 이에 대한 반발도 심하다. 중무장되고 여러 권력 중심에서 나타나고 있는 갈등은 훨씬 더 위험하다.

우리는 모든 것이 위험에 처해 있다는 생각을 받아들이지 않으려고 한다. 돌아보면 인간이 우위에 있다는 절대적 믿음은 착각이었다. 인간의 진화라는 엄청난 우연들, 모든 실패와 후퇴 등으로 인해 현재의 우리는 마치 끝도 없이 성장할 수 있는 것처럼 보인다. 우리는 화산재 더미에서도, 바닷속에서도, 아프리카와 유럽의 어디에서도 인간의 계통이 끊어질 것이라고 생각하지 않는다. 우리는 우리 조상들이 숱하게 많은 진화의 병목 현상을 거쳤다는 사실을 잊고 있다. 팬데믹, 기후 재앙, 전쟁은 개체군의 대부분을 멸종시켰다. 오늘날을 살아가는 우리는 모두 생존자의 후손이다. 살아남지 못한 수많은 현생인류의 계통에게 생존을 보장받을 기회가 적었듯이 우리도 확실히 보장받은 것은 아니다.

　그럼에도 확신을 주는 소식이 들려온다. 우리 조상에게 진화의 자동 장치가 없었던 것처럼 필연적으로 우리가 멸망의 길을 걷게 되지는 않으리라는 믿음이다. 호모 히브리스가 아니라면 누가 우리 앞에 산적한 과제를 해결할 수 있겠는가? 이미 오래전에 끝난 우리의 자연적 진화는 어디에서도 일어나지 않을 것이다. 짧은 기간 내에 전체 개체군에서 우세했던 우리에게 유리한 돌연변이가 나타나기에는 너무 많은 인구가 지구상에 존재한다. 그 안에 내재된 자기파괴 메커니즘을 자극하지 않고, 완벽에 가까운 설계도를 잘 다룰 수 있을 때 모든 것은 우리 손안에 있는 것이다. 석기시대 사람들이 남긴 최초의 동굴에 대해 우리의 후손들이 경의를 표하며 기록할 수 있을 때, 인간 문명의 구조는 문화적 성과가 될 것이다.

　우리 조상들은 이기기 위해 왔다. 그들은 살아남기 위해 왔다. 이들에게는 뭔가 다른 것이 있었다. 정확하게 무엇인지 우리는 영원히 알 수 없을지 모른다. 우리는 단지 진화의 잭팟이 터졌다는 사실만 알고 있을 뿐이다. 어쩌면 우리는 우리 은하에서, 두 번 다시 존재하지 않을 행성에서, 그런 행운을 거머쥔 존재일지 모른다. 승자가 되었다고 흥청망청 놀자는 뜻이 아니다. 이제 다음 도약을 위해 준비할 때다. 우리를 만족시킬 수 있는 세계로의 도약.

감사의 말

장별 비판적 읽기를 해준 볼프강 하크, 알렉산더 헤르비히, 카트린 내겔레, 스반테 페보, 발터 폴, 카이 프뤼퍼, 하랄트 링바워, 슈테판 시펠스, 필리프 슈톡함머에게 감사드린다.

이 책에 소개된 인간의 진화와 인간 개체군의 유전적 역사에 관한 통찰은 고고학, 인류학, 생물정보학, 유전학, 역사학, 언어학, 의학 분야에서 애쓰고 계신 학자들의 연구가 없었다면 불가능했을 것이다. 이들이 없었더라면 우리는 인류의 역사에 관한 수많은 에피소드를 재구성할 엄두도 내지 못했을 것이다. 쿠르트 알트, 루카 반디올리, 나탈리아 베레치나, 헤르베 보헤렌스, 마델라이네 뵈메, 아브델얄릴 부주가르, 아담 브룸, 야로슬라프 브루체크, 제인 부이크슈트라, 헤르난 부르바노, 알렉산드라 부즈힐로바, 다비드 카라멜리, 니콜라스 콘라트, 알프레도 코파, 이자벨 크레베쾨르, 잉유 쿠이, 야디라 데 아르마스, 아나톨리 데레비안코, 레일라 드얀수구로바, 도르테 드루커, 키아오메이 푸, 패트릭 기어리, 리처드 에드워드 그린, 마트야 하디나크, 슈벤트 한센, 미하엘라 하르벡, 카테리나 하르바티, 장-자크 허블린, 다니엘 허슨, 재닛 켈소, 마르틴 키르헤르트, 이고르 키토프, 코리나 크니퍼, 크리스틴 크리스티안센, 카를레스 라울레차 폭스, 그레고르 라르손, 이오시프 라사리디스, 마크 립슨, 산드라 뢰쉬, 안나-사포 말라스피나스, 토미슬라프 마리시크, 이아인 마티슨, 마이클 매코믹, 하랄트 멜러, 마티아스 마이어, 크리스토퍼 밀러, 카이 니젤트, 이니고 올랄데, 루도비크 오를란도, 스반테 페보, 닉 패터슨, 에른스트 페르니카, 베냐민 페터, 론 핀하시, 다비드 라이히, 자비네 라인홀트, 로베르토 리쉬, 패트릭 로버츠, 미르야나 로크산딕, 엘렌 루기어, 하네스 슈뢰더, 엘리너 스케리, 파트리크 제말, 폰투스 스코글룬트, 몽고메리 슬랫킨, 비비안 슬론, 앤 스톤, 마크 스톤킹, 지리 스보보다, 안나 스체센이-나기, 프레데리크 발렌틴, 페트르 벨레민스키, 베냐민 베르노트, 티바다르 비다, 요아힘 발, 후고 제베르크, 여기에 이름은 없지만 정말로 뛰어난 모든 동료들에게 특별히 감사 인사를 전한다.

아울러 튀빙겐대학교와 예나 막스플랑크 인류사연구소, 라이프치히 막스플랑크 진화인류학연구소 동료들에게 감사드린다. 로드리고 바르케라, 크리스텐 보스, 젤레나 카를호프, 미할 펠트만, 러셀 그레이, 볼프강 하크, 알렉산더 헤르비히, 주자나 호프마노바, 정충원, 마르셀 켈러, 펠릭스 키, 아르투어 코허, 데니제 퀴너르트, 티제아스 람니디스, 앙겔라 뫼치, 리아자트 무스랄리나, 카트린 내겔레, 코시모 포스트, 애덤 파월, 하랄트 링바워, 귀도 그네치 루스콘, 슈테판 시펠스, 베레나 쉬네만, 아이리니 스쿠르타니오티, 마리아 슈파이루, 필리프 슈톡함머, 레제다 투크바토바, 마리에케 판 데어 로스드 레히트, 오실드 보게네, 바네사 빌랄바, 추안차오 왕, 케 왕, 크리스

티나 와리너, 혜 유, 이 책에서 언급했던 프로젝트를 위해 열정을 다한 모든 분들에게 특별히 감사드린다.

또한 이 책의 콘셉트를 기획한 프로필레안 출판사의 크리스틴 로터, 세부 작업 지원을 하느라 수고한 하이케 볼터에게 감사드린다. 아울러 이 책의 일러스트 작업을 위해 애쓴 톰 비외르클룬트, 팔코 다임, 엘리자베스 다이네스, 존 구르헤, 크리스토퍼 헨실우드, 뤼디거 크라우제, 발터 폴, 페터 스하우턴, 벨리자르 지메노브스키, 다미안 볼니에게도 감사드린다. 명쾌한 지도를 제작한 페터 팔름에게도 감사의 말을 전한다. 그리고 우리의 에이전트로 이 책의 제목을 정하는 데 도움을 준 프란치스카 귄터에게 고마움을 전한다.

요하네스 크라우제: 이 책을 위해 숱한 토론을 마다하지 않고, 저녁마다 컴퓨터 앞에서 오랜 시간을 있어도 너그러이 이해해준 아내 헨리케에게 고맙다고 말하고 싶다. 우리 딸 알마 에다, 잠자리에 들기 전 함께 동화를 읽지 못해서 아빠가 미안해. 모든 원고를 읽고 구체적인 의견을 준 부모님 마리아와 클라우스-디터, 여동생 크리스틴에게 감사하다는 말을 전한다.

토마스 트라페: 가족 모두에게 감사하다. 특히 클라우디아, 그녀가 없었더라면 까다로운 새 일과 팬데믹이라는 예외적인 상황에서 이 책을 쓰는 것이 불가능했을 것이다. 이 지구에서 가장 멋진 존재인 클라라와 레오, 너희들의 격려가 정말 큰 힘이 되었어. 미래는 너희들의 것이야. 너희들은 정말 잘해낼 수 있으리라 믿어.

주

1. 유일하게 두 저자가 명확하게 언급되고 소개된 부분이다. 이 책에서 요하네스 크라우제의 연구 논문을 언급해야 할 경우가 있는데 그의 참여 여부는 대개 정확하게 언급되어 있지 않다.

2. 완전한 생명체를 형성할 수 있는 배아줄기세포가 있다. 하지만 윤리적 이유로 이러한 세포들은 더 이상 세포조직 복제를 위해 사용되지 않는다. 반면 소위 다능성 줄기세포의 사용은 윤리적·법적으로 안전하다. 분화전능성 배아줄기세포와 달리 다능성 줄기세포에서 완전한 생명체가 성장할 수 없지만, 일부인 간세포, 심장세포, 뇌세포 등은 가능하다. 2006년에 이미 일본의 야마나카 신야는 임의의 체세포에 적은 수의 유전자를 주입해 유도만능줄기세포 프로세스를 개발했다. 2012년 야마나카 신야는 특히 배아에 접근할 필요 없이 줄기세포 연구를 가능하게 한 프로세스를 개발한 공로로 노벨생리의학상을 수상했다.

3. '유전자 가위'라는 이름으로 더 많이 알려진 CRISPR/Cas9 방식은 2012년 프랑스의 과학자 에마뉘엘 샤르팡티에와 미국의 분자생물학자 제니퍼 다우드나 연구팀이 공동으로 개발했으며, 2020년 두 여성 과학자는 노벨화학상을 수상했다. 이 발견으로 유전자 연구와 분자생물 의학에 새로운 시대가 열렸다. 유전자 가위는 모든 알려진 박테리아 생명체의 절반 정도에 존재하는 메커니즘을 이용한다. CRISPR/Cas9 시스템은 박테리아가 자신을 공격하는 바이러스의 유전 정보의 일부를 자신의 체세포에 저장하고 면역 방어 체계를 구축하며 후손에게도 물려줄 수 있다. 나중에 같은 유형의 바이러스가 이렇게 수정된 박테리아 세포를 만나면, 박테리아 세포가 면역 기억을 활성화시킨다. 그다음에 박테리아의 RNA 분자가 염기 조합을 공격한다. 이러한 염기 조합은 박테리아가 전에 바이러스의 공격을 받았다는 사실을 알고 있다. 마지막 단계에서 박테리아에 의해 후위로 보내진 Cas 효소가 나타나고 RNA에 의해 표시된 조각을 바이러스로부터 잘라낸다. 바이러스는 소위 유전자 가위로 토막토막 잘려 무해한 존재가 된다. 그사이 박테리아에 의해 복사되는 CRISPR/Cas9 프로세스는 유전자 요구의 표준 도구 상자가 되었다. 에마뉘엘 샤르팡티에가 공동 설립한 미국·스위스계 기업 크리스퍼 테라퓨틱스(CRISPR Therapeutics)는 2019년 11월

각각 베타지중해빈혈과 겸상적혈구빈혈증을 앓고 있는 두 여성 혈액 질환자 치료에 성공했다고 발표했다. 얼마 후에는 암 환자 치료에 희망적인 소식이 전해졌다. 두 경우 모두 자신의 체내에 있는 방어 세포로부터, 일반적으로 면역 방어를 중단시키는 DNA 정보를 잘라냈다.

4. 우리는 네안데르탈인과 우리와 다른 유전자가 90개가 있다는 사실을 알고 있기 때문이다. 이것들은 다양한 표현형, 즉 세포의 표현 형태와 관련된 유전자뿐만 아니라, 다양한 유전자 변형들의 조합, 유전자 변형의 수, 게놈에서 다른 염기와의 상호작용과 관련이 있다. 이 모든 것은 다양한 세포에 있는 이것들로부터 어떤 단백질과 얼마나 많은 단백질이 생산될지 결정한다. 이는 유전학자들이 단세포 동물의 각 유전자의 기능을 쉽게 해독할 수 있는 이유이기도 하다. 반면 인간의 유전자에는 아직 풀리지 않은 수수께끼가 많다.

5. 이것은 동일한 2퍼센트가 아니라, 유전 정보에 대한 하나의 큰 냄비에 대한 것이다. 여기에서 각자가 소량씩 가져가는 것이다. 네안데르탈인 유전 정보의 약 40퍼센트와 데니소바인의 유전 정보의 50퍼센트 이상은 현재 인간의 게놈이라는 대양에서 떠돌고 있고, 나머지는 영원히 사라졌다.

6. 현대인과 아주 유사한 대형 네안데르탈인-퍼즐이 앞에 있다고 생각하면 이 작업을 이해하기 쉽다. 네안데르탈인의 유전 정보가 들어 있는 냄비에서 색깔과 형태가 템플릿, 즉 우리의 유전자 코드와 동일한 각각의 퍼즐을 꺼낸다. 서서히 하나의 퍼즐이 완성되어가지만 조각이 비어 있는 부분도 많다. 네안데르탈인 퍼즐에서는 이런 위치에 형태는 동일하고 색깔은 완전히 다른 조각이 채워진다. 그래서 차이점을 확실하게 구분할 수 있다. 앞서 말했듯이 당시 네안데르탈인 퍼즐에는 빠진 조각이 많았다. 5년간의 연구 끝에 게놈의 50퍼센트 정도를 확인할 수 있게 되었다.

7. 어디까지나 모든 돌연변이가 아니라 최소한의 돌연변이만이 변형되어 유전된 특성에 관여한다. 이것은 게놈의 2퍼센트에만 유전자가 있기 때문이다. 나머지는 유전자를 제어한다. 절반 이상은 기능이 알려져 있지 않다. 여기에서도 '정크 DNA'라고 표현한다.

8. 현재 종 간 장기 이식이 가능하다. 의사와 연구자들은 이러한 이종이식이 조만간 인간 의학에서 장기 부족 문제를 해결해주기를 기대하고 있다.

9. 이처럼 비밀로 가득한 마지막 공통 조상의 유전 정보를 알고 있다. 이것은 뼈에서 발견되었기 때문이 아니라, 현재 살아 있는 인간의 유전체에서 이것을 산출했기 때문이다. 이것은 고고학적으로 엄청난 사건이고 거의 배제시켜야 하는 요행수다.

10. 이것은 지금까지 네안데르탈인 여성들을 통해 완벽하게 해독된 게놈이 있다는 사실에 위배되지 않는다. 여성의 성염색체(XX)와 달리 한 개만 존재하는(XY) Y염색체는 두 배로 나타나는 변형이 아니기 때문에 많은 조상들에게서 '찾아낼 수' 있다. 완전히 조합할 수 있는 모든 유전체가 네안데르탈인 여성들에게서 나왔다는 것은 우연이다.

11. 다지역 기원설은 2000년대까지 대표적인 이론이었지만 이를 반증하는 DNA 분석 결과가 나왔다. 이 이론에 따르면 아프리카와 아시아 사람들의 뿌리를 그곳에 정착하고 살던 고인류 유형에서 찾을 수 있듯이 유럽인들만 네안데르탈인에게 뿌리를 두고 있다. 이러한 이론은 특히 네안데르탈인 게놈 해독을 바탕으로 반증되었다. 그 덕분에 우리는 인간이 아주 적은 비중의 네안데르탈인 DNA를 지니고 있고, 이것이 사하라 이남 이외 지역에서만 해당한다는 것을 알게 되었다. 이러한 유전자들은 아웃 오브 아프리카 이론을 뒷받침한다. 이 이론에 따르면 현생인류는 대륙에서 탄생했고 그곳에서부터 확산되었다.

12. 베르크만의 법칙(Bergmann's Rule)에 따르면 생명체는 추운 지방에 살수록 체구가 더 크다고 한다. 네안데르탈인도 기후에 적응해서 몸집이 더 크고 피부 표면이 두꺼워졌다. 그 덕분에 남쪽 지역에 살고 몸집이 더 크고 친척 관계에 있는 인간들보다 열손실이 적다.

13. 호모 로데시엔시스는 흔히 아프리카의 호모 하이델베르겐시스라고 불린다.

14. 나중에 개체군이 탄생한 이러한 교차에서는 최소 한 명의 여성과 한 명의 남성에 변형이 있어야 한다. 여기에는 타당한 이유가 있다. 하지만 훨씬 더 사람들이 많았을 수 있다. 몇 세대가 지난 후 근친상간으로 탄생한 유전자풀은 이주민들이 장기적으로 생존하기에 불리한 조건이다.

15. 유령 개체군은 고고유전학에서 반복적으로 언급되는 개념이다. 이를테면 현재 많은 아프리카인이나 아프리카 출신의 아메리카인이 유령 개체군이다. 이들의 DNA에서는 유전자 시계가 수십만 년 전의 혼혈을 가리키는 구성 요소들이 발견된다. 현생인류가 북쪽에서 네안데르탈인과 혼혈했을 때와 마찬가지로, 사하라 이남에서 우리에게 알려지지 않은 유형의 고인류와만 혼혈을 했다.

16. '기저'는 유전자 계통에서 아주 이른 시기에 분화했음을 가리킨다. 이 계통에서 나중에 유럽인과 아시아인이 탄생했다고 한다.

17. 여기에서는 편의상 나투프인(Natufier)이라는 개념을 다음과 같은 의미로 사용했다. 즉 나투프 문화와 관련 있는 사람들이다. 나투프인이라고 명확하게 구분할 수 있는 개체군은 없다.

18. 이 수치는 영국을 위해 조사되었지만 서유럽 전역에 적용할 수 있다. 그래서 영

국은 특히 의학 게놈 연구에서 기준치를 자주 제공하고 있다. 모든 유럽 국가를 포함한 압도적인 규모의 게놈 데이터세트가 있기 때문이다. 독일에는 그러한 데이터가 존재하지 않는다.

19. 이해를 돕기 위해 소설 속 인물 타잔이 아프리카의 정글에 살았다는 것을 언급했다.

20. 보스턴의 진화생물학자 재레드 다이아몬드는 1999년에 이미 자신의 획기적인 저서 《총, 균, 쇠》에서 어떤 요인이 야생동물을 인간의 생계를 위한 경제 동물로 만드는지 요약했다(개는 가축에서도 특수 카테고리로 분류된다). 다이아몬드에 따르면 초식동물만 문제가 될 수 있다. 인간은 이런 동물에게서 자신이 투자한 것보다 더 많은 단백질을 얻을 수 없기 때문이다. 게다가 이 동물로 최대한 빨리 상품을 만들기 위해서는 빠른 성장과 높은 번식률이 필요하다고 한다. 또한 갇혀서 번식하고, 서열과 자리를 차지하기 위한 싸움을 끊임없이 하지 않는 무리 생활에 익숙한 동물만 경제 동물로 고려된다. 특히 공격적인 동물들은 처음부터 대상에서 제외되었다. 그 예로 다이아몬드는 곰을 들었다. 그는 이 모든 것을 종합하면 아프리카보다 유라시아에서 가축화할 수 있는 후보들을 고를 기회가 더 많았다고 주장한다.

21. 나투프인의 경우와 마찬가지로 여기에서도 이베로모루시안 문화와 관련 있는 사람들을 의미한다. 여기에도 명확하게 구분되는 개체군은 없다.

22. 하지만 유럽 내에서 비중은 차이가 매우 크다. 오늘날의 사르데냐인은 5퍼센트 미만의 수렵·채집인 DNA를 가지고 있다. 반면 에스토니아인에게서 이 비중은 60퍼센트 이상이다.

23. 이러한 문화와 연관된 사람들은 4900년 전에 완력으로 유럽에 들어왔고, 대륙의 DNA에 마지막으로 거대한 변화를 일으켰다. 오늘날의 유럽인은 평균 75퍼센트가 비옥한 초승달 지대의 두 개체군으로 거슬러 올라간다. 나머지 두 DNA는 유럽의 동쪽과 서쪽의 수렵·채집인으로부터 물려받은 것이다.

24. 그 시대의 벼농사는 지금처럼 수경 재배가 아니라 건경 재배였다. 벼는 두 방식으로 성장한다. 현재 사용하는 방식은 열대 지역에서 무성하게 자라는 잡초로 인한 벼농사 피해를 막을 수 있기 때문에 정착되었다.

25. 홀로세 초기에 약 100만 명이었던 인구가 5000년 전에 이미 1400만 명으로 증가했다. 서기가 시작되면서 인구는 열 배 이상 증가했다.

26. 서쪽의 비스마르크제도에서 남쪽의 뉴칼레도니아, 동쪽의 사모아, 북쪽의 투발루에 이른다.

27. 박테리아와 달리 바이러스는 주로 혈액이 아니라, 인플루엔자 바이러스와 코

로나 바이러스는 폐, 헤파티티스B(HBV)는 간 등 인간의 연조직에서 증식한다. 분석된 개체에서 박테리아성 패혈증이 확인되는 경우 박테리아가 침전되어 있다. 인간의 혈액 순환은 뼈와 치아까지 포함하기 때문이다. 페스트 사망자에게는 최대 수천 년 이상 박테리아 DNA가 남아 있다. 반면 연조직은 사망 후 몇 주 내에 부패하고, 이 조직과 함께 그 안에 있던 바이러스도 마찬가지다. 기관이 영구 빙하 속에 꽁꽁 얼어 있거나 연조직 자체가 뼈로 감싸여 있지 않는 한 말이다. 후자는 HBV 바이러스에 해당한다. 이 바이러스는 1차로 간을 공격하지만, 면역 체계 공격 후 골수로 쑥 들어간다. 이러한 바이러스의 구조도 염기서열 분석에 유용하다. 이 바이러스들은 RNA가 아니라, RNA보다 훨씬 안정적인 DNA로 구성되어 있기 때문이다.

28. HBV는 수렵·채집인에게 풍토병, 일종의 국민병이었던 듯하다. 신석기시대의 유럽에서도, 원숭이에서 인간으로 진화하는 과도기에서 다양한 갈래의 HBV 균주가 발달했다. 3200년 전 이곳에서 다양성은 멈췄고, 400년 후에야 새로운 형태의 헤파티티스B 바이러스가 다시 나타났다. 이러한 공백은 청동기시대의 페스트 발생 시기와 대략 일치한다. 이 시기에는 대규모 사망으로 인해 병원체는 갈 곳을 잃었지만 페스트 팬데믹의 진원지 이외 지역의 인간 개체군에게 남아 있었다. 현존하는 병원균이 유래한 HBV 균주는 2800여 년 전 유럽에서 다시 나타났던 변형이다. 이러한 연구 결과는 수백 년 전에 인구가 급격히 감소했다는 사실을 뒷받침하며, 4800년 전의 석기시대 페스트 발생 당시와 매우 유사하다.

29. HIV 감염자의 경우 백혈구가 자신의 게놈에 바이러스를 삽입하고, 바이러스가 침투된 체계에 따라 새로운 바이러스를 생산해, 결국 스스로 파괴된다. 너무 많은 백혈구가 파괴될 경우 후천성면역결핍증(AIDS)이 발생한다. 지금까지 에이즈는 불치병이지만 레트로바이러스의 활동을 억제하는 약물로 병의 진행을 늦출 수 있다.

30. 지구종말시계(Doomsday Clock)는 1947년《핵과학자 회보Bulletin of the Atomic Scientists》에 의해 창안되었다. 이 시계는 세상이 '최후의 심판'을 받을 날이 다가오고 있음을 의미한다.

좋은 책을 번역할 기회가 주어진다는 것만큼 번역가에게 기쁜 일은 없습니다. 다른 나라 언어를 우리말로 옮겨 저자의 생각을 정확하게 독자에게 전하는 일은 행복하면서도 어려운 일입니다. 더군다나 저와 같은 문학 전공자가 대중과학서를 번역할 때의 부담감은 적지 않습니다.

제가 대중과학서에 흥미를 갖게 된 계기는 칼 세이건의 《코스모스》와 장하석 교수의 《장하석의 과학, 철학을 만나다》를 읽으면서였습니다. 이 두 권의 책은 소설도 아닌데 책장이 술술 넘어갔고 과학에 대한 고정관념을 버릴 수 있게 해주었습니다. 일반인은 과학이라는 단어를 들으면 복잡한 공식을 먼저 떠올리고, 머리 좋은 사람들만 접할 수 있고, 딱딱하기 그지없는 학문이라고 생각합니다. 하지만 과학은 결코 엘리트만의 전유물이 아니며 문학, 철학, 예술과 마찬가지로 과학에도 동시대인의 사고가 반영되고 끊임없이 변합니다. 새로운 학설의 타당성이 입증되면 기존의 학설은 폐기됩니다.

모든 학문은 우주의 신비를 파헤치고 우주라는 그림의 수많은 퍼즐 조각들을 맞춰가는 과정이 아닐까 생각합니다. 유전자 가위로 유전자를 편집해 맞춤형 아기를 출산하고 난치병 치료를 시도하는 시대가 왔습니다. 유전학의 발전은 누군가에는 꺼져가는 생명을 되살릴 수 있는 마지막 희망일 수 있지만, 누군가에게는 신의 영역을 침범하는 행위이고 윤리에 어긋나는 일입니다.

《호모 히브리스》는 진화론과 창조론의 옳고 그름을 가리고 생명윤리를 논하기 위한 책이 아닙니다. 2000년 전후로 과학과 기술 문명 발달에 가속이 붙으면서 인류는 불가능한 일이 없다고 생각했습니다. 머지않아 우주여행을 하고 영원한 삶을 살 수 있을 것만 같았습니다. 하지만 눈에 보이지도 않는 작은 바이러스 하나에 전 세계인이 항복했습니다.

유인원이 진화해 인간이 되었는지, 인류의 조상이 네안데르탈인이 아닌 데니소바인인지, 정답은 알 수 없습니다. 인간은 자연에 그냥 굴복하기보다는 극복하기 위해 부단히 노력해왔고, 동물은 주어진 환경에 순응했을 뿐입니다. 단순히 짐승을 사냥하고 물고기를 잡고 열매를 따먹던 수렵·채집 사회에서 씨앗을 뿌려 수확하는 농경 사회로 발달하면서, 일정한 거처 없이 떠돌던 유랑생활에서 정착생활로 전환되었고, 잉여 수확물을 보관하면서 부_富라는 개념이 생겼습니다. 주어진 환경에 순응하지 않고 끊임없이 도전하고 실패하는 과정을 반복하며 인류는 성장해왔습니다.

현대인의 삶은 분주하고 피곤합니다. 특히 대한민국 서울이라는 곳의 생활은 전쟁터와 같습니다. 매일 전쟁을 치르느라 시간 내어 책한 권 읽기 힘들어 인터넷에서 필요한 정보만 찾고 미래를 대비하기 위해 발을 동동 구르며 사는 것이 우리의 일상입니다. 인간은 결국

흙으로 돌아갈 수밖에 없는 존재입니다. 코로나 팬데믹을 겪으며 인간이 우주은 티끌과 같은 존재라는 것과 함께 자연의 위력을 다시금 느꼈을 것입니다.

인류에게 3년이라는 멈춤의 시간이 주어진 이유가 있을 것이라고 생각합니다. 인생을 살다 보면 달려야 할 때도 있고, 걸어야 할 때도 있고, 잠시 나무 그늘에 앉아 쉬어야 할 때도 있기 마련입니다. 하늘을 찌르던 교만함을 버리고 겸손해지라는 신호인지, 더 멀리 달리기 위해 잠시 숨 고르기를 하라는 뜻인지 그 답을 찾는 것은 독자 여러분의 몫일 것입니다. 한 페이지를 넘길 때마다 독자 여러분은 어렴풋이 깨닫게 될 것입니다. 인류는 결국 한 뿌리에서 나왔고 더 우월하거나 열등한 존재는 없다는 사실을 말입니다. 자연 재해는 인간에게 겸허함을 가르쳐주고, 전쟁은 인간의 지나친 욕망이 파멸을 낳는다는 사실을 가르쳐줍니다.

대중과학서라고 해도 이 책에서 학명과 어려운 과학 용어가 불쑥불쑥 튀어나옵니다. 그런 표현들에 집착하지 말고 각 장에 수록된 지도를 먼저 살펴보며, 인류의 이동 경로를 따라가다 보면 자연스레 마지막 장을 넘기고 있을 것입니다. 부족한 번역이지만 이 책을 통해 독자 여러분이 인류의 과거로 떠나는 여행을 즐길 수 있길, 잠시 존재의 의미를 생각할 수 있는 여유를 누릴 수 있길 기대해봅니다.

강영옥

참고문헌

이 책에서는 가독성을 높이기 위해 가급적 미주를 달지 않았다. 출판물, 책, 기타 출처 등은 장별로 수록했다. 이 책의 일부 주장은 해당 학자들이 동의한다는 전제하에 이들과의 대화, 평가, 해석을 바탕으로 하며, 텍스트 초반에 언급해놓았다. 반복되는 경우에는 언급을 생략했다.

1장 실험실 인간

Green, R. E., et al., *A draft sequence of the Neandertal genome.* Science, 2010. 328 (5979): p. 710–722.

Reich, D., et al., *Genetic history of an archaic hominin group from Denisova Cave in Siberia.* Nature, 2010. 468(7327): p. 1053–60.

Meyer, M., et al., *A high-coverage genome sequence from an archaic Denisovan individual.* Science, 2012. 338(6104): p. 222–6.

Prufer, K., et al., *The complete genome sequence of a Neanderthal from the Altai Mountains.* Nature, 2014. 505(7481): p. 43–9.

Prufer, K., et al., *A high-coverage Neandertal genome from Vindija Cave in Croatia.* Science, 2017. 358(6363): p. 655–8.

Slon, V., et al., *A fourth Denisovan individual.* Sci Adv, 2017. 3(7): p. e1700186.

Slon, V., et al., *The genome of the offspring of a Neanderthal mother and a Denisovan father.* Nature, 2018. 561(7721): p. 113–6.

Bokelmann, L., et al., *A genetic analysis of the Gibraltar Neanderthals.* Proc Natl Acad Sci U S A, 2019. 116(31): p. 15610–5.

Peyregne, S., et al., *Nuclear DNA from two early Neandertals reveals 80,000 years of genetic continuity in Europe.* Sci Adv, 2019. 5(6): p. eaaw5873.

Krause, J., et al., *The complete mitochondrial DNA genome of an unknown hominin from southern Siberia.* Nature, 2010. 464(7290): p. 894–7.

Paabo, S., *Neanderthal man: in search of lost genomes.* 2014, New York: Basic Books.

Reich, D., *Who we are and how we got here: ancient DNA revolution and the new science of the human past.* 2018, New York: Pantheon Books.

Prufer, K., et al., *The bonobo genome compared with the chimpanzee and human genomes.* Nature, 2012. 486(7404): p. 527–31.

Meyer, M., et al., *Nuclear DNA sequences from the Middle Pleistocene Sima de los*

Huesos hominins. Nature, 2016. 531(7595): p. 504−7.

Stepanova, V., et al., *Reduced purine biosynthesis in humans after their divergence from Neandertals.* Elife, 2021. 10.

Lancaster, M. A., et al., *Cerebral organoids model human brain development and microcephaly.* Nature, 2013. 501(7467): p. 373−9.

Jinek, M., et al., *A programmable dual-RNA-guided DNA endonuclease in adaptive bacterial immunity.* Science, 2012. 337(6096): p. 816−21.

Greely, H. T., *Human Germline Genome Editing: An Assessment.* CRISPR J, 2019. 2(5): p. 253−65.

Cyranoski, D., *Russian biologist plans more CRISPR-edited babies.* Nature, 2019. 570(7760): p. 145−6.

Racimo, F., et al., *Archaic Adaptive Introgression in* TBX15/WARS2. Mol Biol Evol, 2017. 34(3): p. 509−24.

Sankararaman, S., et al., *The Combined Landscape of Denisovan and Neanderthal Ancestry in Present-Day Humans.* Curr Biol, 2016. 26(9): p. 1241−7.

Dannemann, M., and J. Kelso, *The Contribution of Neanderthals to Phenotypic Variation in Modern Humans.* Am J Hum Genet, 2017. 101(4): p. 578−89.

Dannemann, M., K. Prufer, and J. Kelso, *Functional implications of Neandertal introgression in modern humans.* Genome Biol, 2017. 18(1): p. 61.

International Human Genome Sequencing, Consortium, *Finishing the euchromatic sequence of the human genome.* Nature, 2004. 431(7011): p. 931−45.

Gansauge, M. T., and M. Meyer, *Single-stranded DNA library preparation for the sequencing of ancient or damaged DNA.* Nat Protoc, 2013. 8(4): p. 737−48.

Neubauer, S., J. J. Hublin, and P. Gunz, *The evolution of modern human brain shape.* Sci Adv, 2018. 4(1): p. eaao5961.

Gunz, P., et al., *Neandertal Introgression Sheds Light on Modern Human Endocranial Globularity.* Curr Biol, 2019. 29(1): p. 120−7 e5.

Church, G. M., and E. Regis, *Regenesis: How synthetic biology will reinvent nature and ourselves.* 2012, New York: Basic Books.

Church, G. M., *Can Neanderthals Be Brought Back from the Dead?,* P. Bethge and J. Grolle, Editors. January 21, 2013: Der Spiegel.

2장 굶주림

Brunel, E., J.-M. Chauvet, and C. Hillaire, *Die Entdeckung der Höhle Chauvet-Pont d'Arc.* 2014, Saint-Remy-de-Provence: Editions Equinoxe.

Conard, N. J., M. Malina, and S. C. Munzel, *New flutes document the earliest musical tradition in southwestern Germany.* Nature, 2009. 460(7256): p. 737−40.

Rosas, A., et al., *Paleobiology and comparative morphology of a late Neandertal sample from El Sidron, Asturias,* Spain. Proc Natl Acad Sci U S A, 2006. 103(51): p.

19266-71.

Lalueza-Fox, C., et al., *Mitochondrial DNA of an Iberian Neandertal suggests a population affinity with other European Neandertals.* Curr Biol, 2006. 16(16): p. R629-30.

Yustos, M., and J. Y. Sainz de los Terreros, *Cannibalism in the Neanderthal World: An Exhaustive Revision.* Journal of Taphonomy, 2015. 13(1): p. 33-52.

Rougier, H., et al., *Neandertal cannibalism and Neandertal bones used as tools in Northern Europe.* Sci Rep, 2016. 6: p. 29005.

Parrado, N., and V. Rause, *72 Tage in der Hölle. Wie ich den Absturz in den Anden überlebte.* 2008, München: Goldmann Verlag.

Berger, T. D., and E. Trinkaus, *Patterns of trauma among the Neandertals. J. Archaeol. Sci.*, 1995. 22: p. 841-52.

Schultz, M., *Results of the anatomical-palaeopathological investigations on the Neanderthal skeleton from the Kleine Feldhofer Grotte (1856) including th new discoveries from 1997/2000.* Rheinische Ausgrabungen, 2006. 58: p. 277-318.

Xing, S., et al., *Middle Pleistocene human femoral diaphyses from Hualongdong, Anhui Province, China.* Am J Phys Anthropol, 2021. 174(2): p. 285-98.

Les Abbés, A., J. Bouyssonie, and L. Bardon, *Découverte d'un squelette humain moustérien à La Bouffia de la Chapelle-aux-Saints.* L'Anthropologie, 1909. 19: p. 513-8.

Prufer, K., et al., *A genome sequence from a modern human skull over 45,000 years old from Zlaty kun in Czechia.* Nat Ecol Evol, 2021. 5(6): p. 820-5.

Vlček, E., *The Pleistocene man from the Zlatý kůň cave near Koněprusy.* Anthropozoikum, 1957. 6: p. 283-311.

Prošek, F., *The excavation of the ,Zlatý kůň, cave in Bohemia: The report for the 1st research period of 1951.* Československý kras, 1952. 5: p. 161-79.

3장 원숭이 행성

Scerri, E. M. L., et al., *Did Our Species Evolve in Subdivided Populations across Africa, and Why Does It Matter?* Trends Ecol Evol, 2018. 33(8): p. 582-94.

Sankararaman, S., et al., *The genomic landscape of Neanderthal ancestry in present-day humans.* Nature, 2014. 507(7492): p. 354-7.

Grun, R., and C. Stringer, *Tabun revisited: revised ESR chronology and new ESR and U-series analyses of dental material from Tabun C1.* J Hum Evol, 2000. 39(6): p. 601-12.

Hershkovitz, I., et al., *Levantine cranium from Manot Cave (Israel) foreshadows the first European modern humans.* Nature, 2015. 520(7546): p. 216-9.

Meyer, M., et al., *Nuclear DNA sequences from the Middle Pleistocene Sima de los Huesos hominins.* Nature, 2016. 531(7595): p. 504-7.

Posth, C., et al., *Deeply divergent archaic mitochondrial genome provides lower time boundary for African gene flow into Neanderthals*. Nat Commun, 2017. 8: p. 16046.

Petr, M., et al., *The evolutionary history of Neanderthal and Denisovan Y chromosomes*. Science, 2020. 369(6511): p. 1653–6.

Harvati, K., et al., *Apidima Cave fossils provide earliest evidence of Homo sapiens in Eurasia*. Nature, 2019. 571(7766): p. 500–4.

Hershkovitz, I., et al., *The earliest modern humans outside Africa*. Science, 2018. 359 (6374): p. 456–9.

Harting, P., *Le système Éemien*. Archives Néerlandaises Sciences Exactes et Naturelles de la Societé Hollandaise des Sciences, 1875. 10: p. 443–54.

Preece, R. C., *Differentiation of the British late Middle Pleistocene interglacials: the evidence from mammalian biostratigraphy*. Quaternary Science Reviews, 1999. 20 (16–17): p. 1693–1705.

Besenbacher, S., et al., *Direct estimation of mutations in great apes reconciles phylogenetic dating*. Nat Ecol Evol, 2019. 3(2): p. 286–92.

Bohme, M., et al., *A new Miocene ape and locomotion in the ancestor of great apes and humans*. Nature, 2019. 575(7783): p. 489–93.

Scally, A., et al., *Insights into hominid evolution from the gorilla genome sequence*. Nature, 2012. 483(7388): p. 169–75.

Tenesa, A., et al., *Recent human effective population size estimated from linkage disequilibrium*. Genome Res, 2007. 17(4): p. 520–6.

Swisher, C. C., G. H. Curtis, and R. Lewin, *Java Man: How Two Geologists Changed Our Understanding of Human Evolution*. 2002. Chicago: University of Chicago Press.

Gargani, J., and C. Rigollet, *Mediterranean Sea level varia316 tions during the Messinian Salinity Crisis*. Geophysical Research Letters, 2007: 34(10).

Lieberman, D., *The story of the human body: evolution, health, and disease*. 2013. New York: Pantheon Books.

Patterson, N., et al., *Genetic evidence for complex speciation of humans and chimpanzees*. Nature, 2006. 441(7097): p. 1103–8.

Schrenk, F., *Die Frühzeit des Menschen. Der Weg zum Homo sapiens*. 2019. München: Beck Verlag.

Lordkipanidze, D., et al., *A complete skull from Dmanisi, Georgia, and the evolutionary biology of early Homo*. Science, 2013. 342(6156): p. 326–31.

Hublin, J. J., et al., *New fossils from Jebel Irhoud, Morocco and the pan-African origin of Homo sapiens*. Nature, 2017. 546(7657): p. 289–92.

Berger, L. R., et al., *Homo naledi, a new species of the genus Homo from the Dinaledi Chamber, South Africa*. Elife, 2015. 4.

Dirks, P. H., et al., *Geological and taphonomic context for the new hominin species*

Homo naledi from the Dinaledi Chamber, South Africa. Elife, 2015. 4.

Dirks, P. H., et al., *The age of Homo naledi and associated sediments in the Rising Star Cave, South Africa.* Elife, 2017. 6.

Grun, R., et al., *Dating the skull from Broken Hill, Zambia, and its position in human evolution.* Nature, 2020. 580(7803): p. 372–5.

Grun, R., et al., *Direct dating of Florisbad hominid.* Nature, 1996. 382(6591): p. 500–1.

Kaiser, T., et al., *Klimawandel als Antrieb der menschlichen Evolution*, in Klimagewalten. Treibende Kraft der Evolution, H. Meller and T. Puttkammer, Editors. 2017, Darmstadt: p. 210–21.

4장 재앙

Carbonell, E., et al., *The first hominin of Europe.* Nature, 2008. 452(7186): p. 465–9.

Matsu'ura, S., et al., *Age control of the first appearance 317 datum for Javanese Homo erectus in the Sangiran area.* Science, 2020. 367(6474): p. 210–4.

Rizal, Y., et al., *Last appearance of Homo erectus at Ngandong, Java, 117,000–108,000 years ago.* Nature, 2020. 577(7790): p. 381–5.

Lieberman, D. E., B. M. McBratney, and G. Krovitz, *The evolution and development of cranial form in Homo sapiens.* Proc Natl Acad Sci U S A, 2002. 99(3): p. 1134–9.

Stringer, C., *The origin and evolution of Homo sapiens.* Philos Trans R Soc Lond B Biol Sci, 2016. 371(1698).

Liu, W., et al., *The earliest unequivocally modern humans in southern China.* Nature, 2015. 526(7575): p. 696–9.

Qiu, J., *How China is rewriting the book on human origins.* Nature, 2016. 535: p. 22–5.

Fu, Q., et al., *DNA analysis of an early modern human from Tianyuan Cave, China.* Proc Natl Acad Sci U S A, 2013. 110(6): p. 2223–7.

Osipov, S., et al., *The Toba supervolcano eruption caused severe tropical stratospheric ozone depletion.* Communications Earth & Environment, 2021. 2(1).

Krause, J., et al., *The complete mitochondrial DNA genome of an unknown hominin from southern Siberia.* Nature, 2010. 464(7290): p. 894–7.

Zhang, D., et al., *Denisovan DNA in Late Pleistocene sediments from Baishiya Karst Cave on the Tibetan Plateau.* Science, 2020. 370(6516): p. 584–7.

Sutikna, T., et al., *Revised stratigraphy and chronology for Homo floresiensis at Liang Bua in Indonesia.* Nature, 2016. 532(7599): p. 366–9.

Morwood, M. J., et al., *Archaeology and age of a new hominin from Flores in eastern Indonesia.* Nature, 2004. 431(7012): p. 1087–91.

Rampino, M. R., and S. Self, *Bottleneck in human evolution and the Toba eruption.* Science, 1993. 262(5142): p. 1955.

Yu, H., et al., *Palaeogenomic analysis of black rat (Rattus rattus) reveals multiple European introductions associated with human economic history.* bioRxiv, 2021.

Posth, C., et al., *Pleistocene Mitochondrial Genomes Sug318 gest a Single Major Dispersal of Non-Africans and a Late Glacial Population Turnover in Europe.* Curr Biol, 2016. 26(6): p. 827–33.

Beyer, R. M., et al., *Windows out of Africa: A 300,000-year chronology of climatically plausible human contact with Eurasia.* bioRxiv, 2020.

Beyer, R. M., M. Krapp, and A. Manica, *High-resolution terrestrial climate, bioclimate and vegetation for the last 120,000 years.* Sci Data, 2020. 7(1): p. 236.

Henshilwood, C. S., et al., *Emergence of modern human behavior: Middle Stone Age engravings from South Africa.* Science, 2002. 295(5558): p. 1278–80.

Henshilwood, C. S., et al., *A 100,000-year-old ochre-processing workshop at Blombos Cave, South Africa.* Science, 2011. 334(6053): p. 219–22.

Wadley, L., et al., *Middle Stone Age bedding construction and settlement patterns at Sibudu, South Africa.* Science, 2011. 334(6061): p. 1388–91.

Lombard, M. and L. Phillipson, *Indications of bow and stone-tipped arrow use 64 000 years ago in KwaZulu-Natal, South Africa.* Antiquity, 2010. 84: p. 635–48.

Backwell, L., et al., *The antiquity of bow-and-arrow technology: evidence from Middle Stone Age layers at Sibudu Cave.* Antiquity, 2018. 92(362): p. 289–303.

Armitage, S. J., et al., *The southern route «out of Africa»: evidence for an early expansion of modern humans into Arabia.* Science, 2011. 331(6016): p. 453–6.

Groucutt, H. S., et al., *Homo sapiens in Arabia by 85,000 years ago.* Nat Ecol Evol, 2018. 2(5): p. 800–9.

Fu, Q., et al., *An early modern human from Romania with a recent Neanderthal ancestor.* Nature, 2015. 524(7564): p. 216–9.

Fu, Q., et al., *Genome sequence of a 45,000-year-old modern human from western Siberia.* Nature, 2014. 514(7523): p. 445–9.

Fu, Q., et al., *The genetic history of Ice Age Europe.* Nature, 2016. 534(7606): p. 200–5.

Lazaridis, I., et al., *Ancient human genomes suggest three ancestral populations for present-day Europeans.* Nature, 2014. 513(7518): p. 409–13. 319

Lazaridis, I., et al., *Genomic insights into the origin of farming in the ancient Near East.* Nature, 2016. 536(7617): p. 419–24.

Vernot, B., and J. M. Akey, *Resurrecting surviving Neandertal lineages from modern human genomes.* Science, 2014. 343(6174): p. 1017–21.

Robock, A., et al., *Did the Toba volcanic eruption of ~74k BP produce widespread glaciation?* J. Geophys. Res., 2009. 114.

5장 이주

Briggs, A. W., et al., *Targeted retrieval and analysis of five Neandertal mtDNA genomes.* Science, 2009. 325(5938): p. 318–21.

Green, R. E., et al., *A complete Neandertal mitochondrial genome sequence determined by high-throughput sequencing.* Cell, 2008. 134(3): p. 416–26.

Krause, J., et al., *Neanderthals in central Asia and Siberia.* Nature, 2007. 449(7164): p. 902–4.

Sankararaman, S., et al., *The genomic landscape of Neanderthal ancestry in present-day humans.* Nature, 2014. 507(7492): p. 354–7.

Dannemann, M., K. Prufer, and J. Kelso, *Functional implications of Neandertal introgression in modern humans.* Genome Biol, 2017. 18(1): p. 61.

Dannemann, M., and J. Kelso, *The Contribution of Neanderthals to Phenotypic Variation in Modern Humans.* Am J Hum Genet, 2017. 101(4): p. 578–89.

Dannemann, M., A. M. Andres, and J. Kelso, *Introgression of Neandertal- and Denisovan-like Haplotypes Contributes to Adaptive Variation in Human Toll-like Receptors.* Am J Hum Genet, 2016. 98(1): p. 22–33.

COVID-19 Host Genetics Initiative, *Mapping the human genetic architecture of COVID-19.* Nature, 2021.

Zeberg, H., et al., *A Neanderthal Sodium Channel Increases Pain Sensitivity in Present-Day Humans.* Curr Biol, 2020. 30(17): p. 3465–9 e4.

Zeberg, H., J. Kelso, and S. Paabo, *The Neandertal Progesterone Receptor.* Mol Biol Evol, 2020. 37(9): p. 2655–60.

Zeberg, H., and S. Paabo, *The major genetic risk factor for severe COVID-19 is inherited from Neanderthals.* Nature, 2020. 587(7835): p. 610–2.

Zeberg, H., and S. Paabo, *A genomic region associated with protection against severe COVID-19 is inherited from Neandertals.* Proc Natl Acad Sci U S A, 2021. 118(9).

Giaccio, B., et al., *High-precision (14)C and (40)Ar/(39)Ar dating of the Campanian Ignimbrite (Y-5) reconciles the time-scales of climatic-cultural processes at 40 ka.* Sci Rep, 2017. 7: p. 45940.

Marti, A., et al., *Reconstructing the plinian and co-ignimbrite sources of large volcanic eruptions: A novel approach for the Campanian Ignimbrite.* Sci Rep, 2016. 6: p. 21220.

Krause, J., and T. Trappe, *Die Reise unserer Gene: Eine Geschichte über uns und unsere Vorfahren.* 2019, Berlin: Propyläen Verlag.

Dinnis, R., et al., *New data for the Early Upper Paleolithic of Kostenki (Russia).* J Hum Evol, 2019. 127: p. 21–40.

Krause, J., et al., *A complete mtDNA genome of an early modern human from Kostenki, Russia.* Curr Biol, 2010. 20(3): p. 231–6.

Hajdinjak, M., et al., *Initial Upper Palaeolithic humans in Europe had recent Neanderthal ancestry.* Nature, 2021. 592(7853): p. 253–7.

Fellows Yates, J. A., et al., *Central European Woolly Mammoth Population Dynamics: Insights from Late Pleistocene Mitochondrial Genomes.* Sci Rep, 2017. 7(1): p. 17714.

Lorenzen, E. D., et al., *Species-specific responses of Late Quaternary megafauna to climate and humans.* Nature, 2011. 479(7373): p. 359–64.

van der Kaars, S., et al., *Humans rather than climate the primary cause of Pleistocene megafaunal extinction in Australia.* Nat Commun, 2017. 8: p. 14142.

Allentoft, M. E., et al., *Extinct New Zealand megafauna were not in decline before human colonization.* Proc Natl Acad Sci U S A, 2014. 111(13): p. 4922–7.

Remmert, H., *The evolution of man and the extinction of animals.* Naturwissenschaften, 1982. 69(11): p. 524–7.

Napierala, H., A. W. Kandel, and N. J. Conard, *Small game and shifting subsistence patterns from the Upper Palaeolithic to the Natufian at Baaz Rockshelter, Syria,* in *Archaeozoology of the Near East 9,* M.M. and M. Beech, ed. 2017, Oxbow: Oxford & Philadelphia.

Zvelebil, M., *Hunters in Transition: Mesolithic Societies of Temperate Eurasia and their Transition to Farming,* ed. M. Zvelebil. 1986, Cambridge, UK: Cambridge University Press.

Greenberg, J., *A Feathered River Across the Sky: The Passenger Pigeon's Flight to Extinction.* 2014, New York: Bloomsbury Publishing.

Sherkow, J. S., and H. T. Greely, *What If Extinction Is Not Forever?* Science, 2013. 340: p. 32–3.

Blockstein, D. E., *We Can't Bring Back the Passenger Pigeon: The Ethics of Deception Around De-extinction.* Ethics, Policy & EnvironmEnt, 2017. 20: p. 33–7.

Shapiro, B., *How to Clone a Mammoth: The Science of De-Extinction.* 2015, Princeton: Princeton University Press.

Sikora, M., et al., *The population history of northeastern Siberia since the Pleistocene.* Nature, 2019. 570(7760): p. 182–8.

Ardelean, C. F., et al., *Evidence of human occupation in Mexico around the Last Glacial Maximum.* Nature, 2020. 584(7819): p. 87–92.

Holen, S. R., et al., *A 130,000-year-old archaeological site in southern California, USA.* Nature, 2017. 544(7651): p. 479–83.

Posth, C., et al., *Reconstructing the Deep Population History of Central and South America.* Cell, 2018. 175(5): p. 1185–97 e22.

Waters, M., and T. Stafford, *he First Americans: A Review of the Evidence for the Late-Pleistocene Peopling of the Americas.* Paleoamerican Odyssey. 2014: Texas A&M University Press.

Dillehay, T. D., and M. B. Collins, *Early cultural evidence from Monte Verde in Chile.* Nature, 1988. 332: p. 150–2.

Pedersen, M. W., et al., *Postglacial viability and colonization in North America's ice-free corridor.* Nature, 2016. 537(7618): p. 45–9.

Yu, H., et al., *Paleolithic to Bronze Age Siberians Reveal Connections with First Americans and across Eurasia.* Cell, 2020. 181(6): p. 1232–45 e20.

Wang, C. C., et al., *Genomic insights into the formation of human populations in East Asia.* Nature, 2021. 591(7850): p. 413–9.

Slon, V., et al., *The genome of the offspring of a Neanderthal mother and a Denisovan father.* Nature, 2018. 561(7721): p. 113–6.

Slon, V., et al., *A fourth Denisovan individual.* Sci Adv, 2017. 3(7): p. e1700186.

Chen, F., et al., *A late Middle Pleistocene Denisovan mandible from the Tibetan Plateau.* Nature, 2019. 569(7756): p. 409–12.

Zhang, D., et al., *Denisovan DNA in Late Pleistocene sediments from Baishiya Karst Cave on the Tibetan Plateau.* Science, 2020. 370(6516): p. 584–7.

Huerta-Sanchez, E., et al., *Altitude adaptation in Tibetans caused by introgression of Denisovan-like DNA.* Nature, 2014. 512(7513): p. 194–7.

Jeong, C., et al., *Long-term genetic stability and a high-altitude East Asian origin for the peoples of the high valleys of the Himalayan arc.* Proc Natl Acad Sci U S A, 2016. 113(27): p. 7485–90.

Zhang, X., et al., *The history and evolution of the Denisovan- EPAS1 haplotype in Tibetans.* Proc Natl Acad Sci U S A, 2021. 118(22).

Reich, D., et al., *Genetic history of an archaic hominin group from Denisova Cave in Siberia.* Nature, 2010. 468(7327): p. 1053–60.

Browning, S. R., et al., *Analysis of Human Sequence Data Reveals Two Pulses of Archaic Denisovan Admixture.* Cell, 2018. 173(1): p. 53–61 e9.

Cooper, A., and C. B. Stringer, *Paleontology.* Did the Denisovans cross Wallace's Line? Science, 2013. 342(6156): p. 321–3.

Krause, J., *Ancient human migrations,* in *Migration,* H.S.R. Neck, Editor. 2011, Wien: Böhlau: p. 45–64.

Diamond, J., *Ten Thousand Years of Solitude.* Discover, 1993. 14(3).

Clark, J., *Smith, Fanny Cochrane (1834–1905).* Australian Dictionary of Biography. Vol. 11. 1988: Melbourne University Press.

6장 마법의 숲

Paabo, S., et al., *Genetic analyses from ancient DNA.* Annu Rev Genet, 2004. 38: p. 645–79.

Louys, J., and P. Roberts, *Environmental drivers of megafauna and hominin extinction in Southeast Asia.* Nature, 2020. 586(7829): p. 402–6.

Morwood, M. J., et al., *Archaeology and age of a new hominin from Flores in eastern Indonesia.* Nature, 2004. 431(7012): p. 1087–91.

Jungers, W. L., et al., *The foot of Homo floresiensis.* Nature, 2009. 459(7243): p. 81–4.

Detroit, F., et al., *A new species of Homo from the Late Pleistocene of the Philippines.* Nature, 2019. 568(7751): p. 181–6.

Falk, D., et al., *Brain shape in human microcephalics and Homo floresiensis.* Proc Natl

Acad Sci U S A, 2007. 104(7): p. 2513–8.

Culotta, E., *Discoverers Charge Damage to ,Hobbit, Specimens.* Science, 2005. 307 (5717).

Brumm, A., et al., *Hominins on Flores, Indonesia, by one million years ago.* Nature, 2010. 464(7289): p. 748–52.

Brumm, A., et al., *Early stone technology on Flores and its implications for Homo floresiensis.* Nature, 2006. 441(7093): p. 624–8.

Shine, R., and R. Somaweera, *Last lizard standing: The enigmatic persistence of the Komodo dragon.* Global Ecology and Conservation, 2019. 18.

Smith, C. C., and S. D. Fretwell, The optimal balance between size and number of offspring. Am. Nat., 1974. 108: p. 499–506.

Sutikna, T., et al., *The spatio-temporal distribution of archaeological and faunal finds at Liang Bua (Flores, Indonesia) in light of the revised chronology for Homo floresiensis.* J. Hum. Evol., 2018. 124: p. 52–74.

Jacobs, G. S., et al., *Multiple Deeply Divergent Denisovan Ancestries in Papuans.* Cell, 2019. 177(4): p. 1010–21 e32.

Bowler, J. M., et al., *New ages for human occupation and climatic change at Lake Mungo, Australia.* Nature, 2003. 421(6925): p. 837–40.

Laidlaw, R., *Aboriginal Society before European settlement, in The European Occupation,* T. Gurry, Editor. 1984, Heinemann Educational Australia: Richmond. p. 40.

Cane, S., *First Footprints– the epic story of the first Australians.* 2013, Australia: Allen & Unwin.

Kik, A., et al., *Language and ethnobiological skills decline precipitously in Papua New Guinea, the world's most linguistically diverse nation.* Proc Natl Acad Sci U S A, 2021. 118(22).

Liberski, P. P., *Kuru: a journey back in time from papua new Guinea to the neanderthals' extinction.* Pathogens, 2013. 2(3): p. 472–505.

Tobler, R., et al., *Aboriginal mitogenomes reveal 50,000 years of regionalism in Australia.* Nature, 2017. 544(7649): p. 180–4.

Hardy, M. C., J. Cochrane, and R. E. Allavena, *Venomous and poisonous Australian animals of veterinary importance: a rich source of novel therapeutics.* Biomed Res Int, 2014: p. 671041.

Perri, A. R., et al., *Dog domestication and the dual dispersal of people and dogs into the Americas.* Proc Natl Acad Sci U S A, 2021. 118(6).

Frantz, L. A., et al., *Genomic and archaeological evidence suggest a dual origin of domestic dogs.* Science, 2016. 352(6290): p. 1228–31.

Larson, G., et al., *Rethinking dog domestication by integrating genetics, archeology, and biogeography.* Proc Natl Acad Sci U S A, 2012. 109(23): p. 8878–83.

Thalmann, O., et al., *Complete mitochondrial genomes of ancient canids suggest a European origin of domestic dogs*. Science, 2013. 342(6160): p. 871–4.

Leroy, G., et al., *Genetic diversity of dog breeds: betweenbreed diversity, breed assignation and conservation approaches*. Anim Genet, 2009. 40(3): p. 333–43.

Bergstrom, A., et al., *Origins and genetic legacy of prehistoric dogs*. Science, 2020. 370(6516): p. 557–64.

Loog, L., et al., *Ancient DNA suggests modern wolves trace their origin to a Late Pleistocene expansion from Beringia*. Mol Ecol, 2020. 29(9): p. 1596–1610.

Baca, M., et al., *Retreat and extinction of the Late Pleistocene cave bear (Ursus spelaeus sensu lato)*. Naturwissenschaften, 2016. 103(11–12): p. 92.

Dugatkin, L. A., and L. Trut, *Füchse zähmen*. 2017, Berlin, Heidelberg: Springer.

Wade, N., Nice Rats, *Nasty Rats: Maybe It's All in the Genes*. New York Times. July 25, 2006.

Plyusnina, I. Z., et al., *Cross-fostering effects on weight, exploratory activity, acoustic startle reflex and corticosterone stress response in Norway gray rats selected for elimination and for enhancement of aggressiveness towards human*. Behav Genet, 2009. 39(2): p. 202–12.

Heyne, H. O., et al., *Genetic influences on brain gene expression in rats selected for tameness and aggression*. Genetics, 2014. 198(3): p. 1277–90.

Albert, F. W., et al., *Genetic architecture of tameness in a rat model of animal domestication*. Genetics, 2009. 182(2): p. 541–54.

Kukekova, A. V., et al., *Red fox genome assembly identifies genomic regions associated with tame and aggressive behaviours*. Nat Ecol Evol, 2018. 2(9): p. 1479–91.

Lahr, M. M., et al., *Mirazon Lahr et al. reply*. Nature, 2016. 539(7630): p. E10–E11.

Okin, G. S., *Environmental impacts of food consumption by dogs and cats*. PLoS One, 2017. 12(8): p. e0181301.

7장 엘리트들

Boulanger, M. T., and R. L. Lyman, *Northeastern North American Pleistocene megafauna chronologically overlapped minimally with Paleoindians*. Quarternary Science Revies, 2014. 85: p. 35–46.

Ni Leathlobhair, M., et al., *The evolutionary history of dogs in the Americas*. Science, 2018. 361(6397): p. 81–5.

Weissbrod, L., et al., *Origins of house mice in ecological niches created by settled hunter-gatherers in the Levant 15,000 y ago*. Proc Natl Acad Sci U S A, 2017. 114(16):p. 4099–104.

Peters, J., et al., *Göbekli Tepe: Agriculture and Domestication*, in *Encyclopedia of Global Archaeology*, C. Smith, ed. 2014.

van de Loosdrecht, M., et al., *Pleistocene North African genomes link Near Eastern and sub-Saharan African human populations.* Science, 2018. 360(6388): p. 548–52.

Hublin, J. J., et al., *New fossils from Jebel Irhoud, Morocco and the pan-African origin of Homo sapiens.* Nature, 2017. 546(7657): p. 289–92.

Humphrey, L. T., et al., *Earliest evidence for caries and exploitation of starchy plant foods in Pleistocene hunter-gatherers from Morocco.* Proc Natl Acad Sci U S A, 2014. 111(3): p. 954–9.

Lazaridis, I., et al., *Genomic insights into the origin of farming in the ancient Near East.* Nature, 2016. 536(7617): p. 419–24.

Lazaridis, I., et al., *Ancient human genomes suggest three ancestral populations for present-day Europeans.* Nature, 2014. 513(7518): p. 409–13.

Diamond, J., *Arm und Reich: Die Schicksale menschlicher Gesellschaften.* 2006, Frankfurt/M.: Fischer Taschenbuch.

Hofmanova, Z., et al., *Early farmers from across Europe directly descended from Neolithic Aegeans.* Proc Natl Acad Sci U S A, 2016. 113(25): p. 6886–91.

Olalde, I., et al., *The Beaker phenomenon and the genomic transformation of northwest Europe.* Nature, 2018. 555(7695): p. 190–6.

Chaplin, G., and N. G. Jablonski, *Vitamin D and the evolution of human depigmentation.* Am J Phys Anthropol, 2009. 139(4): p. 451–61.

Skoglund, P., et al., *Reconstructing Prehistoric African Population Structure.* Cell, 2017. 171(1): p. 59–71 e21.

Wang, C. C., et al., *Ancient human genome-wide data from a 3000-year interval in the Caucasus corresponds with ecogeographic regions.* Nat Commun, 2019. 10(1): p. 590.

Brandt, G., et al., *Ancient DNA reveals key stages in the formation of central European mitochondrial genetic diversity.* Science, 2013. 342(6155): p. 257–61.

Mittnik, A., et al., *The genetic prehistory of the Baltic Sea region.* Nat Commun, 2018. 9(1): p. 442.

Haak, W., et al., *Massive migration from the steppe was a source for Indo-European languages in Europe.* Nature, 2015. 522(7555): p. 207–11.

Narasimhan, V. M., et al., *The formation of human populations in South and Central Asia.* Science, 2019. 365(6457).

Shinde, V., et al., *An Ancient Harappan Genome Lacks Ancestry from Steppe Pastoralists or Iranian Farmers.* Cell, 2019. 179(3): p. 729–35 e10.

Oelze, V. M., et al., *Early Neolithic diet and animal husbandry: stable isotope evidence from three Linearbandkeramik (LBK) sites in Central Germany.* Journal of Archaeological Science, 2010: p. 38.

Bickle, P., and A. Whittle, *The First Farmers of Central Europe: Diversity in LBK Lifeways.* 2013, Oxford, UK: Oxbow Books.

Schuenemann, V. J., et al., *Ancient Egyptian mummy genomes suggest an increase of*

Sub-Saharan African ancestry in post-Roman periods. Nat Commun, 2017. 8: p. 15694.

Prendergast, M. E., et al., *Ancient DNA reveals a multistep spread of the first herders into sub-Saharan Africa.* Science, 2019. 365(6448).

Wang, K., et al., *Ancient genomes reveal complex patterns of population movement, interaction, and replacement in sub-Saharan Africa.* Sci Adv, 2020. 6(24): p. eaaz0183.

D'Andrea, A. C., *T'ef (Eragrostis tef) in Ancient Agricultura Systems of Highland Ethiopia.* Economic Botany, 2008. 62(4).

Schlebusch, C. M., et al., *Southern African ancient genomes estimate modern human divergence to 350,000 to 260,000 years ago.* Science, 2017. 358(6363): p. 652–5.

de Filippo, C., et al., *Bringing together linguistic and genetic evidence to test the Bantu expansion.* Proc Biol Sci, 2012. 279(1741): p. 3256–63.

Russell, T., F. Silva, and J. Steele, *Modelling the spread of farming in the Bantu-speaking regions of Africa: an archaeology-based phylogeography.* PLoS One, 2014. 9(1): p. e87854.

Bostoen, K., et al., *Middle to late holocene paleoclimatic change and the early bantu expansion in the rain forests of Western Central Africa.* Curr. Anthropol., 2015. 56: p. 354–84.

Tishkoff, S. A., et al., *The genetic structure and history of Africans and African Americans.* Science, 2009. 324(5930): p. 1035–44.

Maxmen, A., *Rare genetic sequences illuminate early humans' history in Africa.* Nature, 2018. 563(7729): p. 13–4.

Remmert, H., *The evolution of man and the extinction of animals.* Naturwissenschaften, 1982. 69(11): p. 524–7.

Ning, C., et al., *Ancient genomes from northern China suggest links between subsistence changes and human migration.* Nat Commun, 2020. 11(1): p. 2700.

Zhang, X., et al., *The history and evolution of the Denisovan- EPAS1 haplotype in Tibetans.* Proc Natl Acad Sci U S A, 2021. 118(22).

Xiang, H., et al., *Origin and dispersal of early domestic pigs in northern China.* Sci Rep, 2017. 7(1): p. 5602.

Hata, A., et al., *Origin and evolutionary history of domestic chickens inferred from a large population study of Thai red junglefowl and indigenous chickens.* Sci Rep, 2021. 11(1): p. 2035.

Posth, C., et al., *Reconstructing the Deep Population History of Central and South America.* Cell, 2018. 175(5): p. 1185–97 e22.

Nakatsuka, N., et al., *A Paleogenomic Reconstruction of the Deep Population History of the Andes.* Cell, 2020. 181(5): p. 1131–45 e21.

Swarts, K., et al., *Genomic estimation of complex traits reveals ancient maize adaptation to temperate North America.* Science, 2017. 357(6350): p. 512–5.

Gutaker, R. M., et al., *The origins and adaptation of European potatoes reconstructed from historical genomes.* Nat Ecol Evol, 2019. 3(7): p. 1093–101.

Shaw, B., et al., *Emergence of a Neolithic in highland New Guinea by 5000 to 4000 years ago.* Sci Adv, 2020. 6(13): p. eaay4573.

Bergstrom, A., et al., *A Neolithic expansion, but strong genetic structure, in the independent history of New Guinea.* Science, 2017. 357(6356): p. 1160–3.

Carrington, D., *Humans just 0.01% of all life but have destroyed 83% of wild mammals– study.* Guardian, May 21, 2018.

8장 지평선 너머

Lipson, M., et al., *Population Turnover in Remote Oceania Shortly after Initial Settlement.* Curr Biol, 2018. 28(7): p. 1157–65 e7.

McColl, H., et al., *The prehistoric peopling of Southeast Asia.* Science, 2018. 361(6397): p. 88–92.

Habu, J., *Ancient Jomon of Japan.* 2004, Cambridge: Cambridge University Press.

Gakuhari, T., et al., *Ancient Jomon genome sequence analysis sheds light on migration patterns of early East Asian populations.* Commun Biol, 2020. 3(1): p. 437.

Jinam, T. A., et al., *Unique characteristics of the Ainu population in Northern Japan.* J Hum Genet, 2015. 60(10): p. 565–71.

Posth, C., et al., *Language continuity despite population replacement in Remote Oceania.* Nat Ecol Evol, 2018. 2(4): p. 731–40.

Skoglund, P., et al., *Genomic insights into the peopling of the Southwest Pacific.* Nature, 2016. 538(7626): p. 510–3.

Skoglund, P., and D. Reich, *A genomic view of the peopling of the Americas.* Curr Opin Genet Dev, 2016. 41: p. 27–35.

Wang, C. C., et al., *Genomic insights into the formation of human populations in East Asia.* Nature, 2021. 591(7850): p. 413–9.

Gray, R. D., A. J. Drummond, and S. J. Greenhill, *Language phylogenies reveal expansion pulses and pauses in Pacific settlement.* Science, 2009. 323(5913): p. 479–83.

Pugach, I., et al., *Ancient DNA from Guam and the peopling of the Pacific.* Proc Natl Acad Sci U S A, 2021. 118(1).

Bellwood, P., *Man's conquest of the Pacific: The prehistory of Southeast Asia and Oceania.* 1979, Oxford: Oxford University Press.

Bellwood, P., *First Migrants: Ancient Migration in Global Perspective.* 2014: Wiley-Blackwell.

Kayser, M., et al., *The impact of the Austronesian expansion: evidence from mtDNA and Y chromosome diversity in the Admiralty Islands of Melanesia.* Mol Biol Evol,

2008. 25(7): p. 1362–74.

Commendador, A. S., et al., *A stable isotope (delta13C and delta15 N) perspective on human diet on Rapa Nui (Easter Island) ca. AD 1400–1900.* Am J Phys Anthropol, 2013. 152(2): p. 173–85.

Clement, C. R., et al., *Coconuts in the Americas. Bot.* Rev., 2013. 79: p. 342–70.

Neel, J. V., *Diabetes mellitus a ›thrifty‹ genotype rendered detrimental by ›progress‹?* Am J Hum Genet, 1962. 14: p. 352–3.

O'Rourke, R. W., *Metabolic thrift and the genetic basis of human obesity.* Ann Surg, 2014. 259(4): p. 642–8.

Lipo, C. P., T. L. Hunt, and S. Rapu Haoa, *The ›Walking‹ Megalithic Statues (Moai) of Easter Island.* Journal of Archaeological Science, 2013. 40(6).

Diamond, J., *Collapse. How Societies Choose to Fail or Succeed.* 2005, New York: Viking.

Weisler, M. I., *Centrality and the collapse of long-distance voyaging in east polynesia,* in Geochemical evidence for long-distance exchange, M. D. Glascock, ed. 2002: Bergin and Garvey.

Kelly, L. G., *Cook Island Origin of the Maori.* The Journal of the Polynesian Society, 1955. 64(2): p. 181–96.

Knapp, M., et al., *Mitogenomic evidence of close relationships between New Zealand's extinct giant raptors and small-sized Australian sister-taxa.* Mol Phylogenet Evol, 2019. 134: p. 122–8.

Valente, L., R. S. Etienne, and R. J. Garcia, *Deep Macroevolutionary Impact of Humans on New Zealand's Unique Avifauna.* Curr Biol, 2019. 29(15): p. 2563–9 e4.

Giraldez, A., *The Age of Trade: The Manila Galleons and the Dawn of the Global Economy (Exploring World History).* 2015: Rowman & Littlefield.

Munoz-Rodriguez, P., et al., *Reconciling Conflicting Phylogenies in the Origin of Sweet Potato and Dispersal to Polynesia.* Curr Biol, 2018. 28(8): p. 1246–56 e12.

Borrell, B., *DNA reveals how the chicken crossed the sea.* Nature, 2007. 447: p. 620–1.

Ioannidis, A. G., et al., *Native American gene flow into Polynesia predating Easter Island settlement.* Nature, 2020. 583(7817): p. 572–7.

Pierron, D., et al., *Genomic landscape of human diversity across Madagascar.* Proc Natl Acad Sci U S A, 2017. 114(32): p. E6498–E6506.

Fernandes, D. M., et al., *A genetic history of the pre-contact Caribbean.* Nature, 2021. 590(7844): p. 103–10.

Nagele, K., et al., *Genomic insights into the early peopling of the Caribbean.* Science, 2020. 369(6502): p. 456–60.

Marcheco-Teruel, B., et al., *Cuba: exploring the history of admixture and the genetic basis of pigmentation using autosomal and uniparental markers.* PLoS Genet, 2014.10(7): p. e1004488.

Flegontov, P., et al., *Palaeo-Eskimo genetic ancestry and the peopling of Chukotka and North America.* Nature, 2019. 570(7760): p. 236–40.

Rasmussen, M., et al., *Ancient human genome sequence of an extinct Palaeo-Eskimo.* Nature, 2010. 463(7282): p. 757–62.

McCartney, A. P., and J. M. Savelle, *Thule Eskimo Whaling in the Central Canadian Arctic.* Artic Anthropology, 1985. 22(2).

NCD Risk Factor Collaboration, *Worldwide trends in body-mass index, underweight, overweight, and obesity from 1975 to 2016: a pooled analysis of 2416 populationbased measurement studies in 128.9 million children, adolescents, and adults.* Lancet, 2017. 390(10113): p. 2627–42.

Stevenson, C. M., et al., *Variation in Rapa Nui (Easter Island) land use indicates production and population peaks prior to European contact.* Proc Natl Acad Sci U S A, 2015. 112(4): p. 1025–30.

Wilmshurst, J. M., et al., *Dating the late prehistoric dispersal of Polynesians to New Zealand using the commensal Pacific rat.* Proc Natl Acad Sci U S A, 2008. 105(22): p. 7676–80.

9장 스텝 하이웨이

Radivojevic, M., et al., *ainted ores and the rise of tin bronzes in Eurasia, c.6500 years ago.* Antiquity, 2013. 87: p. 1030–45.

Anthony, D., *Horse, the Wheel, and Language: How Bronze-Age Riders from the Eurasian Steppes Shaped the Modern World.* 2010, Princeton: Princeton University Press.

Levathes, L., *When China Ruled the Seas: The Treasure Fleet of the Dragon Throne, 1405–1433: The Treasure Fleet of the Dragon Throne, 1405–1433 (Revised).* 1997, USA: Oxford University Press.

Wikipedia. *History of the Great Wall of China.* 2021, April 22 [cited 2021; Available from: https://en.wikipedia.org/w/index.php?title=History_of_the_Great_Wall_of_China&oldid=1019348271].

Feng, Q., et al., *Genetic History of Xinjiang's Uyghurs Suggests Bronze Age Multiple-Way Contacts in Eurasia.* Mol Biol Evol, 2017. 34(10): p. 2572–82.

Ning, C., et al., *Ancient Genomes Reveal Yamnaya-Related Ancestry and a Potential Source of Indo-European Speakers in Iron Age Tianshan.* Curr Biol, 2019. 29(15): p. 2526–32 e4.

Mallory, J. P., *The Tarim Mummies: Ancient China and the Mystery of the Earliest Peoples from the West.* 2008, Thames & Hudson.

Zhang, F., et al., *The genomic origins of the Bronze Age Tarim Basin mummies.* Nature, 2021.

Allentoft, M. E., et al., *Population genomics of Bronze Age Eurasia.* Nature, 2015. 522

(7555): p. 167–72.

Gaunitz, C., et al., *Ancient genomes revisit the ancestry of domestic and Przewalski's horses*. Science, 2018. 360(6384): p. 111–4.

Haak, W., et al., *Massive migration from the steppe was a source for Indo-European languages in Europe*. Nature, 2015. 522(7555): p. 207–11.

Goldberg, A., et al., *Ancient X chromosomes reveal contrasting sex bias in Neolithic and Bronze Age Eurasian migrations*. Proc Natl Acad Sci U S A, 2017. 114(10): p. 2657–62.

Olalde, I., et al., *The Beaker phenomenon and the genomic transformation of northwest Europe*. Nature, 2018. 555(7695): p. 190–6.

Olalde, I., et al., *The genomic history of the Iberian Peninsula over the past 8000 years*. Science, 2019. 363(6432): p. 1230.

Sommer, U., *The Appropriation or the Destruction of Memory? Bell Beaker ›Re-Use‹ of Older Sites*, R. Bernbeck, K. P. Hofmann, and U. Sommer, ed. 2017, Berlin: Edition Topoi.

Jeong, C., et al., *A Dynamic 6,000-Year Genetic History of Eurasia's Eastern Steppe*. Cell, 2020. 183(4): p. 890–904 e29.

Taylor, W. T. T., et al., *Evidence for early dispersal of domestic sheep into Central Asia*. Nat Hum Behav, 2021.

Krzewinska, M., et al., *Ancient genomes suggest the eastern Pontic-Caspian steppe as the source of western Iron Age nomads*. Sci Adv, 2018. 4(10): p. eaat4457.

Ventresca Miller, A., et al., *Subsistence and social change in central Eurasia: stable isotope analysis of populations spanning the Bronze Age transition*. Journal of Archaeological Science, 2013. 42: p. 525–38.

Lindner, S., *Chariots in the Eurasian Steppe: a Bayesian approach to the emergence of horse-drawn transport in the early second millennium* BC. Antiquity, 2020. 94(374).

Mittnik, A., et al., *Kinship-based social inequality in Bronze Age Europe*. Science, 2019. 366(6466): p. 731–4.

Narasimhan, V. M., et al., *The formation of human populations in South and Central Asia*. Science, 2019. 365(6457).

Reich, D., et al., *Reconstructing Indian population history*. Nature, 2009. 461(7263): p. 489–94.

Andrades Valtuena, A., et al., *The Stone Age Plague and Its Persistence in Eurasia*. Curr Biol, 2017. 27(23): p. 3683–91 e8.

Rasmussen, S., et al., *Early divergent strains of Yersinia pestis in Eurasia 5,000 years ago*. Cell, 2015. 163(3): p. 571–82.

Rascovan, N., et al., *Emergence and Spread of Basal Lineages of Yersinia pestis during the Neolithic Decline*. Cell, 2019. 176(1–2): p. 295–305 e10.

Hinnebusch, B. J., *The evolution of flea-borne transmission in Yersinia pestis*. Curr

Issues Mol Biol, 2005. 7(2): p. 197–212.

Spyrou, M. A., et al., *Analysis of 3800-year-old Yersinia pestis genomes suggests Bronze Age origin for bubonic plague.* Nat Commun, 2018. 9(1): p. 2234.

Spyrou, M. A., et al., *Ancient pathogen genomics as an emerging tool for infectious disease research.* Nat Rev Genet, 2019. 20(6): p. 323–40.

Feldman, M., et al., *Ancient DNA sheds light on the genetic origins of early Iron Age Philistines.* Sci Adv, 2019. 5(7): p. eaax0061.

Trevisanato, S. I., *The ›Hittite plague‹, an epidemic of tularemia and the first record of biological warfare.* Med Hypotheses, 2007. 69(6): p. 1371–4.

Gnecchi-Ruscone, G. A., et al., *Ancient genomic time transect from the Central Asian Steppe unravels the history of the Scythians.* Sci Adv, 2021. 7(13).

Neparaczki, E., et al., *Y-chromosome haplogroups from Hun, Avar and conquering Hungarian period nomadic people of the Carpathian Basin.* Sci Rep, 2019. 9(1): p. 16569.

Nagy, P. L., et al., *Determination of the phylogenetic origins of the Arpad Dynasty based on Y chromosome sequencing of Bela the Third.* Eur J Hum Genet, 2021. 29(1): p. 164–72.

Weatherford, J., *Genghis Khan and the Making of the Modern World.* 2014, Brilliance Corp.

Wheelis, M., *Biological warfare at the 1346 siege of Caffa.* Emerg Infect Dis, 2002. 8(9): p. 971–5.

Schmid, B. V., et al., *Climate-driven introduction of the Black Death and successive plague reintroductions into Europe.* Proc Natl Acad Sci U S A, 2015. 112(10): p. 3020–5.

Deaton, A., *Der große Ausbruch: Von Armut und Wohlstand der Nationen (The Great Escape).* 2017, Stuttgart: Klett-Cotta.

10장 호모 히브리스

Benedictow, O., *Black Death 1346–1353– The Complete History.* 2006: The Boydell Press.

Gottfried, R. S., *Black Death: Natural and Human Disaster in Medieval Europe. 1985*: Free Press.

Mann, M. E., et al., *Global signatures and dynamical origins of the Little Ice Age and Medieval Climate Anomaly.* Science, 2009. 326(5957): p. 1256–60.

Kintisch, E., *Why did Greenland's Vikings disappear?* Science, 2016.

Ladurie, E. l. R., *Times of Feast, Times of Famine: a History of Climate Since the Year 1000.* 1988, NY: Allen & Unwin.

Ruddiman, W. F., *Earth's Climate Past and Future.* 3rd edition ed. 2013: WH Freeman.

Stocker, B. D., et al., *Holocene peatland and ice-core data constraints on the timing and magnitude of CO2 emissions from past land use.* Proc Natl Acad Sci U S A, 2017. 114(7): p. 1492–7.

Keller, M., et al., *Ancient Yersinia pestis genomes from across Western Europe reveal early diversification during the First Pandemic (541–750).* Proc Natl Acad Sci U S A, 2019. 116(25): p. 12363–72.

Stathakopoulos, D. C., *Famine and Pestilence in the Late Roman and Early Byzantine Empire: A Systematic Survey of Subsistence Crises and Epidemics.* 2004: Taylor & Francis.

Shaw-Taylor, L., *An introduction to the history of infectious diseases, epidemics and the early phases of the longrun decline in mortality.* Econ Hist Rev, 2020. 73(3): p. E1–E19.

Kocher, A., et al., *Ten millennia of hepatitis B virus evolution.* Science, in print.

Vagene, A. J., et al., *Salmonella enterica genomes from victims of a major sixteenth-century epidemic in Mexico.* Nat Ecol Evol, 2018. 2(3): p. 520–8.

Barquera, R., et al., *Origin and Health Status of First-Generation Africans from Early Colonial Mexico.* Curr Biol, 2020. 30(11): p. 2078–91 e11.

Kaner, J., and S. Schaack, *Understanding Ebola: the 2014 epidemic.* Global Health, 2016. 12(1): p. 53.

Chaib, F., *New report calls for urgent action to avert antimicrobial resistance crisis.* 2019, New York: World Health Organization.

Taubenberger, J. K., et al., *Characterization of the 1918 influenza virus polymerase genes.* Nature, 2005. 437(7060): p. 889–93.

Taubenberger, J. K., and D. M. Morens, *Influenza: the once and future pandemic.* Public Health Rep, 2010. 125 Suppl 3: p. 16–26.

Cordaux, R., and M. A. Batzer, *The impact of retrotransposons on human genome evolution.* Nat Rev Genet, 2009. 10(10): p. 691–703.

Zhang, G., et al., *Comparative genomics reveals insights into avian genome evolution and adaptation.* Science, 2014. 346(6215): p. 1311–20.

Hormozdiari, F., et al., *Rates and patterns of great ape retrotransposition.* Proc Natl Acad Sci U S A, 2013. 110(33): p. 13457–62.

Prufer, K., et al., *The bonobo genome compared with the chimpanzee and human genomes.* Nature, 2012. 486(7404): p. 527–31.

Gunz, P., et al., *Neandertal Introgression Sheds Light on Modern Human Endocranial Globularity.* Curr Biol, 2019. 29(5): p. 895.

Neubauer, S., J. J. Hublin, and P. Gunz, *The evolution of modern human brain shape.* Sci Adv, 2018. 4(1): p. eaao5961.

Harari, Y. N., *21 Lessons for the 21st Century.* 2018, Jonathan Cape.

Wesson, P., Cosmology, *extraterrestrial intelligence, and a resolution of the Fermi-Hart paradox.* Royal Astronomical Society, 1992. 31.

찾아보기

호모 히브리스

인류, 그 거침없고 오만한 존재의 짧은 역사

호모 히브리스

인류, 그 거침없고 오만한 존재의 짧은 역사

1판 1쇄 2023년 4월 12일

지은이 | 요하네스 크라우제, 토마스 트라페
옮긴이 | 강영옥

펴낸이 | 류종필
편집 | 이은진, 이정우, 권준
마케팅 | 이건호
경영지원 | 김유리
표지 디자인 | 석운디자인
본문 디자인 | 이미연
교정교열 | 오효순

펴낸곳 | (주)도서출판 책과함께
　　　　주소 (04022) 서울시 마포구 동교로 70 소와소빌딩 2층
　　　　전화 (02) 335-1982
　　　　팩스 (02) 335-1316
　　　　전자우편 prpub@daum.net
　　　　블로그 blog.naver.com/prpub
　　　　등록 2003년 4월 3일 제2003-000392호

ISBN 979-11-92913-11-7 03900